高等院校"十三五"应用型规划教材

越商管理案例集锦

主编 周鸿勇 朱杏珍 曾 红

微信扫一扫

教师服务入口　　　学生服务入口

南京大学出版社

前　言

　　案例因其很强的拟真性、较大的启发性在管理教学中扮演着重要的角色,基于案例的教学法已被管理教育广泛采用。现在已经出版的案例集很多,但教师和学生总觉得自己缺少一本称心如意的,或者说可以引起共鸣的案例集。

　　当前,与经营管理紧密相关的案例书籍一般可以分为三类:一类是综合性的,包含市场营销、战略管理、公司治理、人力资源、组织行为学、项目管理等多个管理主题,如哈佛管理案例系列、中国 MBA 管理案例评选百优案例集锦系列、管理学案例系列等都属于这一类。一类是专一主题的,如围绕财务、人力资源、战略等某一企业职能或者餐饮、商业银行等某一行业(或某一类企业)为主题编撰的案例书籍,主要聚焦在其所关心的行业或职能上。还有一类按照地域或某一类商人团体经营的企业案例集,有晋商案例、浙商案例、徽商案例等,其中围绕晋商有专门的案例集。这类按地域或某类商人企业为对象编撰的案例对于与之相关的地域企业经营、高校商科教学具有天然的亲近感,有更强的借鉴意义。

　　地方院校身兼服务地方经济、为地方培养人才的重担,同时也有较多的便利接触到地方企业,针对地方企业进行调查研究、结合经营管理相关理论编撰案例集的担子理应落在地方院校的身上。绍兴文理学院所在地绍兴,有悠久的商业文化传统,越商在民国时期曾经是逐鹿上海滩、控制金融命脉的商帮。特别是改革开放以后,绍兴涌现了一大批事业有成的绍兴商人,他们的企业成了行业巨头。作为浙商的一支劲旅,越商以其雄厚的实力和可持续发展受到世人的关注。越商奉行低调稳健、实业投资的理念,在新兴产业、全球化浪潮中继续勇立潮头,敢为天下先。我们围绕越商企业发展编撰案例集的目的,就是探究越商经营的精髓、传统越文化富含的商业文化基因,以供企业和在校大学生从中学习借鉴。

　　本案例集还有另外一个特点,就是案例来自于师生共同合作的结果,是本科生导师制下,学院学生在教师指导下,深入企业进行调查研究,获得第一手资料的基础上总结提炼出来的,在此基础上撰写了《越商管理案例集锦》。因为案例的地方性、真实性、说服力与可信度,以及与学生实习、实训及未来就业的企业更相似等原因,让同学天然感觉"看得懂",而且感觉"有用",这可以提高师生的教与学的兴趣及效果,而且也成为学弟、学妹的榜样,激励他(她)们去发掘更多案例,出版更多的案例集,这将有利于人才培养,也有利于服务越地经济社会发展。

　　全书共十个案例,分"老字号"、"纺织印染"、"其他"三个篇章进行了阐述。

　　参加本案例集编写的老师有绍兴文理学院经济与管理学院的严家明、雷宇、刘海林、李小明、杨霞、朱杏珍、周鸿勇等老师。感谢所有为本案例集锦做出贡献的老师、同学与编辑。

越商管理案例集锦编写组

目 录

老字号篇

纺织印染篇

◇◆◇◆◇◆◇◆◇◆◇◆◇◆◇
其他篇
◇◆◇◆◇◆◇◆◇◆◇◆◇◆◇

老字号篇

微信扫码查看

案例 1

创新与守正——老字号咸亨酒店的文化营销

摘要: 随着酒店行业的竞争加剧,酒店发展进入微利时代。酒店如何发掘自己的优势、打造自身特色,在竞争中获得成功,成为高度关注的重要议题。本案例研究对象绍兴咸亨酒店是鲁迅文化主题酒店,具有深厚的文化底蕴和地域特色,在众多酒店中脱颖而出,是行业成功的典范。

本文运用实地调研、查阅文献等方法,重点对咸亨酒店 35 年来的成长变迁进行了梳理,从四个阶段把咸亨酒店的规模、产品、经营业绩等的变化状况清晰地呈现出来。在此基础上,基于 STP 定位理论和 4Ps 组合营销理论,深入分析咸亨酒店如何利用自身所具有的文化优势,将创新与守正完美地结合,并通过文化营销的相关策略推动自身的发展。最后根据咸亨酒店的成功经验,为酒店行业提升核心竞争力提出了战略制胜、文化制胜、创新制胜、借力制胜等四个对策。

关键词: 咸亨酒店;鲁迅文化;创新;守正;文化营销

一、前 言

1. 研究背景

《2015—2020 年中国酒店行业发展趋势及投资决策分析报告前瞻》数据显示:截至 2012 年,全国住宿餐饮企业近 330 万家,年营业收入超过 2 万亿元,占当年 GDP 的 5% 左右。2014 年 6 月 16 日,第三届中国饭店产业大会在上海召开,以"大众消费时代,互联网时代饭店业转型新方向"为主题,会上中国饭店协会发布了以酒店客房数为指标排行的《中国酒店业连锁化发展报告》,该报告显示,全国住宿企业达到 49.84 万家,从业人员 443.8 万人,营业收入 4 943 亿元。全国餐饮企业达到 236.69 万家,从业人员 1 268 万人,营业收入 25 392 亿。饭店餐饮业的销售收入占 GDP 的比重达到 5.34%,占社零总额的 11%。报告也指出,在发展的同时,呈现三个特点:经济型酒店持续扩张、高端酒店盈利能力急剧下滑、品牌业态多元发展。这说明,酒店行业的增长幅度有所放缓,说明过去若干年的高利润时代已经过去,进入微利时代。

随着酒店行业竞争的不断加剧,国内优秀的酒店企业愈来愈重视对行业市场的研究,特别是对企业发展环境和客户需求趋势变化的深入研究,市场定位也更为专业化,形成各自不同的特色。正因为如此,一大批国内优秀的主题酒店迅速崛起,逐渐成为酒店行业中的翘楚。主题酒店的出现与运营,正是迎合了时代的需求,也为中国酒店行业的发展提供了新思路。主题酒店以某一特定的主题以及特定的文化氛围,让顾客获得富有个性的文化感受;同时以个性化的服务取代一般化的服务,让顾客获得精神上的愉悦。

主题酒店如何利用自己的优势,在竞争中获得成功,是一个永恒的课题。此次案例我们选取了老字号咸亨酒店,一个以鲁迅文化为主题的文化主题酒店,通过梳理其 35 年的成长历程,运用 STP 和 4Ps 理论剖析其文化营销策略,分析咸亨酒店如何把自身所具有的文化优势通过文化营销的相关策略推动自身的发展,实现名利双收,研究得出的结论可以给同行业的其他酒店以借鉴,促进中国酒店行业的转型和发展。同时通过研究咸亨酒店对保护与传承鲁迅文化方式,厘清咸亨主题酒店对绍兴旅游业发展的促进作用,对同类产品整合各类社会资源,推进自身品牌建设具有现实指导意义。

2. 研究对象

(1) 咸亨酒店简介

咸亨酒店是绍兴咸亨集团股份有限公司的核心企业,是酒乡绍兴最负盛名的百年老店。最早的咸亨酒店是鲁迅先生的堂叔周仲翔于清光绪二十年(公元 1894 年)创建的,只开了两三年便歇业了。一直到 1981 年,为纪念鲁迅先生诞生 100 周年,咸亨酒店老店新开,选址绍兴市鲁迅中路 179 号,紧邻鲁迅故里风景区。经过三次改造,咸亨酒店现建筑面积约 5.7 万平方米,主营业务从单一的堂吃发展为住宿、餐馆、娱乐等,形成一个以鲁迅文化为主题,江南文化、越文化为背景的五星级标准文化主题酒店,其组织架构如图 1-1-1 所示。

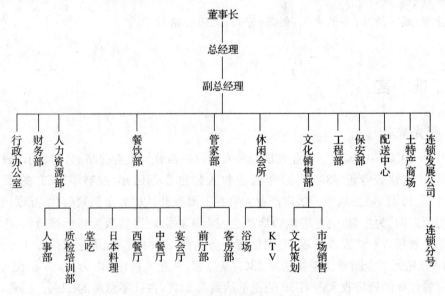

图 1-1-1 咸亨酒店组织架构

咸亨酒店先后获得"中华老字号企业"、"中国餐饮名店"、"全国绿色餐饮企业"、"浙江省知名商号"等荣誉称号,拥有"咸亨"服务商标、"太雕"黄酒商标两件中国驰名商标。"咸亨宴"被评为浙江名宴,另有一批菜肴、点心被评为浙江名菜、名点。

(2) 咸亨集团董事长宋金才

宋金才,男,1952 年出生,浙江绍兴人,大专学历,中共党员,高级经济师。现任绍兴咸亨集团股份有限公司董事长、党委书记,浙江省商业总会副会长、省商标协会副会长、省老字号协会副会长,绍兴市人大法工委委员、绍兴市工商联(总商会)副主席(副会长)、绍兴市老字号协会会长、绍兴市企业家协会副会长、绍兴市旅游协会副会长、绍兴市文化产业促进会副会长,鲁迅文化基金会绍兴分会副会长。曾获得全国商务系统劳动模范、全国优秀商业创业企业家、浙江省优秀企业家、浙江省优秀思想政治工作者、绍兴市劳动模范、绍兴市市长奖、绍兴市杰出企业家、绍兴市优秀中国特色社会主义建设者。

3. 理论依据

(1) 文化营销

文化营销是指把商品作为文化的载体,通过市场交换进入消费者的意识,它在一定程度上反映了消费者对物质和精神追求的各种文化要素。文化营销既包括浅层次的构思、设计、造型、装潢、包装、商标、广告、款式,又包含对营销活动的价值评判、审美评价和道德评价。

文化营销包括三层含义:

① 企业需借助于或适应于不同特色的环境文化开展营销活动;

② 文化因素需渗透到市场营销组合中,综合运用文化因素,制定出有文化特色的市场营销组合;

③ 企业应充分利用 CI 战略与 CS 战略全面构筑企业文化。

(2) STP 理论

市场细分的概念是美国营销学家温德尔·史密斯(Wender Smith)在 1956 年最早提出的,此后,美国营销学家菲利浦·科特勒进一步发展和完善了温德尔·史密斯的理论并最终形成了成熟的 STP 理论,它是战略营销的核心内容。STP 理论中的 S、T、P 分别是 Segmenting、Targeting、Positioning 三个英文单词的缩写,即市场细分、目标市场和市场定位的意思。

市场细分是指根据顾客需求上的差异把某个产品或服务的市场划分为一系列细分市场的过程。

目标市场是指企业从细分后的市场中选择出来的决定进入的细分市场,也是对企业最有利的市场组成部分。

市场定位就是在营销过程中把其产品或服务确定在目标市场中的一定位置上,即确定自己的产品或服务在目标市场上的竞争地位,也叫"竞争性定位"。

(3) 4Ps 营销理论

4Ps 营销理论被归结为四个基本策略的组合,即产品(Product)、促销(Promotion)、价格(Price)、渠道(Place)。

产品:注重开发的功能,要求产品有独特的卖点,把产品的功能诉求放在第一位。

促销:企业注重销售行为的改变来刺激消费者,以短期的行为(如让利、买一送一、营销现场气氛等)促成消费的增长,吸引其他品牌的消费者或导致提前消费来促进销售的增长。

价格:根据不同的市场定位,制定不同的价格策略,产品的定价依据是企业的品牌战略,注重品牌的含金量。

渠道:企业并不直接面对消费者,而是注重经销商的培育和销售网络的建立,企业与消费者的联系是通过分销商来进行的。

STP 理论和 4Ps 营销理论关系图如图 1-1-2 所示。

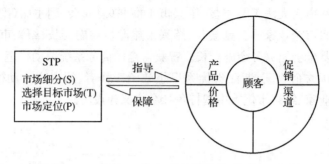

图 1-1-2 理论关系图

4. 研究内容

通过对咸亨酒店案例信息的采集和分析,运用 STP 定位理论和 4Ps 营销组合理论解读了咸亨发展过程中的文化营销,总结出咸亨酒店发展过程中的成功之道和经验教训。本文主要内容共分四个部分:

① 前言。阐述此次案例分析的研究背景、对象、方法、理论、意义与内容。

② 咸亨酒店发展历程。根据有关特征,把咸亨酒店的发展分成若干阶段,了解其不同阶段的背景、举措以及成就等。

③ 咸亨的成功之道。利用 STP 市场定位理论,精确定位目标市场;利用 4Ps 营销理论,根据不同发展阶段对酒店采取的产品、促销、价格和渠道策略进行分析;由此分析咸亨酒店是如何实现成功的文化营销。

④ 总结与建议。通过总结咸亨酒店成功经验,对老字号品牌发展以及酒店行业的特色经营提出相关建议。

二、名利双收,咸亨酒店的发展之路

咸亨酒店从 1894 年至今,潮起潮落,历经 3 次不同程度的扩建、改造,不断地发展壮大,取得了巨大的成功。

1. 第一阶段:渊源深厚,经营窘迫(1894—1990 年)

第一阶段的重要事件如图 1-2-1 所示。

图 1-2-1 第一阶段的重要事件

清光绪甲午年(公元 1894 年),鲁迅堂叔周仲翔等在绍兴城内的都昌坊口开设一家小酒店(见图 1-2-2)。"咸亨"二字出源于《易经·坤卦》之《象传》"坤厚载物,德合无疆,含弘广大,品物咸亨",即指占卜之事,凡合于此卦者,无论物质,还是精神方面,都将顺利发展。咸亨的"咸"作都、皆解;"亨"是通达、顺利之意。"咸亨"即为"大家都顺利"的祝福语。"品物咸亨"意为"万物得以皆美"。"咸亨"的含义指为生意兴隆、万事亨通、财源通达。所以唐朝的李治就用"咸亨"作为其年号之一。周仲翔是个文化人,给小酒店起了个好名字"咸亨",寓意酒店生意兴隆,万事亨通。以此为店名,足见当家人对生意之兴旺的殷切期盼之情,但是这家酒店并没有因为这个好名字而真的发达。

图 1-2-2 咸亨初建

当时,来咸亨酒店喝酒的顾客不多,大多是在柜台外站着喝酒的"短衣帮"。老主顾都跑到西首的"德兴酒店"去了。德兴酒店为谢姓所开,生意不错,鲁迅的塾师寿镜吾也常去那儿喝酒。来咸亨酒店喝酒的唯一的"长衫主顾",是一个人称"孟夫子"的人。他是周家的邻居,屡试不第,穷愁潦倒,嗜酒如命,早年曾在新台门周氏私塾里帮助抄写文牍。有一次,"孟夫子"溜到别人家书房里去偷书,被人抓获,他却辩解"窃书不能算偷",结果被打折了腿,只能用蒲包垫着坐在地上,靠双手支撑着挪动身子行走。鲁迅就是以"孟夫子"为生活原型,塑造"孔乙己"这一艺术形象的。由于生意不佳,咸亨酒店只苦撑了两三年后就关门歇业了。在经历动荡的时代后,饱经风霜的酒店终于被岁月封存。

咸亨酒店的创始人周仲翔虽然是鲁迅的长辈,但更像是朋友。鲁迅 18 岁离开绍兴去南京江南水师学堂读书,周仲翔曾陪送鲁迅到杭州。1906 年暑假,鲁迅从日本回来省亲时已经剪去了辫子。在当时,这种行为是要杀头的。周氏家族有人要去告发,周仲翔就站出来警告说:"你如果去告发,万一革命成功,你要倒霉;如果阿樟(鲁迅的小名)被杀头,一旦灭族也有你的一份。"这才把准备去告发的人吓住,从而保住了鲁迅。正是因与其堂叔关系较好,鲁迅经常去酒店玩,所以,鲁迅在《孔乙己》、《风波》、《明天》等著名小说中,都把咸亨酒店作为重要背景,使咸亨酒店名扬海内外。因为有这样的历史渊源,1981 年 9 月,为纪念鲁迅先生100 周年诞辰,本已成为历史陈迹的咸亨酒店重新开业(见图 1-2-3)。

有关部门为了保持绍兴酒店的传统特色,特选址都昌坊口的西首,现鲁迅路中段,重新修建一家咸亨酒店。咸亨酒店的格局和旧时绍兴别的小酒店完全一样。晚清时的绍兴建筑风格如旧;屋檐下正中悬挂白底黑字的店匾,横书"咸亨酒店"四字。可是,此次重开并没有迎来酒店的崛起。经过十年的经营,咸亨酒店依然窘迫。到了 1990 年,咸亨酒店的年营业额仅有 120 万元,且严重亏损。那时,"咸亨酒店"还仅仅只是一个与鲁迅文化有关的符号。

图 1-2-3　老店新开后的咸亨酒店

2. 第二阶段:弱弱合并,起死回生(1991—1995 年)

第二阶段的重要事件如图 1-2-4 所示。

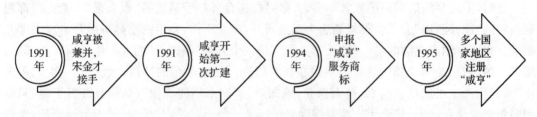

1991年　咸亨被兼并,宋金才接手　1991年　咸亨开始第一次扩建　1994年　申报"咸亨"服务商标　1995年　多个国家地区注册"咸亨"

图 1-2-4　第二阶段的重要事件

1991 年,难以维持生计的咸亨酒店被并入绍兴市综合商业公司(即现在咸亨集团股份有限公司的前身)。这一次的兼并,并不是"强强联手",也不是"大鱼吃小鱼",而是"弱弱相加"、"同病相怜"。因为绍兴市综合商业公司同样也是资不抵债、严重亏损的企业。时任这家只有十几人的区属小集体企业的经理叫宋金才,受命负责打理这家被人称为"包袱"的公司。咸亨酒店的并入,对宋金才来说无疑是多了一个"包袱"。当时酒店已资不抵债,有 30 多人,却大多年老体弱。但是谁也不曾料到,这多出来的一个包袱,不仅改变了宋金才的命运,也改变了咸亨酒店的轨迹。

接手酒店后,宋金才发现酒店卖的黄酒都是当地社队企业生产的低端酒,便马上进行改革:从第二天起,此前进的社队企业生产的黄酒一两都不卖给消费者,全部采用古越龙山、会稽山的品牌黄酒。那时他就认为,咸亨酒店应当是绍兴黄酒对消费者营销的第一窗口,一定要讲究品质。这个事情虽然很小,但他认为咸亨酒店作为"中华老字号",品牌不是广告做出来的,而是要从细小的品质做起。

同时,宋金才投资 350 万元,在 1991 年、1992 年两年时间内扩建了 1 000 平方米"回"字形台门式酒店,其中有 120 平方米专门用于保持原咸亨酒店的旧貌,使咸亨酒店从 100 多平方米三间平房,扩大到 1 000 多平方米。第一次扩建后的堂吃内外部景象如图 1-2-5、图 1-2-6 所示。

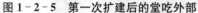
图 1-2-5　第一次扩建后的堂吃外部　　　　图 1-2-6　第一次扩建后的堂吃内部

更为重要的是,宋金才接手咸亨酒店后敏锐地发现了"咸亨"的品牌价值,将公司主业转到咸亨酒店,从而开始真正意义上的"咸亨"品牌发展之路。1994 年,他不失时机地申报了"咸亨"服务商标,咸亨酒店成功注册"咸亨"服务商标,并组建了以咸亨酒店为核心的绍兴咸亨集团股份有限公司,深化产权制度改革,构建了现代企业制度的框架。1995 年起,获得"咸亨"商标法定使用权之后,宋金才又相继在韩国、中国香港、中国澳门和中国台湾等 10 个国家和地区注册了"咸亨"国际服务商标,并开展一系列的争创名牌活动,为咸亨的发展做了很好的铺垫。

在商标品牌得到肯定的同时,咸亨酒店逐渐被盘活。1994 年营业额 760 万元,创利 88 万元,1995 年营业额达 1 000 万元。

3. 第三阶段:适逢时机,名扬万里(1996—2006 年)

第三阶段的重要事件如图 1-2-7 所示。

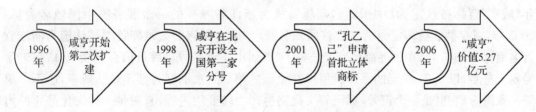
图 1-2-7　第三阶段的重要事件

伴随着旅游业的兴盛和咸亨酒店名气的进一步扩大,咸亨酒店这座仅拥有 100 个堂吃座位、粉墙黛瓦的明清样式建筑已无法满足顾客需求。1996 年,宋金才负债 6 500 万元,进行了酒店的第二次扩建,主要对原酒店东西两边进行了开发。扩建后的咸亨酒店(见图 1-2-8)形成一家三开间门面的酒店,店门屋檐下悬挂着一块书有店号的横匾,柜台的青龙牌上直书"太白遗风"四个大字。店堂内垂挂着一幅由著名画家方增先画的孔乙己立像;还有一副对联云:"小店名气大,老酒醉人多",为著名作家李准所撰。另有著名的表演艺术家于是之的墨宝："上大人，孔乙己，高朋满座；化三千，七十士，玉壶生春。"扩建后的咸亨酒店增加了宾馆住宿等功能，以及娱乐、健身、购物设施，餐位也扩大到了 700 个，建筑面积从 1 000 多平方米扩大到 11 000 多平方米，咸亨从单一的餐饮饭店发展为综合性的饭店，为国内外游客提供吃、住、玩、购物等一条龙服务。当时适逢旅游业崛起和假日经济兴起良机，咸亨酒店犹如籽落沃土，在随后的餐饮江湖中焕发出勃勃生机。坊间曾流传：光是咸亨酒店门口炸臭豆腐这一项，一年就可以为咸亨酒店创造 100 万元利润。

图 1-2-8　第二次扩建后的咸亨酒店

　　1996 年 12 月 20 日，"孔乙己"铁像正式落户在绍兴咸亨酒店。"孔乙己"高 2 米、重约 1 200 千克，身着破衣衫，侧靠酒柜。一手抓着瓷酒碗，一手撮着颗茴香豆正准备往口里送。在酒柜上还有一只盛着几颗茴香豆的小碟子，两眼朝外，似乎在祈盼着什么。拍一张与孔乙己的合影，成为许多来鲁迅故里旅游的人心底最为期待的画面。2001 年 12 月初，咸亨将"孔乙己"造型正式申请注册成为中国首批立体商标，同年咸亨酒店被评为中华餐饮名店。2002 年"咸亨"商标被认定为"中国驰名商标"，成为浙江省唯一的一个服务类中国驰名商标。2003 年，咸亨酒店被认定为浙江省首届知名商号，咸亨酒店的太雕牌黄酒被认定为浙江省著名商标。2006 年，中国品牌研究院公布了"首届中华老字号品牌价值百强榜"。咸亨老字号榜上有名，以 5.27 亿元的品牌价值排在全国的第 21 位、浙江省第 1 位。咸亨，已不单单是一家酒店，它更是一个符号，标记着文化向生产力转变的进程；它更是一种文化品牌的力量，"咸亨"这个承托在文化之上的品牌价值就高达 5 个多亿。

　　这个阶段，宋金才认为发展自营连锁店，是名牌企业的发展趋势。因此，在 1995 年咸亨酒店投入 450 万元，在胜利路绍兴饭店对面，开设了营业面积 1 000 平方米的咸亨酒店分号。1997 年咸亨自营连锁店起步，先后在北京、南京租赁场地开店，并于 1998 年在北京开设第一家全国分号。

　　4. 第四阶段：物载咸亨，华丽转身（2007 年至今）

　　第四阶段的重要事件如图 1-2-9 所示。

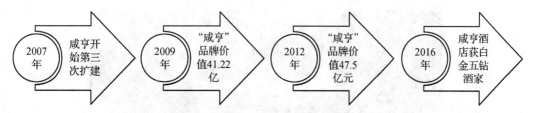

图1-2-9 第四阶段的重要事件

随着鲁迅故里被修葺一新重新对外开放和中国旅游热的持续升温,咸亨酒店的接待能力再次受到了挑战。据统计数据显示,鲁迅故里的年游客达100多万人次,咸亨酒店的年人流量约50万人次,一年餐饮的营业额5 000万元,但仍无法满足慕名而来的顾客。由于咸亨酒店受制于低档次和小规模,其巨大的知名度和吸引力并没有带来更大的商业效益,要谋求商业价值的最大化,最好的办法就是通过改扩建扩大规模并提高档次,以使咸亨酒店的商业价值与其巨大知名度和吸引力相称。同时,1997年建成的咸亨酒店宾馆部分如今设施落后,而且它的存在也与修葺一新的鲁迅故里附近的明清建筑风格格格不入。出于企业自身发展的需要,也为了与鲁迅故里景区配套,企业决定对咸亨酒店再次进行改造。2007年11月25日,经过多年精心筹划,投资8亿元,扩建面积为80 000平方米的绍兴市商贸旅游重点工程——鲁迅故里二期"咸亨新天地"项目——开工。到2010年竣工,共历时8年(6年时间的逐块土地受让、2年时间的施工建设)。

扩建、改造后的咸亨酒店成了五星级的鲁迅文化主题酒店。原一期咸亨酒店除"堂吃"部分作为文化标志性建筑保留外,其余全部拆除重建,一个传承历史文脉,以鲁迅文化为主题,江南文化、越文化为背景的五星级标准文化主题酒店——咸亨酒店(见图1-2-10),展现在世人面前。斥资5亿元扩建的咸亨酒店建筑面积5.7万平方米,豪华客房206间(套),其中标间111间、商务大床房74间,豪华套房及主题客房21套;有餐位2 000余个:包括以鲁迅文化、帝王文化、酒文化、戏曲文化、情文化等为主题的各式豪华包厢47个,可同时容纳800人就餐的多功能厅1个,"堂吃"(见图1-2-11)更是游客体验绍兴风情的必到之处,有1 000个座位,酒店还专门设置了西餐厅和日本料理、大堂吧;7个设施先进的不同规格会议室及配备同声传译系统和各种视听设备的多功能厅。酒店的餐饮服务融合百家之长,风味独特、个性鲜明。"咸亨"宴被评为浙江名宴,咸亨酒店先后获得"中华餐饮名店"、"全国绿色餐饮企业"等荣誉称号。此外商务中心、土特产商场、康乐休闲会所等一应俱全。

图1-2-10 现今的咸亨酒店

图 1-2-11 第三次扩建后的"回"字型堂吃部分

经过多年的积累,咸亨酒店实现了全面升级。从鲁迅笔下的小酒店,向鲁迅文化主题酒店转型,古老而年轻的咸亨酒店,成了绍兴城市的客厅,文化旅游休闲的地标。如今的咸亨酒店已成为集传统风格与时代特征于一店,融名城、名士、名酒风情于一体的江南名店,每日顾客盈门,生意兴隆。曲尺形的柜台,朴拙的陶制酒坛,马口铁制的甾筒,醇香的加饭酒,入味的茴香豆……这一切常常会使中外宾客回忆起鲁迅笔下的孔乙己时代。

咸亨酒店的品牌的影响力、竞争力得到了全面的提升。"咸亨"品牌曾登上世界品牌实验室发布的 2009 年"中国 500 最具价值品牌榜",以 41.22 亿元的品牌价值,在 500 强的总排行榜中位列第 204 位。咸亨酒店 2010 年 4 月试营业当年度完成营业收入 9 000 多万元。2011 年,咸亨酒店营业收入 17 695 万元,利润 2 640 万元。2012 年,"咸亨"二字还有了新的含义——一个价值 47.5 亿元的品牌,这是世界品牌实验室的最新调查结果。2013 年,咸亨酒店经审计后的净资产账面价值为 2.60 亿元,实现净利润 2 690 万元。由于"咸亨"这一品牌的盈利能力和独特的文化价值,2013 年,咸亨酒店被评为五星级酒店,国家金叶级绿色饭店,浙江首批金鼎级特色文化主题酒店。2014 年,咸亨酒店已由 30 多年前的一家小集体企业发展成为文化旅游、商贸服务、技术服务、餐饮连锁等产业于一体的综合性服务业企业。2016 年,咸亨酒店荣获国家白金五钻酒家。

企业的市场化往往会走向上市的道路,咸亨酒店也不例外。经历了 20 年的打磨洗礼,咸亨酒店也把未来的目光投向资本市场。2014 年 4 月份,咸亨酒店董事长宋金才在接受《中国联合商报》采访时表示,目前绍兴的上市公司大多是工业企业,作为服务业企业的咸亨酒店,上市对改善当地上市公司结构是有好处的,所以也得到了政府的支持。当然上市是市场行为,最终要看条件具备,原计划是在 2015 年上市,现在看来工作节奏可能会做些调整,但咸亨酒店走上市之路是坚定不移的,因为上市后可以建立现代企业制度,真正做个百年企业。

对于未来咸亨酒店的发展方向,总经理宋平描绘了一幅蓝图。企业要在 5 年内形成国内 100 家连锁店的规模,形成以咸亨酒店为核心,包括全国连锁、食品加工、太雕黄酒营销等品牌不断拓展的产业链。在这个基础上,将争取让咸亨酒店于近年内上市。在引入外部资本后,企业运转也更为良性。宋平说:"上市并不是唯一目的,借着上市的过程规范企业行为,纠正和消除不符合现代企业制度要求的习惯思维、工作方式,从而推进企业现代化制度建设,才是我们的立足点和出发点。"

5．小结

1981 年,咸亨酒店在老店新开后,并没有取得很好的发展。1991 年宋金才接手后,立足老字号品牌,调整经营方式,先后经过三次扩建,分别投入了资金 350 万元、6 500 万元和 5 亿元,使咸亨酒店餐位从 100 个到 700 个最后变成 2 000 多个,场地面积从最开始的 100 多平方米,到一次扩建后的 1 000 多平方米,到二次扩建后的 11 000 多平方米,到现在的 5.7 万平方米。经历了三次扩建的咸亨酒店,它的营业收入逐年增长(见表 1-2-1),"咸亨"的品牌也逐渐增值(见表 1-2-2)。咸亨酒店在 35 年的发展中,顺应时代,在传承中不断创新,在创新中不断发展。

表 1-2-1　咸亨营业收入增长表

年　份	1990 年	1994 年	1995 年	1998 年	2007 年	2010 年	2011 年
营业收入	120 万元	760 万元	1 000 万元	5 000 万元	6 307 万元	1.08 亿元	1.77 亿元

表 1-2-2　咸亨品牌估值增长表

年　份	2006 年	2009 年	2012 年
品牌价值	5.27 亿元	41.22 亿元	47.5 亿元

注:上述表格均由本研究团队根据调研资料整理得出。

三、创守兼备,咸亨酒店的成功之道

咸亨酒店因鲁迅先生的《孔乙己》小说而名扬海内外,在鲁迅的笔下,咸亨酒店一举成名,与"孔乙己"一道,成为时代的符号。但现实生活中,咸亨酒店却命运多舛。如今,"咸亨酒店"在百年的洗礼中经历过衰败,经历过凤凰涅槃的阵痛,实现了有目共睹的成功,成为传承文化和创造商业价值的"老字号"。那么,它是如何做成一个国内知名的商业品牌呢? 本章将通过 STP 定位理论和 4Ps 营销组合理论分析咸亨酒店的成功之道。

1．定位准:立足旅游市场,定位鲁迅文化

咸亨酒店因鲁迅在《孔乙己》、《明天》、《风波》等多部作品中都把咸亨酒店作为重要背景,所蕴含的江南水乡、酒乡的人文特征和独特的经营风格奠定了咸亨传统文化根基。从 STP 定位理论分析可以看到,咸亨酒店立足旅游市场,定位鲁迅文化,从战略上确定了自己的优势。借着鲁迅文化的独特优势,围绕鲁迅文化的主题另辟蹊径,探索出一条适合自己的创新道路,使咸亨酒店从一个小酒店,成为一个名人文化的一个景点。随着旅游业逐渐发展,作为一家老字号店铺的咸亨酒店迅速成为家喻户晓的旅游热点,成为绍兴的旅游名片。

(1) 市场细分——旅游市场空间巨大

改革开放后,计划经济转向市场经济,国民经济逐渐发展起来,人们经济水平有所提升,社会消费中用于文化娱乐类的比例大幅度增加。1991 年,国家将旅游业列为加快发展的第三产业中的重点。20 世纪 90 年代中期,我国告别了短缺经济,进入了以过剩经济为标志的经济发展新阶段,大多数的商品出现了过剩。为了有效地缓解通货紧缩问题,刺激经济的快速发展,国家提出把旅游业培育成新的经济增长点,旅游业成为扩大内需的重要手段。我国旅游市场环境发生了根本性变化,酒店业进入了买方市场。酒店市场呈现出结构性供给不足和消费需求过大的矛盾。如何最大效用地利用酒店资源满足客人主要需求的理念成为酒店经营的主题理念。到 1995 年,绍兴市国内游客接待达到了 318 万人次,其中鲁迅故里每年有 100 多万游客慕名前来,咸亨也因此宾客盈门。

1999 年 9 月,国家决定将春节、"五一"、"十一"三个中国人民生活中最重要节日的休息时间延长为 7 天,于是"黄金周"的概念应运而生。2001 年旅游业加入 WTO 的承诺表的公布,2003 年温家宝提出要把旅游业培育成为"国民经济重要产业"。之后在"十一五"(2006—2010 年)期间,先后举办的(2006 年杭州世界休闲博览会、2008 年北京奥运会和2010 年上海世博会)三大盛会吸引数以百万计的游客来绍兴参观游览,这无疑对绍兴旅游业来说是难得的机遇。历年绍兴市国内游客接待量如图 1-3-1 所示。

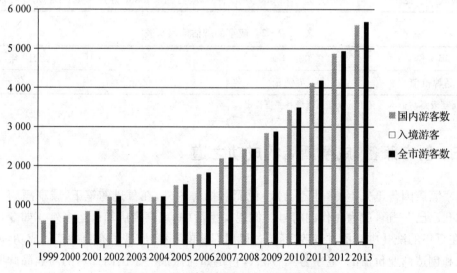

图 1-3-1 历年绍兴市国内游客接待量

绍兴市旅游业有着非常好的前景,旅游形象和旅游配套接待设施正在改善中,旅游收入保持了持续递增,绍兴已成为长三角重要的旅游目的地。绍兴旅游业的发展为咸亨提供了良好的市场机遇。咸亨酒店地处绍兴市区中心位置,又在鲁迅故里景区周边,旅游市场相对成熟,游客量有保证,特别是外地游客的旅游体验需求非常强烈,他们非常愿意在这里感受绍兴传统的文化,留下美好的记忆。咸亨酒店在早期就瞄准旅游市场,随着旅游业的发展,咸亨酒店也得以发展,可谓极有远见。

(2)目标市场——文化旅游独具魅力

文化旅游是旅游的一个重要组成部分。文化、文学与旅游之间有着天然的联系,文学作品为其所描写的自然、人文景观增添了独特的文化内涵,使其拥有了独具魅力的旅游价值,具有了更深层次的旅游吸引。随着人民物质生活水平的不断提高,人们的精神生活也愈加丰富,在旅游方面表现为文化作为旅游吸引物的附加值越来越高,文化旅游产品的需求量也不断扩大。有研究表明，当人均GDP达到约1 000美元时，人们对文化旅游产品需求弹性将升高；当人均GDP达到约3 000美元时，人们对文化旅游产品需求弹性将急剧升高。2010年我国人均GDP 4 371美元，到2014年我国人均GDP达到了4.66万元人民币（约合8 016美元），如图1-3-2所示。由此可以预见，我国人民对文化旅游产品的需求量将急剧扩大。而随着国民生活水平的提高，人们对于文化旅游已不仅仅追求观光，而是更注重体验性。

中国人均地区生产总值(Per Capita GDP)
4.66万元(2014年)

2014年	全年
人均GDP	46 629元
增长	7.64%

图1-3-2 中国人均GDP增长图

咸亨酒店所在地绍兴是一座拥有2 500年历史的文化古城。绍兴以其历史悠久、人文景观丰富、风光秀丽、物产丰富、风土人情、名人辈出而闻名于世，素称"文物之邦、鱼米之乡"，自古即为游客向往的游览胜地。绍兴是首批中国历史文化名城之一，首批中国优秀旅游城市之一，是著名的水乡、桥乡、酒乡、书法之乡，极具江南特色。悠悠古纤道上，绿水晶莹，石桥飞架，轻舟穿梭，有大小河流1 900千米，桥梁4 000余座，构成典型的江南水乡景色。东湖洞桥相映，水碧于天；五泄溪泉飞成瀑，五折方下；兰亭以王羲之的《兰亭集序》而被称为书法胜地；沈园则因陆游、唐琬的爱情悲剧使后来者嗟叹不已；此外还有唐代纤道、南宋六陵、明清石拱桥以及与此相关联的绍兴风土人情，以乌篷船、乌毡帽、乌干菜为代表。且绍兴名人辈出，陆游、蔡元培、秋瑾、鲁迅、周恩来、竺可桢、马寅初等名人的故乡都在这里，毛泽东主席称绍兴为"鉴湖越台名士乡"（《七绝两首·纪念鲁迅八十寿辰》）。在数千年的历史演变中，绍兴积淀了丰富的文化内涵并呈现独特的地方风采，令人仰慕神往。深厚的文化底蕴，为绍兴文化旅游的发展奠定了基础。

（3）市场定位——鲁迅文化无人可替

鲁迅先生作为一代巨人，他的名字本身就是极富感召力的品牌。咸亨酒店与鲁迅故居、百草园、三味书屋、土谷祠等文化遗存，共同构成了解读鲁迅原著的钥匙。在市场经济发展的今天，有那么厚重的历史文化作为基础和依托，咸亨酒店的核心竞争力更能插上腾飞的翅膀。正如宋金才说的："咸亨对'鲁迅饭'，不仅过去吃，现在也在吃，将来还要吃。所谓吃'鲁迅饭'，就是商业和文化如何结合起来。广大消费者，到咸亨不仅仅是消费商品和服务，他们同时在体验丰富的鲁迅文化、越文化和黄酒文化所带来的愉悦。我觉得充分挖掘和利用鲁迅文化及其他优秀文化资源为经济服务，这本身就是发展文化产业的题中之义。"

在我们对咸亨酒店客户的问卷调查中显示，高达49%的客户是因为鲁迅文化来到这个酒店；在这些客户中，到咸亨3次以上的有31%，如图1-3-3所示。据了解，在这些多次来到咸亨的顾客中,甚至有人见过不同时期的咸亨酒店。由此可见,鲁迅文化对于咸亨酒店生存发展的重要性。咸亨酒店选择了以鲁迅文化为酒店特色,并坚持百年而不变,在文化的传承上,它们一直做得很好。咸亨酒店始终将酒店特色定位为鲁迅文化,经历3次重大改造,改变的只是鲁迅文化的表现形式,使创新与守正相得益彰。即使现在改造成五星级的咸亨酒店,虽然酒店的脸变了,但是它的灵魂没有变。现经"咸亨人"不断地创新发展,咸亨酒店已提升为以江南文化、越文化为背景,融名城、名士、名酒风情于一体的五星级鲁迅文化主题酒店。作为全国首家鲁迅文化主题酒店,它将传统与现代完美融合,不断地传承中华历史文脉,以其深厚的文化底蕴和璀璨的饮食文化,成为绍兴城市的客厅和文化休闲的地标。

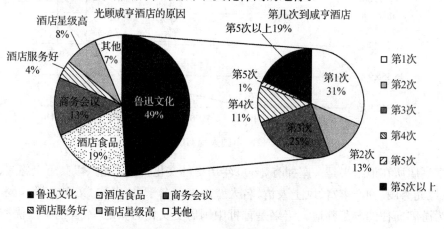

图 1-3-3　问卷统计图

2. 产品硬:延伸咸亨产品,凸显鲁迅文化

围绕鲁迅文化,产品不断推陈出新,这不仅是咸亨的生存之道,也是咸亨的发展之本。宋金才曾说过:"各行各业的竞争都已血刃相见,我们拿什么作为企业再发展的核心竞争力?唯有文化!"没有人会否认,咸亨的运作是成功的;也没有人会否认,在咸亨的成功运作中,文化所起的作用。鲁迅文化不只是一个名称,而是一个个拥有丰富情感的产品。广大消费者到咸亨酒店不仅仅是消费商品,他们同时在体验丰富的鲁迅文化、越文化和黄酒文化所带来的愉悦。

（1）品牌策略:承接鲁迅文化实施品牌建设

绍兴有2 500年文化底蕴,历史文化名人辈出,所以,文化是咸亨品牌的根基所在,传承与弘扬江南文化、绍兴文化与鲁迅文化精神也是咸亨所担负的历史责任。宋金才自接手咸亨酒店就非常注重"咸亨"的品牌价值挖掘,也开始走上真正意义上的"咸亨"品牌发展之路。

为依法拥有商标权,宋金才在国家第一批服务商标开始注册之际,就不失时机地申报了"咸亨"服务商标,成为浙江省唯一一家全国申报前10名企业。1994年10月由国家商标局首批公告,"咸亨"商标批准注册;后又相继在美国、日本、韩国、欧盟以及中国香港、澳门、台湾等10多个国家和地区注册了"咸亨"国际服务商标和"太雕"黄酒商标;并开展一系列的争创名牌活动,为咸亨的发展做了很好的铺垫。2001年12月初,"孔乙己"雕像正式申请注册成为中国首批立体商标;2002年年初,"咸亨"服务商标被国家商标局认定为中国驰名商标,成为当时浙江省唯一的服务类驰名商标;2003年,咸亨酒店的太雕牌黄酒被认定为浙江省著名商标,如图1-3-4所示。"太雕"系列品牌黄酒,成为酒店最具有核心竞争力的产品。

酒店的餐饮服务融合百家之长,风味独特、个性鲜明,有着深厚的文化内涵,是鲁迅文化和越文化的鲜明体现。近年来,咸亨酒店在全国、全省各类菜肴比赛中多次获得大奖,在挖掘绍兴传统菜肴基础上改良创新的许多菜品、宴席被浙江省商业总会、浙江省餐饮行业协会评为浙江省名菜名点和名宴,其中"咸亨宴"被评为浙江名宴,咸亨十景宴

图1-3-4 "咸亨"商标、太雕酒

被评为中华名宴。咸亨酒店成为省级"绍兴菜烹饪技艺非物质文化遗产传承基地"。

(2)产品延伸策略:吃、住、游、玩向上延伸产品

咸亨产品延伸路径如图1-3-5所示。

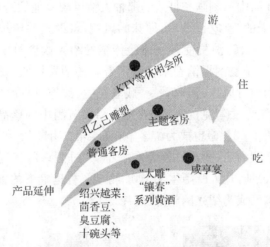

图1-3-5 咸亨产品延伸路径

① 吃:特色餐饮,经典堂吃。

鲁迅文章《孔乙己》中的描述就是堂吃区域,在这里,游客能品尝到与酒始终相伴的绍兴菜。从最初的鲁迅先生笔下的黄酒、茴香豆、臭豆腐开始,挖掘绍兴饮食文化的精髓,进行菜品的研发和改良,咸亨酒店如今已确立了在越菜研发中的领军地位。咸亨酒店经营的菜系以正宗的越菜为主,保存了千百年来形成的越菜特色风味,延续着咸鲜、糟醉、河鲜、霉鲜、干菜等九种风味体系,以干菜焖肉、绍兴老三鲜、醉蟹、茴香豆、油炸臭豆腐等为代表菜品,更重要的是这些菜品都有其历史典故,充满着绍兴菜肴浓郁的文化气息和悠久的历史感。47个各式包厢以六组文化为背景进行主题烘托,分别是帝王文化、鲁迅文化、酒文化、爱情文化、戏曲文化和景观文化,各类文化与装饰空间、桌面摆台、主题软装有机统一,形成雅俗共赏的独特消费氛围。以经典绍菜为主,配以适量的高档越菜使客人在享受高档美食的同时体验浓厚的地方文化,使客人有物超所值的消费感受。日式餐厅以"藤野先生"为主题,通过对鲁迅日本求学经历和对藤野先生感情的描绘来体会中日友谊和饮食文化的对接,约有60个餐位,主打产品为寿司、刺身、铁板烧等。"诚心、品质、温馨、文雅"是咸亨餐饮的基本诠释。

说到咸亨酒店,不得不提到这个"酒"字。被誉为世界3大古酒之一的黄酒,其历史至少可

以追溯到春秋时期。而最能代表中国黄酒精髓的就非绍兴黄酒莫属了。咸亨酒店创立的"太雕"黄酒是咸亨人经过多年探索,反复试验,在民间"拼酒"的基础上,运用现代科学技术,研制出的传统配制酒,并获得国家知识产权局发明专利权,现在已经成为中国驰名商标,成为绍兴黄酒的代表之一。充满着鲁迅笔下浓郁风情的咸亨酒店因其独特的韵味,使不少名人名流为之向往。酒店时常举行的黄酒酒道表演,通过酒礼、酒艺的演绎来推广黄酒的影响,增加了消费者饮酒的趣味,让消费者感受到酒店无处不在的酒文化魅力,记住了酒店特色产品。

② 游:主题鲜明,休闲旅游。

鲁迅笔下的咸亨酒店深入人心,"到绍兴不到咸亨,等于没到绍兴"已经成为绍兴咸亨酒店人引以为荣的一句流行语。现时的咸亨已不单单是个酒店,经过开发之后的咸亨已是一个集旅游各要素于一体的旅游综合体。"温一碗醇香的黄酒,来一碟入味的茴香豆",这句属于咸亨酒店的经典台词,烙下国人深刻的文化情结。到绍兴的游客,很多是出于对鲁迅这位伟人的崇敬,体验伟人作品中所刻画和打造的那种人情风貌。他们跨进咸亨,体验到了一种浓浓的酒文化氛围。古老的"堂吃"保存了原味的风貌,自助式的传统绍菜消费和传统的八仙桌菜(十碗头,见图 1-3-6)消费使客人体验传统的绍兴饮食习惯,感受鲁迅文章《孔乙己》中所描绘的当时场景,恢复铜板消费来增强消费者的消费体验。糟醉风味的绍兴菜,具有以酒调味,以酒增香的独特风味;而茴香豆、咸煮花生、油炸臭豆腐成了游客首选的"过酒坯",品尝到酒店采用传统方法勾兑的陈酒,被誉为绍兴黄酒中的珍品——太雕酒。酒店门前的"孔乙己"塑像(见图 1-3-6)也成为游客争相合影的"明星"。在这里,游客更能目睹那些常年的老酒友,每天必到酒店,要上一碗酒和一小碟"过酒坯",三五成群地围坐在临街的店堂内,慢饮细品,谈天说地,让人既陌生又亲切,再现了鲁迅笔下的古越风情。这个在鲁迅著作中多次提及的酒馆,已成为绍兴的旅游"名片"。

图 1-3-6 "孔乙己"雕像和十碗头

以鲁迅文化为主题建设的咸亨酒店,丰富了鲁迅故里的旅游资源,功能优势得到融合,鲁迅故里的旅游业态实现从视觉游到体验游的提升,"乌篷、黄酒、小桥、流水"这些曾经的梦想,在咸亨酒店中得以实现;"堂吃"风味餐厅在扩建的基础上,作为文化标志性建筑得到了完整的保留,这是咸亨酒店独具的文化魅力和人文景观,置身于江南水乡,感悟鲁迅文化,体验越菜美食,梦枕水乡客房,陶醉于惬意的人文环境中,极具江南水乡的风貌和文化特色。其次是从鲁迅故居的"一家店",向鲁迅故里的"一片区"拓展。咸亨酒店通过设定一系列主题产品来增强其文化旅游休闲功能,满足客人消费的多样性。除了之前提到过的太雕酒、十碗头等特色餐饮、黄酒酒道表演、铜板消费等,还有酒店不定期地在大堂水苑举行绍兴地方戏——越剧片段的演唱表演(即社戏),让宾客在休闲中得到了文化享受;以"咸亨利贞娶女吉"为主题的中式婚嫁品牌,通过运用"拜堂"、"走永安、福禄、如意三桥"等喜庆题材,为市民提供高贵典雅、文化特色浓厚的婚庆场所。"咸亨新天地"项目建成后,在全长700米的鲁迅故里沿街,形成了以鲁迅纪念馆为核心文物景点旅游区和以咸亨酒店为核心文化旅游休闲区,古玩城、电影城、特色餐饮、酒吧、量贩KTV、精品商场、特产商场等一批休闲娱乐项目集聚,为到鲁迅故里的游客提供吃、住、行、游、购、娱及泊车等配套服务,丰富了鲁迅故里的旅游业态,发挥了"城市客厅"的功能。

③ 住:主题客房,星级服务。

2007年重建后的酒店住宿接待能力大大增强,共有客房206间(套),标准间、单人间、主题套房、总统套房等各种类型的客房都匠心独运地融入了鲁迅文化、越文化、江南文化的设计理念(见图1-3-7)。倚栏而观,江南风物尽收眼底,鲁迅故居近在咫尺。另外房间内的设施设备更是将古意与现代完美结合。整个客房区域以鲁迅文集《朝花夕拾》为主题,《朝花夕拾》文集有多处描绘绍兴的水乡风土人情和建筑风貌,酒店客房主要通过工艺陈设、家具、特色空间来实现这一主题。每个房间既体现了现代休闲、休息的安逸与舒适,也恰如其分地表达了主题,增加了住房客人的消费体验和情趣。特别是主题套房更有特色,家具结合了中国古代"尊"与现代消费"舒适"的理念,如床采用古代"拔步床"的外观和现代席梦思的舒适,沙发采用了改良后的明式美人靠等;工作间、书房也是主题套房的一大特色,也表达了鲁迅

图1-3-7 酒店住宿环境

先生对学习和工作的一种态度;鲁迅作品、越乡人文书籍对游客消除旅途疲惫,增加休闲怡情起到很好的作用。客房以"节能、环保、安全、温馨"为经营理念,客房装饰用材采用绿色环保材料,客房内空调和电器采用客房监控系统进行控制,房内设紧急呼救按钮,采用最安全的门禁系统等。宾客将在咸亨酒店的客房领略文化的独特魅力,享受奢华、舒适和亲情之服务。

3. 促销强:借力政府公关,光大鲁迅文化

咸亨酒店在促销策略中,主要通过改扩建咸亨酒店的基础上提升和挖掘鲁迅文化,加强店面陈列,同时真正卖力的是政府,为使鲁迅故里的鲁迅文化旅游得以提升,政府花重金开展各种公关活动,借力政府公关,光大了鲁迅文化,由此也光大了咸亨事业,吃"鲁迅饭"在咸亨酒店这家老字号品牌中得以实现。

(1) 营业推广——做好店面陈列

咸亨酒店的整体外观和酒店内部装修上依然为绍兴传统风貌,并全方位体现着鲁迅文化,其格局和旧时绍兴别的小酒店完全一样。当街一个曲尺形的大柜台,直柜台靠店堂里面一端放着一些瓷彩瓶,瓶中装着烧酒,上贴玫瑰烧、五加皮等字。临街横柜台上置有栅栏,栏内摆着用以下酒的菜肴,俗称"过酒坯",如茴香豆、鸡肫豆、花生、豆腐干、糟鸡、扎肉之类。柜台下放着绍兴名酒状元红、加饭、善酿、香雪的老酒坛,上面压着沙袋,坛旁搁着酒吊、漏斗和窜筒等舀酒、温酒工具。入冬以后,柜台里预备着热水,用马口铁制成的窜筒"温酒"。店内放有几张板桌条凳,供主顾坐着喝酒。这一切常常会使中外宾客联想到鲁迅笔下的孔乙己时代。

酒店大堂主题景观文房四宝"笔、墨、纸、砚"的纸就是一块超大屏幕,傍晚定时播放《孔乙己》等地方戏剧。酒店公共区域背景音乐以越剧、地方戏为题材,营造了浓郁的文化氛围。客房开夜床时赠送一件精美的人物雕塑,那是鲁迅笔下的孔乙己、阿Q、闰土等人物,客人见了很是欢喜,留作纪念。餐饮的"堂吃"为宾客准备了古时的铜钱,让宾客体会用铜钱买酒的乐趣。

作家李准的一副名联"小店名气大,老店醉人多。""上大人、孔乙己、高朋满座;化三千、七十士、玉壶生春。"被酒店悬挂在大堂内;著名漫画家华君武"酒逢咸亨千杯少"已被摹刻放大,悬挂在新楼的门楣之中。这些酒联、酒诗等珍贵墨宝置于酒店四周,让人触景生情、感慨万千,不仅为咸亨酒店增添了更多的文化内涵,更是吸引了大批的中外游客,扩大了咸亨品牌的影响力,达到了促销咸亨酒店的目的。

这些传统陈列布置保留了绍兴老酒馆特有的闲情雅致,常常会使中外宾客联想到鲁迅笔下的孔乙己时代,引起游客消费者的共鸣,由此无形之中强化了咸亨酒店在人们心目中的地位,促进了老字号品牌酒店的促销与推广。

(2) 公共关系——借力政府促销

鲁迅作为浙江绍兴人,是中国历史上影响最大的作家之一,他一生写作600万字,其中著作500万字,在我国小学、中学乃至大学的课本中都收录了鲁迅大量的文学作品。成千上万的人通过课本,知道了咸亨酒店、孔乙己,知道了茴香豆、老酒。而绍兴市政府更是借助鲁迅的影响力不断地开展公共关系,推动以鲁迅文化为主题的旅游活动,绍兴市政府采取的各种措施不断地吸引国内外游客来到绍兴游玩,而鲁迅故居是绍兴最著名的景点,大多数游客会来此景点感受鲁迅文化,为此绍兴市旅游人数的增长带动了鲁迅故里接待

游客数的不断增长,在2008年达到140多万人次,自2010年以来一直保持200多万人次,如表1-3-1所示。

表1-3-1　鲁迅故里部分年份游客数　　　　　　单位:万人次

年　份	1999	2004	2005	2008	2010
鲁迅故里游客数	30	65	51.5	143.32	200

绍兴旅游资源丰富,但真正意义上的旅游业与我国的改革开放同时起步。1978年,国务院批准绍兴为对外旅游开放城市,1982年,绍兴又被命名为第一批国家级历史文化名城。之后绍兴市政府及有关部门为宣传鲁迅文化采取了一系列措施,如表1-3-2所示。

政府的宣传,不断扩大咸亨酒店的市场认知度,扩大咸亨产品、咸亨品牌的影响力,极大地推动了咸亨酒店的发展。鲁迅故里景区与咸亨酒店相邻不到100米(见图1-3-8),再加上"到绍兴不到咸亨,等于没到绍兴"的流行语,由此鲁迅故里游客数增长又带动了咸亨酒店住宿餐饮需求的增长,其营业额不断攀升。绍兴市政府不断地鼓励支持咸亨酒店调整规模,以适应日益增长的游客、商务客等消费者的需求,在促进咸亨酒店自身的发展、维护咸亨酒店形象的同时也有利于绍兴市整体旅游业的发展。

表1-3-2　历年政府活动梳理

年份(年)	政府活动	效　果
1996	市政府计划投资建造鲁迅文化一条街	旅游环境大大改善
	在政府支持下咸亨酒店一期工程开工	营业面积扩大
1999	绍兴市政府出台了《关于加快发展旅游业的若干意见》,批准印发《绍兴市旅游业发展总体规划》	全市合力抓旅游的氛围逐渐形成
2000	市旅游局推出鲁迅故乡风情游	共接待游客115.89万人次
2002	绍兴市委、市政府决策实施《鲁迅故里历史街区保护规划》	旅游配套设施、商业服务区、文化展示区齐全
	绍兴市文化旅游集团公司策划推出"鲁迅故里修学游"	全国各地的学生团队来到鲁迅故居寻找名人成长之根
2003	绍兴市实施旅游"曙光计划",鲁迅文化艺术节、绍兴黄酒节等节庆活动	进一步提高了绍兴的旅游知名度
2004	绍兴市文物局和文化旅游集团创办了"跟着课本游绍兴"系列活动,与上海有关部门合作组织"三味早读"活动	受到师生和家长们的欢迎,引来上海等地的旅行社、学生团队
2005	7月31日,绍兴鲁迅纪念馆新馆正式开放,并举行了全国中学鲁迅作品研讨会;10月4日,鲁迅故里成为中国少年作家创作基地	
2006	市"十一五"旅游规划指出将咸亨酒店作为鲁迅故里二期工程的重要组成部分,"十一五"期间,绍兴旅游的主题是"鲁迅故乡、江南水城"	2010年4月试营业,当年度完成营业收入9 000多万元
	培育鲁学研修游旅游线路	

年份(年)	政府活动	效　果
2008	鲁迅故里景区6月1日起永久免费开放	景区的游客数日均达到1.5万人次左右
2011	改造升级鲁迅故里等景区的游客中心、标志系统、公共厕所,以及讲解接待、网站信息、电子商务等软硬件设施	为国家5A级景区打好基础
2012	3月10日起,对鲁迅故里街区内步行道路的非机动车通行加强管理	优化旅游环境
2012	鲁迅故里被批准为国家5A级旅游景区	提高鲁迅故里景区的知名度
2016	三味书屋——鲁迅故里(绍兴鲁迅纪念馆)——成为"中国研学旅游目的地"及"全国研学旅游示范基地"	越来越多的家长学生融入亲子教育课堂,感受鲁迅笔下风物

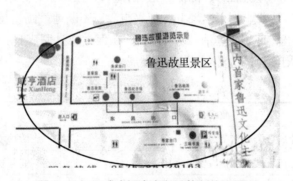

图1-3-8　咸亨酒店在鲁迅故里的位置图

4. 价格宜:顾客导向定价,钟情鲁迅文化

在咸亨改造为五星级酒店之前,咸亨堂吃在价格上主要采取顾客导向定价法,即根据市场需求状况和消费者对产品的感觉差异来确定价格。咸亨堂吃的主要目标人群是大众百姓,价格自然贴近老百姓的生活标准,由表1-3-3可见,里面的食物大多是一般百姓可以消费得起的。

表1-3-3　咸亨堂吃部分价目表

菜　名	小鱼花生米	甜酒酿	腐　乳	泡椒藕苗	干菜焖肉	咸亨八珍	单鲍黄鱼
售　价	18元	15元	6元	25元	42元	42元	55元

就是由于这样贴近消费者需求的定价策略能够吸引越来越多的游客们来咸亨进行消费,品尝当地特有的美食,感受浓郁的鲁迅文化。咸亨明确自己主要的消费人群,从而采取相适宜的顾客导向型定价策略,这是足够明智的。

具体情况具体分析,这是普世的哲学。咸亨在堂吃的价格定位上采取顾客导向定价法,但在其享誉全国的"太雕"黄酒上采取的却是高价策略。"太雕"作为咸亨的"招牌",以酒质醇厚、香气浓郁、爽口顺喉闻名,市场价位约为120元/升,而2014年,黄酒大市绍兴的黄酒平均价格仅为10.23元/升,中国市场黄酒销量中50元/瓶价格以下的占到50%,其中有一半卖价不超过 20 元/瓶。显而易见，太雕黄酒大大高于黄酒市场的一般价格，但市场占有率排在全国第七。这不仅是由于太雕黄酒的品质好，"太雕"品牌也在起作用，品牌的高知名度使得大众想到黄酒就想到太雕，想到咸亨就想到太雕。对于太雕的高价策略，不仅是为企业盈利，也使得品牌在黄酒市场中脱颖而出，大众的"一分钱一分货"心理和对太雕品牌的信任让他们选择咸亨。

5. 渠道短：受制地域特性，难扬鲁迅文化

众所周知，连锁经营是拓展品牌外延，突破餐饮业发展瓶颈的有效途径，也作为咸亨酒店的直销渠道策略。咸亨酒店的领头羊宋金才曾说过这样一句话："发展连锁店，是名牌企业的发展趋势。"随着咸亨酒店游客量的大大增加和营业额的大幅上升，宋金才开始实施渠道策略，编织起咸亨的销售网络。1997 年，咸亨连锁店起步。1998 年，在北京开设第一家全国分号，位于崇文区体育馆路，系绍兴咸亨酒店的分店。北京店与绍兴店既有相同处又有不同处，同的是大概轮廓、铺陈格局与特色经营，不同的是装饰上的现代意识和京味人文的内涵。北京的客人们，坐在店堂里，品着绍兴特有的"女儿红"，尝着江南特有的"豆蔻梢头二月花"，一抬头便可欣赏那些京城名人的书画，真可谓"虽非孔乙己，到此乐开花"。宋金才扩展咸亨的脚步很快，1999 年 2 月上海的咸亨酒店也开张了，位于广东路与云南中路交界处。上海店的经营风格，在"老咸亨"的基础上，结合本帮菜的特殊口味，进行土特产风味佳肴的强化和提升，就菜点的品种而言，比绍兴与北京二店要丰富得多。

就这样，咸亨酒店斥巨资搞策划，以文化为特色，先后在北京、上海、江苏、江西、深圳等省市开设了 30 家咸亨餐饮连锁店。然而，虽然在推进咸亨连锁过程中结合了当地的特色文化，因地制宜，但由于餐饮菜肴产品、服务产品的不可转移性特点，餐饮产品的物流与一般商品的物流是相反的。它需要消费者亲自到餐饮场所进行消费。正是这种物流方式，再加上消费和生产同步性的特点，使得餐饮产品要树立自己的品牌比一般商品困难，餐饮产品的推广在很大程度上受到了限制，也是餐饮业发展过程中的瓶颈。2011 年 12 月 13 日，上海虹口咸亨酒店有限公司完成工商注销手续，结束营业。2012 年 4 月 25 日，绍兴咸亨酒店连锁发展有限公司完成工商注销手续，结束营业。另外，新并入的几家子公司经营状况也不好，如上海咸亨公司 2013 年新增当期净利润为－13 389 484.97 元。

2014 年中国联合商报记者访问宋金才时，宋金才曾说："咸亨酒店餐饮板块近来受到的影响主要是在连锁店方面。咸亨连锁店 1997 年起步，先后在北京、南京都是租赁场地开店，现在看来，当时最大的失误就是没有像绍兴总部那样建房购房，因为租赁场地费用很高，可能当时我站的高度不够。集团也将调整策略，采取'瘦身计划'，关闭一些经营不善的店。"咸亨的自营连锁失败自然是有宋金才所说的租赁场地的原因，但究其根本，还是因为文化的不可移植性。现在文化主题酒店作为一种新的业态受到行业的普遍关注。但如果脱离了地域性，文化就失去了吸引力。"地域性、独特性、文化性、体验性"，缺一不可。咸亨作为绍兴的一种本土文化，它是与绍兴这个地方紧紧联系的，绍兴是根，鲁迅文化是根，咸亨作为叶子，只有攀附着根才能苗壮地生长。咸亨在自营连锁上的不成功，恰恰是文化不可移植性的一个警示。咸亨应该更注重于在绍兴本店的发展，不断挖掘鲁迅文化潜力，将鲁迅饭吃到极致，才能把咸亨建设得更好，提高咸亨品牌价值。

四、总结与建议

咸亨酒店经历了三次不同程度的扩建改造,从一个老字号酒家逐步发展成为五星级主题文化酒店。从表1-4-1我们可以看出来,咸亨酒店运用STP理论和4Ps营销理论,实施了文化营销,其成功之处是定位准、产品硬、促销强、价格宜。但因为文化具有的区域性,渠道的拓展上也受到一定的限制。

表1-4-1 咸亨文化营销的应用与效果

理论依据	应 用	效 果
STP理论	立足旅游市场,定位于鲁迅文化	取得了良好的经济效益
4Ps—产品(Product)	品牌策略:"咸亨"商标、"太雕"酒、孔乙己立体商标 产品延伸策略:"十碗头"、咸亨宴等主题产品	扩大了咸亨品牌的影响力,提升了咸亨品牌价值
4Ps—促销(Promotion)	营业推广:陈列促销 公共关系:政府公关	吸引更多消费者,巩固咸亨酒店的经营业绩
4Ps—价格(Price)	顾客导向定价策略 高价策略	满足了消费者需求
4Ps—渠道(Place)	自营连锁	自营连锁受挫

近年来文化主题酒店的发展成为中国酒店行业一大亮点,也必将成为中国酒店行业的一大发展趋势。老字号咸亨酒店围绕鲁迅文化的创新与守正,走出一条特色经营之路,为现代酒店行业的发展开拓了一条崭新的借鉴之路。

根据前述内容,总结出如下四条建议。

1. 眼光长远,战略制胜

企业想要成功,战略是最重要的。而优秀的领导人物往往具备拥有长远眼光和果断战略决策的素质,他们是有效战略的保障。无疑,在咸亨从经营窘迫向五星级主题酒店华丽转身、营业额迅速上升的过程中,有一个人物是极其关键的,就是1991年接手咸亨酒店的宋金才,他是当之无愧的优秀领导人物。在咸亨走投无路之际,是宋金才接手咸亨酒店后就敏锐地发现了"咸亨"的品牌价值,看到旅游市场的潜力,将咸亨定位于旅游市场与鲁迅文化。在咸亨小有名气之时,是宋金才不失时机地申报了"咸亨"服务商标,并深化产权制度改革,构建了现代企业制度的框架。在鲁迅故里游客大增的时候,即使受到外界的质疑,宋金才依然果断地做出了建立咸亨新天地的决策,为咸亨的下步发展做准备。正是由于宋金才长远的眼光和这些明智的决策,咸亨才从一个空有其表的文化符号逐渐成为名扬海内外的老字号咸亨酒店。由此可见,一个企业的领军人物是极其重要的,领军人物因长远眼光和卓越的领导才能所做出的战略决策能够成就一个企业。

2. 明确定位,文化制胜

里斯和特劳特认为,定位是你对预期客户要做的事,你要在预期客户的头脑里给产品定位,确保产品在预期客户头脑里占据一个真正有价值的地位。显而易见,咸亨酒店定位鲁迅文化从而使自己立足旅游市场是非常正确的,也一直坚守着。为纪念鲁迅而重生的咸亨酒店,在百年发展过程中,不论时代如何变迁,酒店建筑设施如何改进,不变的是他的初衷——鲁迅文化。咸亨的领导人宋金才曾说过:"文化必须保持纯粹,文化不能折中。因此这么多年来,咸亨一直坚守鲁迅文化,鲁迅文化是根,咸亨作为叶这么多年就攀附着鲁迅文化苗壮地生长,不断发掘鲁迅文化潜力,就吃鲁迅这家饭,吃透鲁迅这碗饭。"

咸亨的成功一定程度上说明了定位对于一个酒店的重要性。所以对于同行来说,无论什么酒店,无论其规模大小,若是想要长久发展下去,就应在酒店的成立之初就根据市场需求和自身特色来确定酒店的定位,寻找好自己的根,紧紧攀附自己的根,时刻记得只有以定位为中心的成长才能更强大。定位完成后,只有不断强化已形成的定位,才能实现定位的升华。在酒店之后的发展中,以这个定位为中心不断挖掘,以不变的特色,不断赋予其新的形式,来应对变化的环境和需求,从而来加强定位。在定位的塑造阶段,可以通过展开立体攻势的宣传推广活动而在消费者心中引起冲击波,在定位的迅速提升阶段,向消费者传播关键信息,通过营销的差异化找准消费者大脑的"空档"及独特优势点,从而实现定位的加强以及升华。

3. 顺势而为,创新制胜

对于传统文化,发展就是最大的保护,创新就是最有效的传承。创新需要重视不同时代背景下顾客们需求的变化。当时代需求发生变化时,积极应变,借助自身的文化效应、地理位置优势创新经营,不断推出新的文化产品,不断扩大品牌的影响力,秉持着"人无我有,人有我优,人优我特"的经营理念,赢得了顾客的忠诚信赖。咸亨酒店三次改造,都是顺应时代发展、经济发展、消费发展,围绕鲁迅文化,不断延伸产品。丰富的产品,增加了顾客消费的"新"、"奇"感受和独特的体验性,强化了顾客的消费记忆。咸亨酒店为了传承鲁迅文化,更好地适应时代的发展,推出陈列促销策略,在每一次的扩建中,其整体外观和内部装修依然保持着绍兴传统风貌,时刻体现着鲁迅主题文化,提升了咸亨品牌的认知度。咸亨酒店重视品牌建设,在小有名气不久便不失时机地申请注册了"咸亨"商标,随后又创建自己的品牌产品"太雕"酒、"镶春"黄酒、咸亨立体雕像,接着申请注册国际服务商标,打造世界知名品牌,为此也吸引了远地游客慕名而来体验鲁迅文化。咸亨酒店在资本扩张之路上不断地受挫,连锁酒店经营不善关门歇业,投资于医药科技、农产品、内贸、外贸等行业屡败,为此咸亨酒店总结经验,扬长避短,不断完善自己的渠道营销之路,不把鸡蛋过多的放在不同的篮子里。如果离开STP、4Ps营销理论的指导,忽视企业经营环境和时代需求的巨大变化,咸亨酒店难以取得今天的成就,难以赢得市场消费者的认同。

4. 整合资源,借力制胜

酒香不怕巷子深的时代已经过去,文化营销中的促销策略也很重要,要利用多渠道宣传促销。但自己吆喝又花钱效果不一定好。现代酒店在自身正确定位发展的基础上,要牢牢把握好时代机遇,借助其他一切有利于自身发展的公共关系因素,使自身更快速稳定地发展。咸亨酒店的幸运之处是借助鲁迅把自己变成了鲁迅文化故里的一个有效组成部分,成为一个城市的名片,从而可以依靠绍兴市政府不遗余力地推销鲁迅文化,获得源源不断的客流。绍兴市政府一直重视旅游业,把旅游业当作支柱产业发展,绍兴市政府高度重视鲁迅文化旅游,将鲁迅故居列为重点文物保护单位,保护修缮鲁迅故里历史街区,推出鲁迅故里修学游、跟着课本游绍兴活动、采取免费开放景区等措施,由此吸引了越来越多的游客。当游客数量大增,住宿餐饮的需求也急剧增长,咸亨酒店已不能完全容纳前来参观鲁迅故居的游客,交通拥挤等现象也开始出现。于是绍兴市政府在不同阶段鼓励支持着咸亨酒店扩张,帮助咸亨酒店融资开分店,帮助其组建咸亨集团,将咸亨酒店纳入鲁迅故里二期工程,建设停车场,这些举措在改善绍兴旅游环境的同时也极大地促进了老字号品牌咸亨酒店的繁荣发展。

5. 小结

咸亨酒店作为酒店行业中的老字号品牌,从 1894 年至今,潮起潮落,历经三次不同程度的扩建,但始终顺应时代变迁,抓住消费者需求创新经营,围绕鲁迅文化,借力政府促销,不断地发展壮大。正确的市场定位,加上不断创新的主题文化经营,让咸亨酒店应了那句古语——含弘广大,品物咸亨。咸亨酒店的成功经营虽不可复制,但也为同行提供了宝贵的经验。

五、主要参考文献

[1] 朱敏. 对我国餐饮企业品牌战略的思考[J]. 市场论坛,2009(11).

[2] 王晓华. 现代餐饮业品牌战略初探——绍兴咸亨集团实施品牌战略评析[J]. 江苏商论. 2012(3):38-39.

[3] 杨海哨. 越文化遗产的旅游开发与应用[J]. 城市旅游规划,2014 年 10 月下半月刊:265-266.

[4] 金琳. 定位的理论框架及与传统营销理论的比较分析[J]. 江苏商论,2009(08):109-111.

[5] 司马方,仇向洋. 定位理论比较分析[J]. 现代科学管理,2004(08):16-17.

[6] 易爱娣,曾路. 定位理论与市场营销理论的关系研究[J]. 商业时代,2010(27):19-20.

[7] 徐文苑. 酒店市场定位策略分析[J]. 网络财富,2008(09):29-30.

[8] 赵关子. 论企业文化建设——打造企业品牌[J]. 广东科技,2012(05):22-24.

[9] 王海峰,张梅. 市场营销中之"定位"理论探索[J]. 商业研究,2004(04):14-16.

[10] 谢宁光. 文学作品在酒店中的价值运用——以鲁迅笔下的咸亨酒店为例[J]. 现代营销,2016(07):219-220.

[11] 杨光林,张国兴. 咸亨酒店百年开拓记[J]. 经济世界,1997(2):59-60.

[12] 庞钰. 主题酒店的文化定位与开发[J]. 神州商贸,2011(05):78-79.

[13] 市旅游委员会. 绍兴市旅游发展总体规划说明书[D]. 2007-12-31.

[14] cici. 咸亨酒店:鲁迅笔下的老字号[J]. 领袖人物,2013(05).

[15] 宋金才. 适应市场转换机制开拓"咸亨"新天地[J]. 浙江经济,1995(07):18-19.

[16] 李正强. 传承百年咸亨品牌打造特色文化旅游地标[N]. 中国联合商报,2014-04-21.

[17] 钱三毛. 探究"咸亨现象"——绍兴咸亨鲁迅文化主题酒店调研纪实[N]. 中国旅游报，2009－08－29(8).

 **思考题**

结合本案例的研究主题，请思考以下问题：

1. 众所周知，咸亨酒店因鲁迅先生的《孔乙己》小说而名扬海内外，但那毕竟是小说里的场景，咸亨是如何把它做成一个国内知名的商业品牌的？

2. 咸亨酒店作为绍兴地方特色的百年老店，也获得了"中华老字号"的荣誉，请问你认为咸亨酒店成功的秘籍是什么？其他企业如何复制？

案例编写：张晓菲（工商 142）、徐思（工商 142）、周佳媚（工商 142）、柴美珍（国贸 153）、陈慧怡（会计 154）

指导老师：周鸿勇教授

案例 2

秉工匠制造，构核心能力——仁昌酱园案例分析

摘要：随着科技的快速发展和消费者需求的变迁，传统的制酱工艺已不能满足现代社会发展的要求。在激烈的行业竞争中，绍兴仁昌酱园在秉承传统古法酿造的基础上，不断地进行创新，构建出属于自己的工匠制造特色核心能力，其产品因品质更佳，销售渠道持续拓展，品牌影响力也显著提升。

本案例以仁昌酱园为研究对象，通过聚焦仁昌酱园"工匠制造"这一核心能力，结合麦肯锡核心能力理论，分析并总结了仁昌酱园构建核心能力的成功理念和方法。仁昌酱园的成功之道在于，凭借企业家及管理层的洞察力和基层员工的执行力，建构并传承出企业的核心能力——工匠制造。

关键词：仁昌酱园；工匠制造；核心能力

引 言

随着科学技术的不断进展和新一轮以"健康"为诉求的消费升级持续进行，我国酱油产业发展迅猛。据中国产业调研网发布的《2016 年中国酱油现状调研及市场前景走势分析报告》显示：2012 年我国酱油行业销售规模为 694.82 万吨，比 2011 年同期增长 5.93%；2013 年我国酱油行业销售规模为 754.47 万吨，比 2012 年同期增长 8.58%；2014 年我国酱油行业销售规模为 6 930.92 万吨，比 2013 年同期增长 23.39%。同时，中国产业信息网数据显示：2015 年 9 月中国酱油产量为 864 746.62 吨，同比增长 2.89%。2015 年 1—9 月止累计中国酱油产量 7 128 754.60 吨，同比增长 4.54%[①]。

另外，在"互联网＋"市场格局中，我国酱油企业纷纷涉足第三方电商平台销售渠道，顺应时势快速调整经营战略的酱油企业快速崛起。互联网使传统的经销模式受到冲击，中间环节受到威胁，并使厂商边界更加模糊，形成垂直体系。2015 年我国酱油行业的主要酱油企业纷纷积极布局中高端酱油市场，尤其是中端酱油市场。其中，海天味业、中炬高新、加加食品等酱油领先企业都开始做多品类的推广。这些在某种程度上都意味着传统的制作方法和营销模式已远远不能满足现代企业的发展需求。因此，为了赢得竞争优势，做大做强就成为许多酱油企业发展的选择。

---

① 中国产业信息网，http://www.chyxx.com/data/201511/356116.html

但是，在中国酱文化的重要代表地——绍兴，却有一家历经 124 个春秋而保持字号、厂址、传统工艺"三不变"的原生态酱缸企业——位于绍兴县古镇安昌的仁昌酱园，不致力于做大做强，而是耐住性子，传承传统的纯手工工匠制造，形成独特的古法酿造技艺。那么，在激烈的市场竞争格局中，仁昌酱园是如何独辟蹊径，将工匠制造传承并发扬光大的呢？这正是本文关注和探究的核心问题。

一、仁昌概况

1. 公司简介

仁昌酱园，创建于清光绪十八年（1892 年），距今已有 100 多年的历史，位于江南千年古镇——绍兴安昌。

仁昌酱园是一家专业生产酱油、米醋、腐乳为主的调味品企业，国家首批食品生产许可证企业，浙江省"非遗传承基地"。公司占地面积 18 000 平方米，建筑面积 6 000 多平方米，酱缸 500 余只，木榨 10 余具。以传统手工制作，配以天然独特小舜江水，酿造成的酱油、米醋，曾被中央电视台，省、市电视台等其他多家媒体报道，产品销往上海、江西、安徽、河南等省及本省各市县。

"仁昌记"，是仁昌酱园的注册商标，是"浙江省著名商标"。产品获得了"浙江省绿色放心营养标志产品"、"省名优特畅销农产品"、"中国放心食品信誉品牌"等荣誉。

一百多年来，仁昌酱园几经改制，顺应时代的变革（见图 2 - 1 - 1），并成为同业中的翘楚，荣誉颇丰（见图 2 - 1 - 2）。

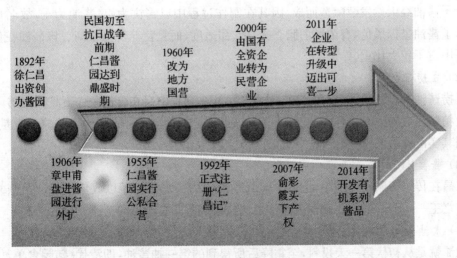

图 2 - 1 - 1　仁昌酱园发展历程

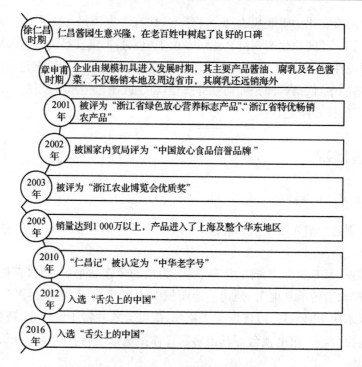

图 2-1-2　仁昌酱园相关荣誉

2. 核心产品系列

仁昌酱园产品种类繁多,其核心产品有母子酱油、豆捞酱油、酱窝油、太油、老缸酱油等。

（1）母子酱油

母子酱油经天然发酵酿造而成,因其在制作过程中以酱饼为娘、酱油为子,故名母子酱油。母子酱油呈棕黑色,有浓郁的脂香味,咸、甜适度,而且营养价值很高。该酱油在仁昌记的销售中占了较大比重。

（2）豆捞酱油

豆捞酱油是将优质的黄豆、小麦,制成酱饼放在酱缸中后在自然条件下日晒夜露,发酵 1 年以上精制而成的。成品色泽红亮,香浓味美,且富含人体所需的多种氨基酸和微量元素,是名副其实的养生酱油。

（3）酱窝油

仁昌在传统酱制作过程中,把酱中间低处出现的酱窝原汁予以收集提炼从而恢复生产出酱中之王——酱窝油。酱窝油色泽红褐,酱香浓郁,体态醇厚,且久贮不变。

（4）太油

太油就是从初伏第一天投料,至霜降后所得到的第一抽酱油,即清代《随园食单》中提到的神秘"秋油"。氨基酸态氮(酱油鲜度的指标)≥1.40 克/100 毫升,已臻天然酿造酱油的极致,鲜美不可方物。

（5）老缸酱油

老缸酱油精选东北黄豆、小麦粉,采用仁昌秘制绝技,经 180 天以上日晒夜露晒制而成。纯、香是本款酱油最大的卖点。本产品色泽红艳,酱香浓郁,口感鲜甜。

3. 市场竞争格局分析

(1) 国内市场

中国人喜食酱油，酱油市场的繁荣使酱油企业遍布全国各地。在众多酱油品牌中海天、李锦记等品牌的影响力最大。根据工信部发布的中国品牌力 C-BPI 指数，我们可以看出海天、李锦记、淘大、加加这四个品牌几年来蝉联前四名，且海天始终占据榜首（见表 2-1-1）。

表 2-1-1　2016 年中国酱油品牌品牌力指数排名

品　牌	所属省市	2016年排名	排名变化	C-BPI得分	品牌认知			品牌关系			企业性质	产量或销量（仅酱油）
					第一提及（%）	未提示（%）	有提示（%）	品牌联想（%）	品牌忠诚（%）	品牌偏好（%）		
海天	广东省	1	—	560.2	46.8	90.5	96.2	34.9	50.6	38.4	上市	超200万吨
李锦记	澳门	2	—	454	21.1	77.7	90.7	40.5	51.3	20.4	民营	超60万吨
淘大	上海市	3	1	324.2	7	52	74.8	35.1	45.8	6.4	台港澳与境内合资	—
加加	湖南省	4	−1	320.2	8.5	53.6	69.2	28.1	47	8.8	外资企业、上市	超20万吨
太太乐	上海市	5	—	304.6	2	39.6	70.2	39	53.5	3.2	民营	—
美味鲜	广东省	6	—	271.6	2.1	30	58.2	37.4	51.2	3.2	民营	—
厨邦	广东省	7	1	265.8	1.9	21.6	47	44.5	55.8	2.3	民营	—
六月鲜	山东省	8	−1	252	1.3	24.2	51.2	38.9	49.4	2.6	民营	—
致美斋	广东省	9	New	239.7	0.5	10.5	22.3	53.6	59.4	0.8	民营	—
东古	广东省	10	−1	237.6	2.4	20.1	40.1	37.9	49.2	4	民营	—

注：数据为本研究团队结合工信部 Chnbrand 2016 年中国品牌力指数 SM(C-BPI©)，及相关企业简介整理。

其中，海天味业占地面积 200 万平方米，拥有近 30 万平方米的天然晒池——专用于高品质酱油的天然阳光发酵，采用大规模机械化。截至 2011 年年底，海天已实现年产调味品逾 100 万吨和超 60 个亿元的年销值。C-BPI 指数靠前的企业基本都大规模使用机器生产酱油，产量巨大。而仁昌酱园的投资成本、生产规模与其他生产酱油的大型企业相比相对较小，与海天这种全国酱油行业的头号更是相距甚远。

(2) 浙江市场

浙江酱油生产厂家多为区域性的中小企业，在浙江市场上各酱油品牌又是如何占比？为了更好地了解这一问题，2016 年 9 月，我们小组成员分三组走访了宁波、金华、绍兴三地的沃尔玛超市和地方性超市，记录下了每个超市不同品牌酱油的各个种类规格的数量，并将数据整理。

在全国性连锁超市沃尔玛中，我们发现：① 种类规格最多的品牌是海天、李锦记、味事达等一些外省品牌。由于地方差异，金华的沃尔玛中味事达的产品占货架最多，最受欢迎。② 地方性品牌相对较少。例如，金华的沃尔玛有湖州品牌老恒和；其他两个地区的沃尔玛超市几乎没有地方性品牌。③ 从规格看,沃尔玛超市中,500~1 000 mL 规格的酱油数量最多,最受消费者的青睐。

而在宁波、金华、绍兴三地地方性超市,我们发现酱油经销存在以下三个特点:① 统治性品牌依然是海天、李锦记、味事达等一些外省大品牌。② 除了海天、厨邦这些大品牌外,有相对较多地方性品牌,如杭州的湖羊、宁波的加贝等。③ 从规格看,依旧是500~1 000 mL 规格的酱油最多最受欢迎。

可以看出,在浙江市场上,① 总体来看,浙江省酱油产业的竞争激烈,外省酱油品牌竞争力较强。相对而言,浙江省地方性品牌知名度不大,同时也意味着未来可能会有比较大的发展空间。② 分地区看,每个地区本地品牌的产品依旧占有一定比例,大多在地方性的超市销售。地方性品牌虽知名度不大,生产规模小,但产品符合本地人口味,在本地具有足够的影响力。悠久的历史,使品牌根植于本地顾客心中,加强了顾客黏性,如绍兴的仁昌、宁波的三江。③ 从主打的规格来看,各个酱油企业多关注 500~1 000 mL 的酱油销售。

(3) 绍兴市场

绍兴市场上销售的酱油品牌繁多。在我们走访绍兴各大超市过程中发现,海天、李锦记等大品牌的产品依然占统治地位,但绍兴本土品牌也有一定的市场占有率。尤其在本地超市供销超市和千客隆超市,本土品牌产品的优势更加明显。例如,在供销超市,绍兴品牌仁昌和松盛园,其品牌规格数量均超越了李锦记和厨邦。

绍兴市场上,仁昌酱园的本土竞争对手有至味松盛园、华潮和咸亨等。其中,至味公司前身是成立于 1928 年的松盛酱园。公司厂区占地面积、建筑面积、总投资和年营业额均大于仁昌。公司通过引入先进机械化工艺和采用自身构建的生产线完成每年酱油、米醋 3 万吨的产量,竞争力较强。

总的来说,在国内省内,仁昌酱园的优势并不明显,省外的大型企业和当地的企业给仁昌带来巨大的压力。相对而言,在绍兴市场上,仁昌酱园还是有一定竞争力的。在这样一个竞争激烈的市场上,仁昌的优势和劣势,机遇与挑战又是什么样的呢?

4. 资源与环境分析

SWOT 分析法是通过确定企业自身的竞争优势、竞争劣势、机遇和威胁将公司的战略与公司内部资源、外部环境有机地结合起来的一种科学的分析方法。其中,S (Strengths)、W (Weaknesses)是内部因素,O (Opportunities)、T (Threats) 是外部因素(见图 2-1-3)。以下将通过 SWOT 分析法对仁昌酱园的发展现状进行研究,探寻仁昌的生存奥秘。

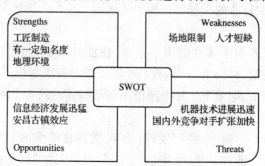

图 2-1-3　仁昌酱园的 SWOT 分析

(1) 优势

① 工匠制造。

工匠制造是指一线工匠秉着精致精细、执着专一,从容独立、踏实务实,摒弃浮躁、宁静致远的工匠精神在制造业从事各种手工技艺的活动。仁昌酱园一百多年来沿革古法酿造工艺,使用自然界的野生米曲霉、黑曲霉、红曲霉。春季投料,夏季伏晒夜露,秋季古法压制出油,保留了浓郁的酱香。仁昌酱园的工匠,以精益求精的态度要求自己,不断改进技艺,酿制出的产品品质深得人心。

② 有一定知名度。

凭借优良的品质,仁昌酱园获得"中华老字号"、"浙江著名商标"等多项光荣称号。据酱园负责人透露,国内外多家媒体都曾前来采访,酱园还是《舌尖上的中国》的拍摄基地之一。目前,绍兴酱油酿制技艺已被列入浙江省第三批和绍兴市、县非物质文化遗产名录。同时,仁昌酱园还是浙江省非物质文化遗产——传统酱油——的技艺传承基地。

③ 地理环境。

仁昌酱园坐落于绍兴安昌古镇,地理位置优越,位于北纬30度。这里有适宜的水分、温度、湿度、空气、微量元素及微生物群候,这些条件满足了酵母对环境的需求。活跃的酵母总能在最大程度上激发酱缸里的潜能,从而酿造出高品质的酱油。

(2) 劣势

① 场地限制。

好的酱油的产出对晒场的限制要求很高。因为城市规划建设,大的晒场越来越难找。目前,在安昌古镇的晒场是一百年来未更变的原址,除了有充足的阳光,这里也有百年积累的微生物群候。因着只有在原址产出的酱油才是原汁原味的,所以场地一直不能迁改和外扩。

② 人才短缺。

我们实地采访的时候老师傅介绍道,制酱的工作很辛苦,每天都要被风吹日晒。投料搅拌时不论风吹雨打都要踩着酱缸一缸缸搅拌。现在的年轻人,特别是高学历的,都不愿意吃苦,不愿意做学徒、学手艺,这使得做酱的技术难以传承下去;并且补缸的传人也寥寥无几。人才短缺对传统手工酱业的发展来说是很大的阻碍。

因此,场地的限制与传统手工技艺的束缚使得酱园每年的产量只能维持在2 000吨左右,勉强满足国内市场。

(3) 机遇

① 信息经济发展迅猛。

仁昌酱园已开始通过淘宝、微信等平台增加产品的销量,利用B2C电子商务方便广大顾客的挑选和购买。网络营销带来的好处显而易见,比如像微信营销这种创新的经营方式即可通过添加好友来加强客户黏性。

② 安昌古镇效应。

近年来,绍兴仁昌酱园有限公司利用地处安昌古镇这一优势带动企业发展,通过在酱园旁边建立酱文化博物馆、茶楼以及客栈——老安昌客栈——这一方式,将酱园打造成了酱文化基地。2014年,安昌古镇在由中共绍兴市委宣传部、绍兴市旅游集团主办的,历时3个月的评选的活动——"寻找绍兴水城最美的地方"——中荣膺"最水乡地标"称号,同时仁昌酱园获得领衔"最绍兴味道"称号。

（4）威胁

① 机器技术发展迅速。

随着高科技的发展,制造酱油的高科技机械产品也源源不断地出现。原料输送的清洁加工、种曲的培养和制造、配料的平衡筛选、温度的控制、发酵的过程都可以由计算机、机械来精准控制,同时达到室内发酵、降低了人工生产的难度和场地限制、加大了产量、保证了制造车间的干净卫生的好处,这对传统手工制作的作坊式制酱产生了一定的冲击。

② 国内外竞争对手扩张加快。

2015 年以来,我国酱油行业领军企业(如海天味业、加加食品等)纷纷扩充产能,并通过多品类的推广积极布局中高端酱油市场。特别地,与日本、韩国相比较,仁昌酱园还处在较低水平的发展阶段上,存在着发酵周期长、原料利用率低、生产过程易受季节等影响、生产设备落后等基础问题。这些问题的存在,严重地制约了仁昌酱园的发展和国际竞争力的提升,也影响了企业经济效益和产品品质的提高。

综上所述,仁昌酱园虽在调味品市场中凭自身实力占有一席之地,但在严峻的市场竞争局势中,仁昌酱园要夹缝生存和发展,务必要做好战略抉择。首先,仁昌酱园要充分发挥自身核心能力,坚持手工酿造保持高品质生产,同时利用历史悠久和非遗传文化等优势进行有效宣传。其次,仁昌需要改善人员结构,不断强化其核心能力。最后,当下信息经济已深入人心,因此,可以通过互联网进行产品的宣传与销售,使经济收益和品牌知名度再上新台阶。

二、仁昌的工匠制造

在仁昌百年的发展历程中,工匠制造这一核心能力获得了最大限度地秉承和坚守,并通过工匠这一秉承主体群体使其持续发展。

1. 经典酿造

仁昌酱完整地继承了传统晒露发酵制酱的工艺,又坚持创新理念,不断引进新技术,开发新工艺,完美地诠释了什么是经典酿造。

（1）古法酿造

整个酿制酱油的工艺可分为以下九步(见图 2-2-1):精选大豆、清洗大豆、浸泡、蒸煮、制作酱饼、晒酱、翻缸,最后压榨消毒进行装瓶。

图 2-2-1　仁昌古法酿造酱油工艺流程图

其中有四个环节尤为关键。① 精选原料,一丝不苟。酱油精选原料要坚持一丝不苟的工匠精神。仁昌酱园采用非转基因黄豆、小麦进行制酱。酿制酱油前,要对黄豆和小麦进行处理,先把黄豆浸泡,让其吸水,再进行蒸煮,使其适度地变性,之后将蒸熟的黄豆和用炒盘炒熟的小麦进行盘和。② 传统菌种,执着专一。古法酱油不用菌种,执着于传统的自然界的野生米曲霉、黑曲霉、红曲霉,这些东西的生长被称之为发花。而且在发花期间工人们需要经常进行翻弄的操作。③ 酱缸晾晒,精益求精。晒场充分证明了酱油是用传统工艺酿造的(见图 2-2-2)。每到立春,酱园就开始忙着制酱——春季投料发酵;接着就是关键的晾晒,阳光充足且温度高的夏季最适合晾晒和发酵——伏天晒夜露;到了秋天,经过数月沉淀的半成品要进行最后的压制工序——秋季古法压制出油(见图 2-2-3)。④ 灭菌消毒,尽善尽美。灭菌消毒是整个酱油制造过程的尾声,仁昌酱园里以往采用的是高温灭菌,这种方法容易破坏酱油中的营养物质,容易使有机物挥发导致酱香味的部分流失。随着技术革新,现在仁昌酱园选用一种小于 0.256 微米的过滤膜进行处理。经高分子"膜过滤"后,酱油既保持了浓郁的酱香味和丰富的营养物质,又使微生物指标符合国家的卫生质量要求。

图 2-2-2 仁昌露天晒场

图 2-2-3 仁昌古法压制出油

打酱油的动作一瞬而过,但酿造步骤却烦琐周折,需要人力的付出、古法的手艺和时间的沉淀。

(2) 技术变革

在 20 世纪 50 年代,仁昌酱园就设立了化验室,培养技术人员,开始各项技术革新,近年来更有多项科技创新,为这个百年老字号的创新发展增加了动力。

① 酱窝油技术。

仁昌酱园的制酱师傅们在酿造绍兴人喜爱的"母子酱油"过程中,把酱中间低处出现的酱窝原汁予以收集提炼,从而生产出酱中之王——酱窝油,此后,老缸酱油和土灶酱油等产品纷纷"出炉"。

② "膜过滤"技术。

在酿造工艺中,仁昌酱园研发出在低温状态下的"膜过滤"技术。膜的孔径在 0.256 微米以下,通过低温物理技术过滤,一改以往的高温加热技术,最大程度地保留了酱油中的芳香物质,保证了酱香味十足。传统灭菌方法是加热,升温至 80 度到 82 度灭菌。这样的灭菌过程有一个弊端,灭菌之后颜色会变深,因为酱油中的氨基酸跟糖分发生迈拉德反应,产生恶变。膜过滤的方法做到了高效灭菌的同时避开了反应。

③ 太阳能模拟晒场。

在天然晒场边上仁昌新建了一个太阳能模拟晒场。该晒场像是大棚搭建起来的一个温室,能高效地利用太阳能,在冬天这里也能保持较高的温度,使原料正常发酵。这些新技术正如仁昌酱园的工匠师傅所提到的那样。"传承跟发展是联系在一起的,要传承最经典的工艺,把它保持下来,就要发展现代高科技,这样才能把最经典的东西、最好的香味保存下来。"

（3）生产工具

制酱的工艺中,工具是必不可少的。榨油时用的木榨机、倒酱时的接口、运送酱油的柄桶、挪动酱缸的硬牙床和有着百年历史的酱缸,仍都在酱园保存着。其中,酱缸、木榨机等工具依旧在使用。古老的酱缸也叫笠缸,是在大缸上加一个斗笠。清代,人们已经发现晒酱中会生虫,一来不卫生,另外可能也会影响口味。《醒园录》中记载了酱不生虫法:用芥子研碎入豆酱内不生虫,或用川椒亦可。但这办法并不完全好使,而且也改变了酱油的原味。在《调鼎集》里记录了更多,比如"酱油自六月起,至八月止,悬一粉牌,写初一至三十日。遇晴天,每日下加一圈。扣定九十日,其味始足,名'三伏秋油'。又,酱油坛,用草乌六七个,每个切作四块,排坛底四边及中心,有虫即充,永不再生。若加百部,尤妙。"[1]

如今的酱缸,上面的斗笠已换成不锈钢的材质,不锈钢不畏虫蛀,不改变酱油的原汁原味,使酱油的晒缸工序得到了质量保证。再者,"膜过滤"技术是仁昌酱园的一项省级革新技术,这种革新技术在做到高效灭菌的同时避开了酿造中的迈拉德不良反应。图2-2-4就是该技术需用到的机器——膜过滤器。

图2-2-4 仁昌的膜过滤器

（4）经典酿造的优势

传统手法制作出来的酱油里是时间的味道。酿造的过程中,豆香味会一天比一天浓郁。一个月的缸是淡淡幽香,十个月的缸则是浓浓醇香,越往上走,酱的香味越复杂,越难以名状,而且随着下雨、放晴、阴天的不同,香味也会不同。这就是所谓时间的味道。现代化工厂

---

① 谢玲.以现代化生产传承古法酿造工艺[N].中国食品报,2015-10-13.

制造的酱油，很多用榨过油的豆粕当原料，将其放在几十吨的玻璃纤维大桶里，密封之后用蒸汽加热发酵，发酵之后则用一些添加剂进行调味。这样一个过程，不需一个月，有时候甚至一星期就能完成，但这种做法会让传统酱油里含有的多种氨基酸消失，使酱油失去鲜味。

由机器产出的配制酱油中几乎都含有添加剂。就食品添加剂而言，它们虽能改善食品外观和风味，但究其本质都是非营养物质，并会在一定程度上慢慢损害机体。例如，不少人会在做菜过程中加入某种增鲜剂——味精——提鲜。台湾曾有一项调查指出，大约有 30％的人由于摄取味精过量而出现嗜睡、焦躁等情况。味精的主要成分是谷氨酸钠，在消化过程中能够分解出谷氨酸，后者会转变成为一种抑制性神经递质，从而使人出现眩晕、头痛、嗜睡、肌肉痉挛等一系列的症状，部分人还会出现焦躁、心慌意乱，甚至是骨头酸痛、肌肉无力症状。不仅如此，过多摄取味精还会影响骨骼生长且使人易得高血压。仅增鲜剂就能造成这样的危害，那么多种添加剂的使用就使危害更大了。

总的来说，经典酿造酱油耗时长、产量低、成本较高，但是绿色纯天然的制造过程保留了酱油应有的味道和营养；而用机器制造的配制酱油虽耗时短、产量高、成本较低，但存在隐患，不宜长期食用。用人力制出带有时间味道的酱油，值得众人放心使用。

2. 工匠秉承

制酱不仅需要工艺的秉承，还需要手艺的载体和主体——工匠的接替。工匠在古代可称其为手艺人，意为熟练掌握一门手工技艺并以此谋生的人，如铁匠、木匠、皮匠、钟表匠等；在现代则可泛指企业生产一线动手操作、具体制造的工人、技师、工程师等[1][2]。仁昌酱园自创始以来，一直采用手工操作。随着时间的推移，仁昌酱园的工匠们换了一代又一代，那他们是如何秉承的呢？

(1) 企业家

美国经济学家熊彼特认为，企业家是不断在经济结构内部进行"革命突变"，对旧的生产方式进行"创造性破坏"，实现生产要素重新组合的人。仁昌酱园的历代掌门人和管理者都坚守工匠制造，带领仁昌酱园经历百年风雨，继往开来。

① 昔日掌门人。

求富立德的创业精神是企业家重要的品质之一。清光绪十八年(公元 1892 年)，绍兴人徐仁昌出资 1 200 银元，在安昌镇水阁桥头办了一家酱园，以自己的名字"仁昌"为字号，自此开始了仁昌酱园的生产经营。徐仁昌这位企业家做事情坚持精致精细、摒弃浮躁，他深信，做生意一定要讲究质量，信誉至上。因此，他制定了严格的生产制作标准，高薪聘请有酱油酿造经验的老师傅把关。他坚持诚信，追求质量的品质，获得了老百姓的一致好评。

光绪三十二年(公元 1906 年)，阮社、江头人章申甫、章子欣父子，投资两万两千银元，接手并扩建仁昌酱园，字号不变，只加"章记"二字，故亦称章仁昌。章申甫不但沿用"仁昌"之字号，而且仍秉承"仁信昌隆"之经营理念，重视质量、讲究信誉，仁昌酱园获得了长足的发展。

② 今日掌门人。

经过几次的变迁，传承的交接棒传递到了新一代企业家俞彩玉的手中。俞彩玉认为，仁

---

①　李宏伟，别应龙. 工匠精神的历史传承与当代培养[J]. 自然辩证法研究，2015,31(8)：54-59.
②　肖群忠，刘永春. 工匠精神及其当代价值[J]. 湖南社会科学，2015(6)：6-10.

昌酱园在绍兴民间仍有极高的知名度,主要得益于"三老":一是"仁昌酱园"之老厂名;二是枕河人家之老地方;三是纯手工酿造的老工艺。即厂名不变、厂址不变、工艺不变。作为在民间极有影响力的老字号,要继续发扬光大,除了要坚持前面的"三老",同时还要秉承"仁信昌隆"之老祖训。但不管是制酱师傅兼副总的滕军康还是属于决策层的俞彩玉,精益求精的创造精神是他们的共性。他们都认为,要想让这个老字号继续发扬光大,需要在坚持传统的基础上,不断创新,因此,这些年来仁昌记研发了大量新产品。有代表性的就是酱窝油。把酱中间低处出现的酱窝原汁予以收集提炼,从而生产出酱中之王——酱窝油。酱窝油色泽红褐,酱香浓郁,体态醇厚,久贮不变[①]。

在互联网急速发展的时代,掌门人俞彩玉和管理者滕军康极其重视互联网的作用,不仅开微店和淘宝店,还和携程旅游合作,将自家老安昌客栈通过携程网让更多游客熟知,这些都让仁昌酱园获得了可观的收益。对于今后酱园的传承与发展,俞彩玉认为:"我们现在的定位就是做精做细,而不是做大做强。讲到传承,发酵酱油最关键就是靠时间,要有一个平和的心态,我的下一任来传承也必须要耐得住性子、坚持得住品质。"

(2)技术带头人

滕军康,仁昌酱园有限公司副总经理,也是仁昌记技术创新的带头人物。1982年,为控制酱油的发酵生产,他受厂部委托负责起草绍兴母子酱油生产工艺流程,通过师傅们的口述和几年来生产实践掌握的知识,整理编写出了"仁昌酱园母子酱油生产工艺规程",规范了酱油的生产工艺,使酱油质量得到了保证。

为了解决经加热后的酱油失去了传统酱油的天然风味的问题,滕军康查阅相关技术资料,根据酱油理化特性和所学知识,将高分子膜过滤技术应用于酱油除菌,经反复试验终于取得了重大突破,这一突破大大提高了该产品的制作效率。

2009年以后,滕总为了发掘和开发绍兴酱油新品种翻阅大量镇志、县志资料,并多方采访老师傅。功夫不负有心人,他成功开发出了深受消费者欢迎的"酱窝油"、"原豆酱油"、"老缸酱油"、"太油"等十几个品种,使仁昌酱园生生不息地发展下去。

(3)"师徒制"传习

因为酱油生产周期长,工艺烦琐,主要和一些微生物打交道,情况千变万化,所以做酱油是入门容易精技难的技术活,因此,工人们不仅需要完整的认识,还需有丰富的经验,他们需要掌握原料、温度、湿度、时间等要素。以往,师傅们都是靠手摸(测温度、湿度)、鼻嗅(发酵程度)、口尝(发酵是否正常、成熟、质量)、眼看(色泽是否艳红),凭常年积累的丰富经验来控制酱油生产。

根据酱园里的制酱工人描述,仁昌的工匠要进入企业工作必须先拜师做学徒,头三年时间,被称为学徒工。在学艺的过程中,每个师傅都会手把手教新人酱油酿造的技术,把自己所掌握的知识和技巧倾囊相授,学徒们在接受师傅传授的技艺时也都虚心好学,潜心钻研酱油生产技术。这种"师徒制"传习制度使一般学徒期满时,对酱油生产就有了一个比较完整的认识。

在不断地传承中,我们可以看到工匠们在接受老师傅教授的技艺的时候也在不断思考

---

① 柏建斌.打满补丁的百年老酱缸里,酿出最对味的酱油[N].钱江晚报,2014-12-5(6).

更好的制作方法来提高制作效率，同时不断努力创造出更多令消费者满意的产品。以此我们可以发现工匠的传承并不是简单地传授技艺，而是在不断地创新中得以传承。

三、案例分析：基于麦肯锡核心能力理论

一百多年来，仁昌酱园的制造工艺经由代代相传，形成独特的酿造古法。目前，仁昌酱园产品畅销江苏、江西、河南、浙江、安徽、上海等省市大超市及其乡村连锁店。本案例将基于核心能力理论，探讨仁昌酱园工匠制造这一核心能力构建的理念与方法。

1. 麦肯锡核心能力理论

（1）核心能力的界定

美国学者普拉哈拉德和哈默于 1990 年在《哈佛商业评论》上提出，"就短期而言，企业产品的质量和性能决定了企业的竞争力，但长期而言，起决定作用的是造就和增强企业的核心能力。"他们认为，核心能力（Core Competence）"是组织中积累性学识，特别是关于如何协调不同生产技能和有机结合各种流派的学识"[①]。

同样是在《哈佛商业评论》，1992 年波士顿顾问咨询公司研究者认为，企业成功的关键不仅仅在于核心能力，更在于其极为注重生产能力的组织活动和业务流程，把改善这些活动和流程作为首要的战略目标，而且每个流程也都要求部门间的协同配合。正如批评者桑切斯在 1997 年所指出的，核心能力理论提出了获得竞争优势的必要条件，而不是充分条件，企业不应仅仅被描写为原有经济实体或资源的积累体，而应被看作是一个有适应能力和变异的有机体，一个有自我组织能力的系统[②]。

1997 年，麦肯锡咨询公司的研究者则从企业的"短板"角度指出普拉哈拉德和哈默核心能力理论的不足。在现实中企业的某一"短板"会限制其所谓核心能力的施展，因此，在界定核心能力时，管理层还应同时考虑实际应用的问题与可能受到的限制。在此基础上，麦肯锡研究者将核心能力理论界定为，"所谓核心能力是指某一组织内部一系列互补的技能和知识的结合，它具有使一项或多项业务达到竞争领域一流水平的能力"[③]。这一定义排除了许多过去被组织界定为核心能力的技能与专利权技术。单单一项专利权、一个品牌、产品或科技，不足以称为核心能力；甚至策略规划、弹性制造能力及团队合作等管理能力，也不能拿来当作核心能力。

考虑到企业在所面临环境的复杂性，以及企业运营中的系统性特征，本文中的核心能力的界定更倾向于麦肯锡的定义，即强调企业一系列技能和知识的互补性结合。

（2）核心能力的特征

在核心能力界定的基础上，麦肯锡研究者将核心能力所具有的特征归结为四个问题。

① Prahalad C. K. & Hamel G. The Core Competence of the Corporation[J]. Harvard Business Review, 1990, 68 (3):80-90.

② Sanchez R. Managing Articulated Knowledge in Competence - Based Competition [M]. Chichester: John Wiley and Sons, 1997:163-187.

③ Coyne K. P, Hall J. D. & Clifford P. G. Is Your Core Competence a Mirage? [J]. McKinsey Quarterly, 1997 (1): 41-54.

第一，我们现有的技能真的高人一等吗？

企业想要作为策略基础的特定核心能力，其表现必须明显优于全部，或大多数现有及潜在竞争对手的类似技能。

第二，卓越能力的优势能维持多久？

企业核心能力被模仿的可能性与速度，要看该能力的稀有性、开发该能力所需的时间，以及了解其来源的困难程度。管理层发现竞争者类似能力的案例愈少，即表示自己拥有的能力愈稀有。发展特定能力所需的时间长短，要看该能力的种类及复杂程度。竞争者能否了解特定能力的来源，要看该能力的性质而定。造就特定能力的组织性因素愈多，该能力愈能持久，也愈不容易被同业模仿；有时连公司员工也不见得知道自己所做的有什么特别之处。反之，仅包含少数组织性因素的核心能力，既容易被人理解，也容易被同业模仿。

第三，与其他经济杠杆相比，既定能力能产生多少价值？

企业想要让核心能力策略成为赢的策略，该能力对产业而言，必须是威力相对强大的策略性杠杆（或称为经济杠杆），如结构性优势或能够取得廉价资源的优势。

最后，特定核心能力能否纳入公司现有价值体系？

企业如果想要掌握核心能力的价值，并为股东带来更多的投资回收，那么管理层针对少数技能所做的一切投资，必须能获得市场的肯定与回报，和组织的核心经营目标一致。

（3）核心能力的构建

麦肯锡研究者进一步认为，核心能力由洞察预见能力和基层执行能力构成[1]。

洞察预见能力主要来源于科学技术知识、独有的数据、产品的创造性、卓越的分析和推理能力等，有助于公司开发或追求能建立先来先赢优势的能力。具体包括：① 能创造一系列发明成果的技术或科学知识，如佳能的光学知识与微缩能力。② 专有信息或资料。③ 在交易流程中掌握最多交易量而获得的情报。④ 透过独一无二的发明过程开发出成功的新产品。⑤ 高人一等的分析与推理能力。这些能力之所以与众不同，完全在于经理人的前瞻能力最终创造出独特的价值。许多公司费尽各种努力，想要开发出与众不同的能力；但也有一些公司透过上述卓越的洞察力或前瞻能力，更有效地建造成功、独特的核心能力。

基层执行能力指的是，能够提供一致高水平质量产品与服务的独特能力，就像手艺一流的工匠，在一流工作环境下，持续做出一致高水平质量的成品一样，并在顾客心目中明显地胜过竞争品牌。例如，在零售业，成立将近百年的诺顿百货拥有让顾客高度满意的能力，就是基层执行能力的典范。正因为该公司每一位员工每天都在千方百计地让顾客满意，使得该公司的服务水准让竞争者望尘莫及。这种成功得益于诺顿提供给这些员工充满人性化的工作环境、合理化的奖励办法以及无微不至的后勤支持所产生的所谓"诺顿文化"，也被称之为"诺顿之道"。

可见，企业核心能力是企业的整体性能力，它涉及企业的技术、人才、管理、文化和凝聚力等各方面，是企业高层、各部门乃至全体员工的共同行为，而不仅仅是某一个经营环节或部门的事情。我们剖析百年仁昌的成功之道，正是基于这样以系统性思考框架。

---

① Coyne K. P, Hall J. D. & Clifford P. G. Is Your Core Competence a Mirage? [J]. McKinsey Quarterly, 1997 (1): 41 - 54.

2. 仁昌的核心能力及其构建

（1）仁昌的核心能力及其特征

我们认为,在激烈的竞争市场环境中,仁昌酱园将工匠制造这一核心能力不断传承,使之成为组织不断发展过程中积累的系列化知识和技能,并渗透在组织经营的每个方面。特别是,仁昌的工匠制造的这种核心能力,具备麦肯锡框架中的四个方面特征。

首先,仁昌的制造技能高人一等。

仁昌酱园坚持古法酿造,同时结合现代先进的高分子膜过滤技术和太阳能恒温技术使产品质量不断提高。仁昌酱园的工匠,以精益求精、一丝不苟的态度要求自己,以改进技艺为自己的人生追求,酿制出来的酱香浓郁,性价比高,非常符合江浙一带人的饮食习惯,很多浙江人特别是绍兴人专门驱车到仁昌酱园的生产基地去购买酱油,具有较强的竞争力。

其次,仁昌的工匠制造是可持续的。

仁昌酱园的老师傅们严格古法酿造流程,遵守"重麦制酱、短水放坯、天然发酵、夏伏曝晒"的原则,所酿酱油的质地醇厚、色泽艳红透亮、酱香浓郁、鲜甜适口、久藏不霉。加之仁昌酱园得天地厚的地理位置,使得其工匠制造的技艺传承弥足珍贵。因此,其工匠制造的稀缺性毋庸置疑。

特别是仁昌酱园的工匠们始终不忘在保持传统工艺的前提下,利用现代化高科技手段进行产品创新。2009年,绍兴酱油酿造技艺被列入第三批浙江省非物质文化遗产名录,仁昌酱园工匠代表人滕军康被认定为该项目省级非遗代表性传承人,使得竞争对手即使全力模仿,也存在一定的难度。因为模仿者需要花数个月,甚至数年时间,才有可能训练出相应的技术人才和基层员工。

仁昌酱园自创始人徐仁昌开始,就以"仁信昌隆"为企业信条,讲究质量,重视信誉。面对市场利益的诱惑,秉承字号、厂址、传统工艺"三不变",能耐住性子,传承传统的纯手工工匠制造。"有所为,有所不为",并不是所有的制酱企业可以做到的。

第三,仁昌的工匠制造成为企业结构性优势。

正是凭借持之以恒的工匠制造和企业产品的优良品质,仁昌酱园获得"中华老字号"、"浙江著名商标"等多项光荣称号,并通过《舌尖上的中国》的传播效应,引起了海内外的关注,品牌效应不能低估。伴随着安昌古镇成为绍兴"最水乡地标",仁昌酱园也成为"最绍兴味道",这种和绍兴经济和文化的共生互动也成为企业的一种资源化优势。我们在渠道调研时,长城路专卖店的店主就告诉我们,来自外地游客就因对绍兴悠久的历史以及仁昌独特的制作工艺的青睐,也更愿意尝试购买膳仙酱油等高端酱油。相对而言,我们的调研显示,绍兴本地人极其青睐一些平价产品,像老缸酱油、母子酱油。

第四,工匠制造与仁昌企业现有价值体系一致。

仁昌酱园以"仁信昌隆"为祖训,且代代相传,随着产品竞争力和品牌影响力的不断提高,仁昌酱园获得了不俗的收入和口碑,较好地实现了企业的经营目标。目前仁昌企业的定位就是做精做细,而工匠制造的传承,也必须要耐得住性子、坚持得住品质,精益求精。

（2）仁昌的核心能力的构建

正如麦肯锡研究者所言,企业核心能力可以通过高层洞察预见能力和基层执行能力两种途径系统化构建,而且这种构建可以同时兼容共生。其中,基层执行能力,在于保证组织运作的每个环节的效率性,而高层洞察预见能力则在于决策的效益性和准确性。

① 高层洞察预见能力的构建。

核心能力,必须由企业最高决策主管层选定,而不是由部门主管独自决定。在仁昌酱园,历代掌门人和管理者无疑对企业所有重大决策的制定,都有深远的影响力。工匠制造作为核心能力,不过是仁昌酱园在不同历史阶段的高层的战略选择。

● 在创业期,选择并界定核心能力。

通常在创业期,管理层选定一个目标,并经由全体员工在原有工作岗位一起努力,设法在合理期限内建立特定核心能力。1892 年,仁昌的创始人绍兴人徐仁昌,通过出资 1 200 银元,在安昌镇水阁桥头办了一家酱园,以"仁昌"为号。制定了严格的生产制作标准,高薪聘请有酱油酿造经验的老师傅把关,寻求在市场上崭露头角。

1906 年,绍兴章姓父子,洞察到仁昌酱园制造所蕴藏的潜力,投资 22 000 银元,收购并扩建了仁昌酱园,字号不变,只加"章记"二字,故亦称章仁昌。章申甫不但沿用"仁昌"之字号,而且仍秉承"仁信昌隆"之经营理念,重视质量、讲究信誉,仁昌酱园获得了长足的发展。

● 在发展期,专注并强化核心能力。

经过几次的变迁,传承的交接棒传递到了新一代企业家俞彩玉的手中。俞彩玉认为,仁昌酱园在绍兴民间仍有极高的知名度,因此,她不断投资改善,以保持仁昌酱园原有的地位。坚持"三老"本色,秉承"仁信昌隆"祖训,并在此基础上开发各种新产品、新工艺。例如,把酱中间低处出现的酱窝原汁予以收集提炼,从而生产出酱中之王——酱窝油,酱窝油色泽红褐,酱香浓郁,体态醇厚,久贮不变①。

在发展期,为了适应急速发展的时代,需要"有所为,有所不为"。仁昌酱园的高层既洞察到互联网时代所带来的机遇,开微店和淘宝店,还和携程旅游合作,让更多游客熟知仁昌。这些都是仁昌酱园高层通过孵化新的传播销售载体,不断强化支持组织核心能力的发展。在做大做强也已成为酱油行业许多企业发展的选择时,仁昌的高层选择了坚守和秉承传统,做精做细。

② 基层执行能力的构建。

组织的领导者不仅影响着组织的经营理念,也决定着组织氛围与组织的价值观。仁昌酱园历任掌门人及管理者对工匠制造的坚守,促成了组织内基层一线员工对工匠制造的认同和尊重,并不断以"师徒制"的形式传承。

● "师徒制"传习制度。

古法酿造酱油的技术皆由传承人亲自按照每道工序传授徒弟。酱园里如今已有 10 代传承人。传统"师徒制"传习技术的旧式技术教育模式其优势在于切身性、实践性。根据我们实地考察的结果了解到,目前酱园内虽然也有年轻的工人但五六十岁的工人占比更大。制酱是门技术活儿,就连翻缸的力道和角度都有讲究,不是一两年就可以取得成绩的,因此有几十年制酱经验的老师傅往往受人敬重,徒弟对师傅更是敬爱有加。

同时,仁昌酱园在工匠的选择上仍是以收徒这种形式来进行的。制酱的技术皆由传承人亲自按照每道工序传授。工匠从学徒时起就需要尽可能多地"知",除了要向师傅学习各

---

① 柏建斌. 打满补丁的百年老酱缸里,酿出最对味的酱油[N]. 钱江晚报,2014 - 12 - 5(6).

种工具的使用和操练技术环节中的关键窍门外,还需要在平时自己操持技术时,对师傅所授的技艺"心得"不断加以揣摩和领悟,并长年累月地坚持;在"行"的方面,工匠不仅需要对自己所制器物进行反复比较、总结,以期加以改进,更需要大胆实践自己的设计理念,勇于突破前辈的发明创造。可以说,"知"、"行"的结合程度是影响工匠技艺造诣高低的最直接因素,也只有在技艺的操持过程中做到了知行合一才能更好地发挥出工匠的技艺水平。他们的技术知识日积月累的同时,他们的技艺也伴着一天天的操作而水到渠成。工匠在实践中所拥有的力量是不可小觑的,仁昌酱园的制酱师傅,不管是学徒还是从学徒过来的师父,每天都在"知行合一"。仁昌酱园也是这样在工匠的实践中百年屹立不倒。调研中仁昌管理者表示,制酱是我国的非物质文化遗产,仁昌每年都要招收徒弟,这是对传统文化的一种传承。

● 精益求精的工匠精神。

《诗经·卫风·淇奥》曰:"如切如磋,如琢如磨",描述了工匠在切割、打磨、雕刻骨器、玉器时的态度,而仁昌酱园制造酱料也是这般。全体制酱师傅严格坚守着传统工艺,放弃产量和速度,用180天时间去晒酱。难能可贵的是这已经成为一种习惯,在仁昌从来没有人怀疑这180天,从来没有人提出要为了产量去压缩时间。在仁昌酱园,有个小型的展览厅,里面就陈列着一百年前至今的制造酱料的各种工具,展示着工匠们在时间的打磨下衍生出的精华。

制造出好的酱料,气候的恒定很重要,工匠的态度更加重要。对于工人来说,并不是酿好一缸酱就一劳永逸了。制酱过程中仁昌酱园上上下下无时无刻不在关注着一只只酱缸。露天的场地上排列着上千只硕大的酱缸,酱料黏稠、厚重,工匠们定时上下翻动,让酱料发酵均匀。调研中管理者滕军康先生再一次强调,"我们做的是手工,是精细化,我们现在的定位就是做精做细,而不是做大做强。"

四、案例总结

仁昌酱园,一个传承了百年工匠制造的老字号,在追求高效快速的年代里保持初心,在推陈出新中保留了百年老味道并挖掘了深层次的制造技艺。坚持传统、注重传承、勤勉耐劳、诚信待客,一代又一代人的传承和坚守使得仁昌酱油历久弥新,始终散发着岁月的醇香。

1. 案例启示

随着现代社会生活水平的提高,人们追求的不仅仅是风味,还有健康与养生。因此,仁昌酱园秉承的纯天然无添加理念极受消费者青睐。据近十年酱油的消费增长我们可以推断出今后仁昌酱园的前途会更加光明,同时我们也从仁昌酱园的发展中获得以下启示。

(1) 工匠制造是核心能力

尽管传统的小作坊形式基本上被现代化的工业制造所取代,但是在人类历史中沉淀下来的工匠精神和文化传统却依旧贯穿于现代化的工业制造之中,甚至成为现代工业制造的灵魂所在。一百多年来,仁昌一以贯之的重视工匠制造,工匠精益求精,从选料到发酵生产无不尽心尽力,实现了对工作追求完美与极致的精神理念与工作伦理品质的结合。正是因为这种对工匠制造的执着坚守,使得仁昌酱园在业界具有较高竞争力,并在海内外享有良好口碑。

（2）企业家洞察是关键

仁昌酱园的历代掌门人在引领仁昌酱园继往开来的过程中都坚持工匠制造。在如今中国同质化竞争比较普遍的市场格局中，仁昌掌门人平和的心态，耐得住性子、坚持得住的品质，做精做细，而不是做大做强的定位，坚守"仁信昌隆"的祖训，秉承工匠制造，不断推陈出新的产品，使仁昌酱园在同质化市场中独树一帜。

（3）基层执行力是基础

历任企业家对工匠制造的坚守促成了组织内成员对工匠制造的认同和尊重，不断以"师徒制"传习制度强化，并形成了尊师重教、一丝不苟、精益求精、知行合一、人技合一的工匠精神，使工匠制造能落到实处。

2. 研究建议

（1）"互联网＋"是契机

"互联网＋"时代的到来，使信息经济呈现出爆炸式的增长趋势，企业经营和互联网的联姻融合是一个非常好的契机。CCTV 的《舌尖上的中国》于 2012 年在央视财经频道播出后，仁昌酱油销售业绩势如破竹。仁昌酱园需把握时机，借力互联网平台，创新传播途径和传播策略，适时加大自身宣传力度，充分体现出工匠制造酱油的优势。

（2）人才梯队是根本

制酱工艺耗时耗力，老师傅们虽然经验丰富，但终有一日要阔别制酱生涯。麦肯锡的研究也表明，具有专业技术的人才的离开是企业核心能力丧失的最主要原因。因此仁昌酱园需未雨绸缪，及时储备后备力量，吸引社会中热爱传统文化且能吃苦耐劳的好苗子加入制酱队伍中，以此来稳固基业，实现可持续持续发展。

期望我们本次案例分析为秉承并坚守工匠制造的企业提供一些参考，期望众多的传统企业构建出属于自己的核心能力，生生不息！

最后，也由衷地感谢仁昌酱园及其渠道商的大力支持！

 思考题

1. 你如何理解麦肯锡核心能力理论？
2. 你认为仁昌酱园的核心能力是什么？

案例编写：丁丽双（会计 144）、龚烨（会计 144）、孙淑钰（工商 151）、赖思莹（工商 152）、朱辰瑶（会计 151）

指导老师：雷宇

传承式创新:让传统与时尚并行——
塔牌绍兴酒有限公司发展分析

摘要:如果说杨柳是江南的腰肢,旧桥是江南的骨骼,那么塔牌黄酒一定是江南脉脉流动的血液。它没有机械化的冰冷,也没有规模化的急躁,有的只是遵循古法、崇尚自然的平和态度。然而"酒香也怕巷子深",如何将时尚融入传统? 如何将创新化入传承? "传承式创新"的新模式就在这矛盾中悄然而生。

本案例以浙江塔牌绍兴酒有限公司为研究对象,通过实地走访的方式,深入了解塔牌公司的运营情况、技术特色和管理模式,进而对塔牌公司的传承式创新模式进行研究。本文通过分析表明,以充分利用和传承现有资源为基础的传承式创新是企业的最优创新途径。通过研究塔牌公司这一成功案例不仅能帮助塔牌的发展,还可以给传统酒类企业的创新指明道路。

关键词:塔牌;绍兴黄酒;传承式创新

引 言

中国是卓立于世界的文明古国,是酒的故乡。中华民族五千年历史长河中,酒和酒类文化一直占据着重要地位。在几千年的文明史中,酒几乎渗透到社会生活的各个领域。而作为世界三大古酒之一的黄酒,更是酒文化中浓墨重彩的一笔。

据中国产业信息网统计,黄酒行业主营业务收入绝对额呈逐年增长的趋势,如图 3-0-1 所示。2014 年主营业务收入达到 158.56 亿元,2009—2011 年,行业营收增速随着经济的高速增长逐年增加,从 2012 年开始,营收增速受经济下行、反腐等不利因素影响呈现了逐步下降的态势,2015 年 1—10 月行业营收增速达到 12.85%,出现了明显复苏势头。2011 年以前,依赖于整个行业成本费用的控制以及产品结构升级,利润总额的增幅超过营收的增幅,2013 年行业的利润总额达到 17.12 亿元,如图 3-0-2 所示。

在众多黄酒种类中,绍兴黄酒脱颖而出,历任国家领导人都对绍兴黄酒赞赏有加。在外交史上,绍兴黄酒屡次扮演"友谊使者"和"文化使者"的角色。1988 年,绍兴黄酒被列为钓鱼台国宾馆唯一国宴专用酒,开始走向国际。黄酒是绍兴的传统支柱产业,也是绍兴的一张金名片。绍兴现有黄酒企业 76 家,从业人员 11 000 多人。2015 年全市产量 50 万吨,总销售额逾 45 亿元。在绍兴,随处可见黄酒的影子,黄酒已经融入绍兴人的生活中。

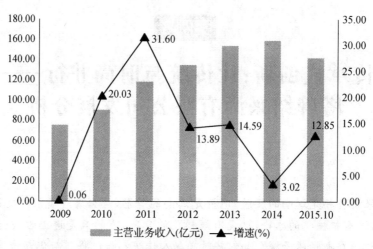

图 3-0-1 2009—2015 年黄酒行业的主营业务收入及增速

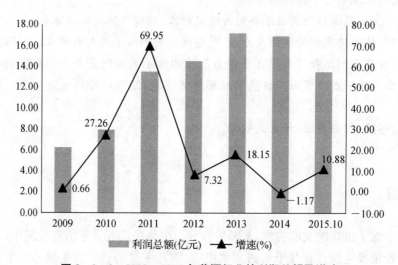

图 3-0-2 2009—2015 年黄酒行业的利润总额及增速

但是绍兴的黄酒产业还是存在许多隐藏的危机。纵观行业全局,绍兴黄酒的经营理念与其历史一样的悠久,显得保守,市场地位与其悠久的历史传统不相匹配。由此导致绍兴黄酒的市场份额低,销售区域性明显。同时,随着现代文化的冲击和各种新兴酒类的竞争,绍兴黄酒的新老消费断层现象严重。而科技及营销综合实力的欠缺,使得绍兴黄酒出现"卖不动"的尴尬局面。

在后危机时代的背景下,创新成为提升经济的重要途径,绍兴黄酒产业也不例外。经过几十年的品牌、产品、市场方面的耕耘,绍兴黄酒业已处于发展的非常时期。能否将产业潜力逐步释放,其突破口就在于传承与创新。对传统技术的传承是绍兴黄酒业的根基,是绍兴黄酒的精华所在,是能量的积蓄。创新则是绍兴黄酒产业的希望寄托,产业能量的释放点。传承创新将会是绍兴黄酒行业未来的主旋律。

不破不立,传承与创新的完美融合让我们更深地懂得发展的契机。浙江塔牌绍兴酒有限公司(见图 3-0-3)带领我们走向传承式创新,去勘破市场竞争之谜雾。文化底蕴与创新的结合不断促进发展,新的发展模式又会带来怎样的进步抑或是后退。我们将全面了解塔牌绍兴酒的业务流程、管理制度等各个方面的信息,获取相关有效数据,运用所学知识对数据进行分析,研究其传承式创新的模式,分析该公司的竞争优势及不足。在一定程度上为该公司的运作及其他方面提供可供参考的建议,最终达到解密塔牌的目的。让我们以塔牌为例,解锁出一条中国传统食品企业在现代社会的生存之道。

图3-0-3 塔牌公司实景

一、结识塔牌:引鉴湖湖水,酿美酒佳酿

1. 塔牌公司情况概述

浙江塔牌绍兴酒有限公司(以下简称"塔牌公司")是浙江省粮油食品进出口股份有限公司投资兴建的大型酿酒企业,非现代黄酒世家,位于青山秀水的鉴湖之源,中国绍兴黄酒产业基地——湖塘。

塔牌公司成立的背景,是20世纪90年代初随着改革开放,外贸体制发生重大变化。原先在计划经济时代,酒厂一般没有外销自主权,只能通过粮油公司收购后统一出口。随着外贸体制转变,一些具备条件的酒厂选择自行出口黄酒,令粮油公司收购遇阻,于是兴办塔牌酒厂,作为绍兴酒出口酿造基地。由于国外对酒质要求很高,对酿酒工艺也要求传统工艺手工操作,不要机械化生产的新工艺黄酒,于是塔牌酒厂自创办之初,就明确坚持传统工艺手工酿造。

塔牌公司总资产13亿元,年产黄酒5万吨,自动化灌装能力4万吨,全部采用传统的纯手工工艺酿制,是目前行业中手工酿制黄酒产量之首,公司于2007年征地150余亩投资2亿多元人民币,扩建塔牌绍兴酒生产酿造基地,将原生产能力3.5万吨扩大到现在的5万吨。其主要产品有绍兴加饭酒、花雕酒、元红酒、香雪酒、善酿酒,还有新型的绍兴丽春酒、江南红酒等多个品种。

塔牌公司的前身是绍兴东风酒厂。早在1952年,塔牌绍兴酒已成为东风酒厂的招牌之一。塔牌绍兴酒自1953年进入国际市场以来,以其浓馥的酒香、醇厚的口味而享誉30多个国家和地区。塔牌绍兴酒1993年被指定为中南海、人民大会堂特制国宴专用酒,1995年"塔牌"被评为浙江省著名商标,1997年被浙江省技术监督局评为免检产品。

作为具有60多年历史出口品牌的塔牌公司,其出口量一直在同行业中名列前茅,是绍兴酒的重要出口基地。塔牌绍兴酒具有色清、香醇、味甘、酒体丰满的特色,为了更好地保护"塔牌"这一文化品牌资产,"塔牌"品牌已于20多个国家和地区进行了注册,并受法律保护。2008年,"塔牌"商标不仅被评为"中国驰名商标",而且塔牌产品同样荣获了"中国名牌产品"称号。

20世纪80年代前后,随着改革开放的深入,绍兴黄酒酿制技艺由原来的纯手工操作,开始走向机械化生产。时代在发展,但坚守传统的只有塔牌公司。如今的绍兴黄酒界,古越龙山、会稽山和塔牌是排名前三的酿酒龙头企业,人称"二山一塔",而在绍兴酒三大龙头企业中,塔牌是唯一一家全部采用传统工艺手工酿造的酒厂。

2. 塔牌公司发展理念

企业宗旨:坚持纯手工酿制黄酒,为大众提供最好养生酒而不懈进取,传承国粹,发扬传统,让中国黄酒为世界熟知,振兴民族产业。

核心理念:诚信、共赢、崇学、务实。

经营哲学:着眼长远利益,重视生存和发展,坚持立身之根本,不断追求创新。

企业精神:兴民族传统产业,务实创新以发展。

经营理念:精心酿名酒,企业创一流,坚持"客户第一"的原则。

企业目标:以一流的手工黄酒品质,开拓国内外酒水消费市场,振兴中华民族传统酒类制造行业,打造中国黄酒第一品牌。

基于上述系列核心理念与思想,塔牌公司在发展过程中逐步积累经验,形成了自己独有的生产经营基本准则,如图3-1-1所示。

> **天有时:**
> 　　冬天酿造的绍兴酒其味最真、最醇、最美,以仲冬之时所酿之酒为最佳,因为酿酒发酵有一个露天后发酵的环节,后发酵的要求是寒冷且时间长。冬至后的第一天是"九九"开始,九九八十一天后就是惊蛰,而这时正可以压榨煎酒封坛入库。在这个最适合酿酒的时段,塔牌会适时机地安排最高等级的原酒生产。
>
> **地有气:**
> 　　塔牌公司坐落于鉴湖水的源头,既得会稽山灵气,又得鉴湖水精华。鉴湖水,号称"绍兴酒之血"。清《浪迹续谈》中有:"盖山阴,会稽之间,水最宜酒。易地则不能为良。故他府皆有绍人如法制酿,而水既不同,味既远逊。"
>
> **材有美:**
> 　　塔牌公司选用精白圆纯糯米,其含支链淀粉多,米质软,黏性好,煮成米饭十里香,用以酿酒酒色光亮鲜艳,酒味软绵醇厚,酒香浓郁悠远,饮之满口舒适润滑。同时,塔牌公司在安徽建立了5万亩优质糯米生产基地,为其供应源源不断的优质原料。
>
> **工有巧:**
> 　　塔牌掌握了黄酒酿造的独门绝技以及沉淀了两千多年的酿酒精华,所酿之美酒酒色清橙黄、清亮透明、富有光泽、酒香浓厚纯正、酒味醇厚丰满、口感鲜美爽口。逐渐形成了塔牌自身和谐可口、刚柔并济的独特风味。

(左侧竖排)塔牌经营基本准则

图3-1-1 塔牌公司生产经营基本准则

3. 塔牌公司销售情况

塔牌公司早期主要做黄酒的出口贸易,前身是绍兴东风酒厂,建于20世纪50年代,规模较小。公司于 1995 年建造了现在的规模化工厂。在此之前,塔牌酒主要用于出口。从 1996 年开始,塔牌酒不再局限于销往国际市场,在国内市场也开始建立自己的销售网络,现在塔牌在国内的销售网络已经覆盖全国,如图 3-1-2 所示。

国内销售
————————————
塔牌已设立北京北方塔牌绍兴酒销售有限责任公司、南方销售公司、江苏销售公司、上海销售公司、北方销售公司等分公司。范围覆盖全国各省。

国外销售
————————————
塔牌绍兴酒远销加拿大、美国、英国、爱尔兰、英国、意大利、日本、菲律宾、新加坡、印尼、澳大利亚、新西兰

图 3-1-2 塔牌销售网络

自 2002 年以来塔牌公司总体销售量逐年递增,2008 年起基本保持平稳,在 2014 年时略有下降,近 13 年来,塔牌公司的出口量始终保持稳定,公司的年销售额在过去 13 年总体保持上升的趋势,如图 3-1-3 所示。

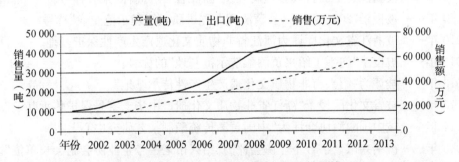

图 3-1-3 2002—2013 年塔牌绍兴酒销售情况

从产量分析,塔牌黄酒虽然算不上大型企业,但它又不同于一般的中小型黄酒企业,抱着固有的低收益模式,不敢追求大的技术改造,很少会根据市场变化而开发符合市场需要的高附加值产品。塔牌在产品研发投入与创新方面,从不逊色于排在前面的古越龙山、会稽山,具有大型企业的风格。

营销方面,尽管一般的中小型黄酒企业也有为了满足顾客需求、扩大企业与产品的影响力,采取一些积极营销方法与促销手段的想法,但是,回到现实中,这些想法常常会因为营销费用与营销风险的增加而被否定。塔牌却截然相反,始终以市场为导向、以创新为轴端、以需求定生产,这一切已经成为公司上下共同的行为准则。塔牌经营者深知,营销就是要不断开拓新的业务与新的市场,以体现出差异化的优势,使企业处于有利竞争地位。塔牌的营销战略分三步走,如图 3-1-4 所示。

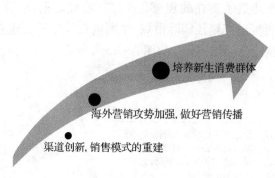

图 3-1-4　塔牌的营销战略三步走

4. 塔牌公司所获荣誉

在 70 年的发展历程中,塔牌公司及塔牌酒取得了无数的荣耀:

1979 年——获国家金质奖。

1993 年——被指定为中南海、人民大会堂特定国宴用酒。

1996 年——经全国名优酒质量检评仍获国家金质奖。

2000 年——获准使用绍兴酒原产地域产品专用标志。

2007 年——被评为中国名牌产品。

2009 年——被绍兴县列为传承基地(民俗黄酒开酿节)非物质文化遗产项目。

2010 年——被浙江省工商行政管理局颁发"浙江省著名商标"荣誉称号。

2010 年——被授予"2010 年绍兴县黄酒行业先进质量管理示范企业"称号。

2010 年——被浙江省文化厅评为浙江省非物质文化遗产生产性保护基地。

2013 年——被授予"纯手工绍兴黄酒酿造示范基地"的称号。

2013 年——被评为"绍兴市非物质文化遗产生产性传承基地"。

2013 年——被省文化厅授予"浙江省非物质文化遗产中华老字号保护传承基地"。

2014 年——被中国酿酒协会评为"中国黄酒传统酿制技艺研究中心"。

2015 年——被绍兴市老字号企业协会评为"绍兴市老字号企业协会副会长单位"。

2015 年——同时获得"华樽杯"颁发的"中国黄酒品牌价值三强品牌"、"中国十大出口名酒品牌"、"中国十大历史文化名酒"三项大奖。

在塔牌公司文化展示中心的墙上也是挂满了历年塔牌获得的证书。不过在这众多的荣誉证书中,让塔牌人最引以为傲的是挂在中间的两块:一块是 2013 年 10 月由中国商业联合会和中华老字号工作委员会授予的"传统手工艺绍兴黄酒酿造示范基地";一块是 2014 年 11 月由中国酒业协会授予的"中国黄酒传统酿制技艺研究中心"。可见,塔牌最重视的还是对传统黄酒酿造工艺的传承。

二、"保守"塔牌:坚守传统,致力差异化发展

1. 差异化发展:企业竞争优势之源

差异化,又称差别化,是指企业针对大规模市场,通过提供与竞争者存在差异的产品或

服务以获取优势的战略。差异化被认为是将公司提供的产品或服务差异化,形成一些在全产业范围中具有独特性的东西。差异领先要求企业就客户广泛重视的一些方面在产业内独树一帜,或在成本差距难以进一步扩大的情况下,生产比竞争对手功能更强、质量更优、服务更好的产品以显示经营差异。

企业以差异化战略实现持续发展有多种路径可供选择,既可以通过追求产品品质的优异化实现差异,也可以追求产品可靠度的优异化、以稳定可靠标准化实现差异;既可以追求产品创新力的优异化实现差异,也可以以技术第一的专利性实现差异;既可以追求产品周边服务的优异化,通过创造特性和附属性功能实现差异,也可以追求品牌的优异化,通过强调产品的品牌诉求为基础内容实现差异化,如图 3-2-1 所示。

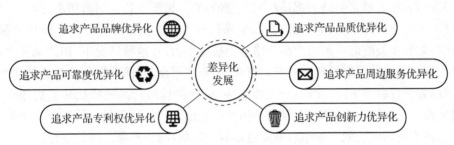

图 3-2-1 企业的差异化发展

追求产品品牌优异化作为差异化发展的重要内容,在现今社会更是企业发展的重要环节。优异化品牌差异化定位作为差异化的其中一个重要内容,是指企业对自身产品在特殊功能、文化取向及个性差异上的商业性决策,它是建立一个与众不同的品牌形象的过程和结果。换言之,即指为某个特定品牌确定一个区别于竞争品牌的卖点和市场位置,使商品在消费者的心中占领一个特殊的位置。品牌差异化定位如图 3-2-2 所示。

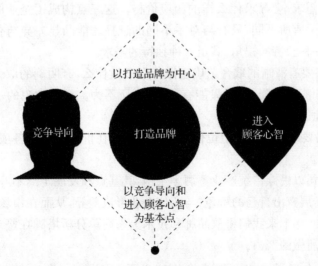

图 3-2-2 品牌差异化定位

品牌差异化定位的目的就是将产品的核心优势或个性差异转化为品牌,以满足目标消费者的个性需求。成功的品牌都有一个差异化特征,有别于竞争对手的,符合消费者需要的形象,然后以一种始终如一的形式将品牌的差异与消费者的心理需要连接起来,通过这种方式将品牌定位信息准确传达给消费者,在潜在消费者心中占领一个有利的位置。

如今随着世界经济全球化以及卖方市场转变成买方市场的营销趋势的日益凸显,以生产者为中心、以产品为重点的营销理念已经不能驰骋商场。现在要以消费者为中心,企业要想获得一定的市场份额就必须先了解市场再组织生产。一切都要以市场为主体,以顾客需求为生产目标。当某行业从新兴走向成熟,新的品牌和成长中的品牌不能轻松获取市场。"狗皮膏药"、"万能胶"式的产品不再成为核心竞争力,企业也不再具有产品优势。这时就需要对市场进行细分,对品牌施行差异化。消费者的需求是不同的,只有有意识地针对不同的顾客群的不同需求打造出符合不同顾客需求的品牌,才能最大限度地占据市场。

但并非所有的差异化的结果都是尽如人意的,它的风险也让人望而却步。

过度的差异化可能丧失部分客户。如果采用成本领先战略的竞争对手压低产品价格,使其与实行差异化战略的厂家的产品价格差距拉得很大,在这种情况下,用户为了大量节省费用,放弃取得差异的厂家所拥有的产品特征、服务或形象,转而选择物美价廉的产品,用户所需的产品差异的因素下降。当用户变得越来越老练时,对产品的特征和差别体会不明显时,就可能发生忽略差异的情况;大量的模仿缩小了感觉得到的差异。特别是当产品发展到成熟期时,拥有技术实力的厂家很容易通过逼真的模仿,减少产品之间的差异。

实践中,对于差异化战略中存在的风险,企业要将风险最小化,优化差异化结果,使差异化成为企业竞争发展之源,关键是要做好以下几个方面:

① 坚持差异化的基本内容不过度。在适当的范围内,追求产品品牌、品质、创新力的优异化。

② 要有一个独特的价值诉求。企业的差异化战略不能为差异而差异,关键是要能创造为市场所认可的价值。价值诉求主要有三个重要的方面:准备服务于什么类型的客户;满足这些客户什么样的需求;会寻求什么样的相应价格。这三点构成了企业的价值诉求。一个企业的选择要和对手有所不同,只有与对手不同的选择才能凸显差异与企业本身存在的价值,因而必须采取一种独特的视角、满足一种独特的需求。

③ 差异化战略要有清晰的取舍。确定做什么不做什么,有明确的取舍对于差异化战略来说非常重要,鱼和熊掌不能兼得,只能有所为、有所不为。企业常犯的一个错误就是他们想做的事情太多,他们不愿意舍弃。

④ 差异化战略要以符合产品定位价值链来支撑。在价值链上的各项活动,必须是相互匹配并彼此促进的。

塔牌绍兴酒公司以民族传统产业黄酒为主销,其基点和发展离不开传统,同时塔牌以传统为根基,致力于展露出自己的特色,与相似企业形成差异,从而在市场占据有利地位,为企业带来竞争优势。接下来我们将从品牌和技术上来简单分析塔牌在坚守传统,突出特色,实现差异化发展上所做的努力。

2. "古"文化内涵差异化,塑塔牌传统之美

认识一个企业有很多途径,从它的广告、产品、包装上我们都会对一个企业产生一个模糊的直接印象。能让消费者最直观了解一个企业的观念、文化抑或态度的中间桥梁非商标莫属。因为企业标志承载着企业的无形资产,是企业综合信息传递的媒介。标志在

企业形象传递过程中,是应用最广泛、出现频率最高,同时也是最关键的元素。基于商标的品牌差异化会直观地给消费者一个在外形上的独特感受,同时企业强大的整体实力、完善的管理机制、优质的产品和服务都被涵盖于标志中,通过不断地刺激和反复刻画,深深地留在消费者心中。塔牌深谙品牌差异化在差异化发展中的重要地位,以商标为桥梁致力差异化发展。

在现代化节奏愈来愈快的时代,现代企业面对发展迅速的社会,日新月异的生活和意识形态,不断的市场竞争形势,其标志形态必须具有鲜明的时代特征。现在大多数企业的商标都倾向于更加简洁具有现代化气息的商标,特别是许多老企业,开始对曾经的标志形象进行检讨和改进,但很多企业使自己的商标失去了原来的古味,而是越来越向现代化企业所接近,在时代和历史中迷失方向,从而让自身定位不准,商标的过于现代化也使企业失去本来的色彩。

在繁多的现代化商标中,塔牌绍兴酒商标却有着传统文化的古韵古香,让人看到了它与其他企业的差异,也让人耳目一新。塔牌绍兴酒以中华传统产业黄酒为主销,一直定位于传统酒,以文化和历史作为黄酒带给消费者附加值部分,同时其目标市场和黄酒品牌的诉求也在发生变化,从以中老年人为主要市场到开始吸引新兴消费群体。现在年轻人消费黄酒的风气正在形成,许多30岁以下的年轻朋友在消费黄酒,就像唐装的流行一样,黄酒正在被年轻人用“古老表现流行”。而为突出这样的个性化色彩和文化底蕴,塔牌绍兴酒的商标就给人“古”文化的全新感受,深刻践行了品牌差异化。

其商标中的“塔”取材我国江南名塔杭州六和塔。该塔位于我国历史文化名城杭州南翼,钱塘江北岸,距今已逾867年。塔高59.95米,塔身威严雄伟,塔势庄严。由于南宋年间钱江水道已成为吴越之地重要的商贸港口,为镇江潮之滥,免百姓舟楫之烦,礼部特依旨兴工建造“六和塔”。六和原指六味“酸、苦、辛、咸,加之以涩与甘,为六和也”。后引申为美味。沈约《霜雅八首》之二:“五味九变兼六和,令芳甘旨庶且多。”这里的六味正和绍兴酒的酸、苦、辛、鲜、甜、涩。于是,就以举世闻名的杭州六和塔为商标品牌。

塔是我国民族文化的独特载体。塔体被寓以避妖、镇邪之意。塔被设计师选为我国传统名酒的商标,承载着设计者对我国悠久历史的理解和敬仰。巍巍千年古塔形象配以悠悠千年酒香风采,更与作为世界四大名酒的绍兴酒交相辉映、相得益彰。塔牌绍兴酒的商标设计为弘扬我国千年历史,传播民族文化精髓,起到了珠联璧合的作用。塔牌 Logo 如图 3-2-3 所示。

图 3-2-3　塔牌 Logo 图

对比于现今多数现代化企业 Logo 图,我们不难看出塔牌的 Logo 里不仅有其他企业通过商标所要传递的企业理念、企业态度抑或企业核心,更重要且与其他企业所区分开来的,则是塔牌 Logo 里所传递出来的一种历史的沉淀的感觉,塔牌的“传统”由此彰显,它与其他企业的差异也由此可直观体现。

这样的历史感并非无中生有抑或一蹴而就,这种差异也不是所有企业都能轻易模仿的。塔牌作为一个具有较长历史的企业,其得名和商标由来都与古老的“塔”文化密不可分。

一者,“六和塔”是江南地区积极发展对外贸易的重要象征和标志。而“塔牌”得名于斯,即有"贸易兴企,走向世界"之寓意。众所周知,"塔牌"绍兴酒于1958年进入国际市场,目前已享誉欧美、日韩及东南亚、港澳台等30多个国家和地区,在海外华人当中影响深远。

二者,"塔"与佛教相伴而生,其功能和文化内涵在中国得以不断演变和发展,作为一种寓意避妖、镇邪和祈福的建筑形态,被广泛运用,成为中国民族文化的独特载体之一。"塔"被设计者提炼为中国传统名酒的品牌标志,体现了设计者对中国历史和传统文化的敬仰和极高的艺术修养及品牌塑造能力。

再者,"塔"是中国民间祈福文化的象征,而"塔牌"得名于斯既寓以"以美酒滋养天下众生"之产业理想,亦蕴含了"祈天下太平、佑贸易畅通、求百姓安乐"之社会理想。"以美酒滋养天下众生",通俗地讲,即致力于向社会奉献"绿色安全、品质过硬"的美酒佳酿,让普天之下的老百姓享受高品质的生活。

与现代化气息较重、Logo形式简洁的多数企业相比,塔牌的品牌突出其传统韵味,巧用商标图表现出自己与其他企业的差异,深刻践行品牌差异。巍巍千年的古塔品牌标志配以悠悠千年美酒,使中国传统文化之底蕴与中国绍兴黄酒之神韵交相辉映、相得益彰、珠联璧合。在现代化社会中有着自己古色古香的气质,将企业的品牌定位更为直观得传递给消费者,通过表面的形式与消费者心理链接,从而让他们一定程度上了解塔牌,在他们心中占据一个有利地位。

3. "手工"技艺形式差异化,承纯粹时代匠心

(1) 手工酿造 VS 机制生产

中国美食文化博大精深,为了"吃喝",我国人民发明了不少独特的美食生产工艺。以往,传统的生产工艺带来了同一食品的不同味道,讲究工艺、传承。但如今,快节奏的生活,巨大的市场需求,都让传统手工制作跟不上节奏,机械化生产逐渐取代传统手工制作,其加工流程中的绝大多数步骤都已实现了现代化流水式生产。

虽然机械还未完全取代手工生产,但传统手工制作的食品工厂化生产趋势渐渐明显,机械化加工,集食品加工和包装于一体。这样一来虽然省去了不少人力成本,提高了生产效率,但却使很多食品失去了"口味"上的优势,蕴含着古人心血和思考的传统手工工艺也开始失传。

总有人说,在现今的社会,消费者需求如此之大、劳动力昂贵、技术越来越先进,机械化生产看似已成为不可逆转的局势,但就在如此时代背景下,塔牌依然追求与其他公司技术上以及品质上的差异,它对"手工酿造"的坚守和对黄酒古味近乎"挑剔"的苛求,体现了塔牌对其差异化发展道路的重视,而这种差异的坚持在如今追求效率和金钱的社会尤为难见。

手工酿造黄酒和机制黄酒的差异体现在各个方面。最主要的是手工酿造黄酒的过程极为复杂,其工艺涉及多门学科,是一项要求很高的手工技术活。传统手工艺酿造的绍兴酒,其产品质量优异。绍兴酒的酿造有2500多年的悠久历史,而塔牌已形成了一套完整的工艺操作和独特的酿造方法,这是其他相似企业所不具备的。塔牌的手工酿造工艺与普通机制黄酒流水线制酒的过程形成了鲜明的对比,如图3-2-4所示。

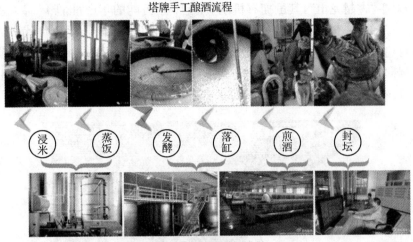

图3-2-4 塔牌手工酿酒与普通机制黄酒酿酒流程对比

现如今城市生活追求快节奏，全年流水出品、千瓶一味的机制黄酒充斥了市场。而传统手工黄酒历经三十六道手工工序、一冬一酿漫长发酵，自然拥有其独特风味。两种黄酒的对比如表3-2-1所示。

表3-2-1 机制黄酒和手酿黄酒的对比

	机制黄酒	手酿黄酒
投料	一次50~70吨大米	一次200斤新鲜糯米
工艺	机械流水制作	传统工艺，菜药、制曲、选料、蒸饭、摊饭、淋饭、投料、开耙、春榨、煎酒、封泥……共36道工序
容器	不锈钢大桶	陶土老坛、继续陈化
生产周期	一年四季天天出酒，破坏了制酒应遵循的自然规律	立冬投料、立春出酒、顺应自然而酿
酒曲的制作	机器压曲	精选小麦—扎麦—拌曲—摆曲—踩曲……
时间	20天催熟发酵，活性氨基酸含量低	一冬一酿，冬酿百日，含有21种活性氨基酸，有"液体蛋糕"之称
色泽	绛红色，暗沉	淡琥珀色，透亮晶莹
口感和香气	淡薄，千瓶一味	醇香、焦香、麦香；酸、甜、苦、辣、涩、鲜相融，香气馥郁，酒味协调

通过上面的总结，我们不难看出机制黄酒和手酿黄酒的差别不仅在过程上，在其他方面也有很大的差别。从效率上来说，机制黄酒采用机械流水制作，且酿造周期仅在几十天左右，而塔牌的手工酿造黄酒工艺流程十分复杂，手工酿造的时间也只有在立冬到立春，也就是真正纯手工酿造的时间只有三个月，三个月要酿造一年的黄酒，导致它们产量上也有一定限制，花费时间自然很长，这就比机制黄酒的效率和产值低很多。

手工酿造的每一道工序都凝结着工人对塔牌绍兴酒质量的追求，其从色泽、口感和香气上来说都比机制黄酒更有特色和风味，就像是现代的流水画作中的艺术品一样。同时，作为塔牌的竞争对手"古越龙山",其虽拥有机制黄酒16余万吨的年产量,但塔牌人遵循着祖先几千年流传下来的独门技艺,秉承"做诚实人、酿良心酒"的至高理念,以世代辛劳酿出一杯香醇,这种对追求完美品质和味道的工匠精神如黄酒甚至食品行业的一股清流,实现了技术和品味上塔牌与相似企业的差异,让消费者看到塔牌的恪守认真和它的与众不同,也让塔牌的差异化发展在现代化社会不断散发馥郁的芳香。塔牌冬酿场景如图3-2-5所示。

图3-2-5 塔牌冬酿场景

(2) 师徒承袭 VS 现代培训

在如今的知识经济时代,以信息和知识的大量生产和传播为主要特征,并以每年18%～20%的递增率发展。然而,与巨大的信息和知识量相比,学习者将会发现自己的"知识贫乏",已有的知识正变得支离破碎,学习的速度太慢,要学的知识太多,这是由于个人学习的有限性和滞后性与知识增长的无限性和快速性产生极大反差造成的。

不论是手工酿酒还是在其他的方面,学习的方法都是很重要的。如今社会中,培训是最为常见的学习方法。培训是一种有组织的知识传递、技能传递、标准传递、信息传递、信念传递、管理训诫行为。目前国内培训以技能传递为主,时间则侧重上岗前。为了达到统一的科学技术规范、标准化作业,通过目标规划设定、知识和信息传递、技能熟练演练、作业达成评测、结果交流公告等现代信息化的流程,让员工通过一定的教育训练技术手段,达到预期的水平提高目标,提升战斗力、个人能力、工作能力的训练。

与之不同的是,塔牌公司采用传统的师徒制而非现在流行的培训制。这又使塔牌公司在培养人才方面与其他现代公司形成了差异化。

师徒制在我国由来已久,即老师带领学生进行学习、工作、生活,使学生更好、更快地融入工作当中的一种形势。师徒制曾一度成为青年掌握技能的重要途径。"技师都是以师傅带徒弟的方法,代代相传,师傅从"50后"到"80后"不等,主要还是"60后",即五十岁左右、四十岁这一批也逐渐上来了,没有二三十年的开耙工艺是做不成师傅的,和各类技校也有合作。"塔牌相关负责人如是说。

2011年,塔牌副总经理兼总工程师潘兴祥创新制度,在公司内推行师傅带徒弟的技术传帮带,从而培养更多的手工酿酒技艺传承人。公司先通过考核,发掘一批"酒头脑",确定为师傅。然后在每年的开酿节上,让师傅确定要培养的徒弟。每个师傅带一到两名徒弟,并将自己的酿酒技术传授给徒弟。传帮带仪式如图3-2-6所示。

图3-2-6 塔牌冬酿庆典上"徒弟拜师"场景

对民俗学颇有研究的周一农教授认为:"绍兴黄酒有着千年的历史,其精湛的酿制技艺就是通过一代一代人的口传心授,不断创新完善、精益求精。"

"'师带徒'一直是绍兴黄酒传统酿制技艺的重要传承方式。师傅会手把手教徒弟实践,让徒弟从实践中掌握和摸索技艺。"周一农教授说,"传统工艺是复合多菌种的开放式发酵,生产周期长,影响因素十分复杂,需要长期摸索。师傅会把毕生宝贵经验传授给徒弟,徒弟就可以吸取精华,再进行升华创新,使得传统工艺在传承中不断发展完善。"

如今社会,凡事"利"字当头,劳动力市场环境也发生了很大变化。20世纪90年代后,"师带徒"体制在许多企业逐渐呈现松散状态,师徒观念慢慢淡薄。许多企业更注重运用现代化的管理手段,采用标准化及快速化的培训,却不再信任"师父带徒弟"这种传统的知识技能的传承方式。而塔牌公司却看到了师徒制在酿酒方面的优越性,"逆"社会大流,保留师徒制,与其他公司形成差异,使酿酒这一技术在师傅和徒弟一起工作和生活中,潜移默化地传授着。

在被经济利益包围的今天,这方面的差异化是十分重要的,好人才能酿好酒,酿酒是团队活动,师徒亲密无间,互相关心,团队就更有凝聚力。塔牌所要通过师徒制传递的不仅是一种传统的学习文化,更是希望所有的"酒"都不是冷冰冰的食品和赚取手段,而是蕴藏着人情和真心,这便是塔牌酒与其他企业相比最大的魅力所在。

4. 传统中前行,差异化促塔牌持续发展

综上所述,我们可以清晰地看到塔牌绍兴酒有限公司以"传统"为立足点,积极贯彻差异化从而实现持续化发展的过程。为了规避差异化所带来的风险,塔牌公司所走的每一步路都非常谨慎。

首先塔牌深刻贯彻差异化的重要内容,追求产品的品牌优异化和产品品质优异化,甚至在学习方法上也有自己独特的思考。在品牌上,塔牌以商标做中间桥梁,在追求简洁和现代化气息的众多商标中,塔牌商标脱颖而出,不仅展现出企业的思想,更传递出企业的传统文化以及历史沉淀,给人一种厚重感,其商标内部的"塔"以及公司得名更是与江南水乡的"塔"文化密不可分;在产品品质上,塔牌坚持运用世代传承下来的手工酿造技术,用手工打造出醇厚原味从而区分于口感单薄、千瓶一味的机制黄酒,给消费者不一样的舌尖感受,这不仅在技术上"逆"机械化大潮,实现技术差异化,在品质上也远远凌驾于规模化黄酒公司之上,实现品质上的差异化;在学习方法上,塔牌也不盲目跟从现代的培训,在明确师徒制所带给酿酒企业的优势之后承袭传统师徒制的学习方法,不仅学酿酒也学做人,在学习方法上实现差异化。此外,塔牌在追求差异化的同时也非常重视度的把握,从而给人恰到好处不过度的舒适感。

再次,塔牌深谙鱼与熊掌不可兼得之道。在差异化这条道路上,很多企业都是因为想要的太多而走了歪路。若想实现差异化,就需要有不一样的思想和做法,这种差异可能短期内的利益并不高,但只要坚持下去就会区别于潮流从而造就新的潮流。例如,塔牌公司几十年如一日般坚持传统的手工酿造技术。这种老祖宗代代相传的技术,虽然在机械化社会里,它的效率和产量远比机械化落后太多。而塔牌如若选择手酿,就必须放弃机制黄酒所带来的高效率、高产量以及高收益。在物欲横流的社会这样的选择着实不易,而塔牌明确取舍,确定了手工酿造就不再艳羡规模化黄酒公司的高收益。正因为塔牌的选择,塔牌绍兴酒拥有近乎"原始"的口感,彰显出塔牌坚持手工酿造,坚持差异化的价值。

波特认为:差异化战略就是企业设法使自己的产品或服务乃至经营理念、管理方法、技术等有别于其他企业,在全行业范围内树立起别具一格的经营特色,从而在竞争中获取有利地位。塔牌的差异化道路正是印证了这一理论,在古越龙山、会稽山着力于黄酒生产的机械化和标准化,着力于提升黄酒产能的潮流之下,塔牌却选择了一种看上去比较"保守"的发展方向,即坚持酿造传统手工黄酒,并将其作为企业的战略主导。正是塔牌一直执着于传统差异化道路的坚守,使得塔牌在全行业中树立别具一格的经营特色——手工黄酒,从而实现了塔牌的辉煌。

在我们看来,塔牌不论是在品牌、技艺、品质还是学习方面所追求的差异,都是在当今浮华社会追求一种时代所缺少的匠心精神,一种对自己的产品精雕细琢、精益求精,使其更完美的精神理念。通过不断雕琢自己的产品,不断改善自己的工艺,打造本行业最优质的产品,其他同行无法匹敌的卓越产品。

这是一种精神,也是一种品质,一种追求和一种氛围,努力把品质从 99% 提升到 99.99%,像百折不挠、坚忍不拔的苦行僧般,不怕苦不怕难、甘于寂寞、锲而不舍,永远在路上。他们守规矩重规则也重细节不投机取巧,都是追求卓越的完美主义者。塔牌的差异化道路正是如此,忍受着艰苦,忍受着寂寞,但与大流相悖的每一个思考,低头流下的每一滴汗,都包含着想要酿造出一坛好酒的心情。酿出的酒已然不是等待被估值的商品,而是自己满意的艺术品。在浮华社会坚持本真,追求不一样的精彩,也许,这就是塔牌追求差异化的真正意义。

三、创新塔牌:拥抱时尚,追逐新时代潮流

1. 创新:企业生命动力之源

创新,简单地说就是利用已存在的自然资源或社会要素,创造新的矛盾共同体的人类

行为。经济学上，创新概念的起源为美籍经济学家熊彼特在 1912 年出版的《经济发展概论》。

熊彼特认为，所谓创新，就是要"建立一种新的生产函数"，即"生产要素的重新组合"，就是要把一种从来没有的关于生产要素和生产条件的"新组合"引进生产体系中去，以实现对生产要素或生产条件的"新组合"。"企业家"的职能就是实现"创新"，引进"新组合"。所谓"经济发展"，就是指整个社会不断地实现这种"新组合"，或者说经济发展就是这种不断创新的结果。企业追求"新组合"的目的是获得潜在的利润，即最大限度地获取超额利润。

在他看来，经济发展过程本身是不平衡的，创新是打破经济"循环流转"稳态，推动经济发展和生产方式变革的革命性因素。熊彼特把增长看作是"基本创新"群造成生产边界移动之后，经济的一个调整过程。他指出，在经济超过新的、静态的瓦尔拉均衡时，它具有非常不稳定的特征，这就减弱了基本创新的进一步出现。最终，原来的基本创新集群的推动力失去力量，经济扩张停止。经过衰退后，经济将回升，并达到新的瓦尔拉均衡。

熊彼特运用静态均衡分析方法简述了资本的循环流传，即资本的简单再生产过程，指出循环流转经济中，没有创新、没有发展，不存在剩余价值或利润空间，是在原有均衡的基础上年复一年的重复。

可以说，"创新理论"的最大特色，就是强调生产技术的革新和生产方法的变革在经济发展过程中的至高无上的作用。

"创新是生产过程中内生的。"熊彼特说，"我们所指的'发展'只是经济生活中并非从外部强加于它的，而是从内部自行发生的变化。"尽管投入的资本和劳动力数量的变化，能够导致经济生活的变化，但这并不是唯一的经济变化；还有另一种经济变化，它是不能用从外部加于数据的影响来说明的，它是从体系内部发生的。这种变化是那么多的重要经济现象的原因，所以，为它建立一种理论似乎是值得的。所谓的另一种经济变化就是"创新"，没有创新，没有变动和发展，企业总收入等于总支出，生产管理者所得到的只是"管理工资"，因而不产生利润，也不存在资本和利息。只有在他所说的实现了创新的发展的情况下，才存在企业家和资本，才产生利润和利息。

现在企业的竞争力已经从规模、产品质量转变为创新能力的竞争，这种转变向传统企业理论提出了挑战。国外竞争的压力迫使公司通过持续不断的创新来实现产业和服务的差异化；新产品的引入有助于企业保护自己的市场，生产过程中的创新则可以帮助企业降低生产成本；信息技术的快速发展也加速了创新的步伐，计算机辅助设计和制造使得产品的设计和生产都很方便，而且速度大大提升；弹性生产技术使得小规模生产也很经济，降低了规模生产的重要性。

所有这些技术都使企业能够生产出与竞争对手不同的产品来满足不同消费群体的需求。许多公司都采取了新技术，加快了技术创新的步伐，抬高了竞争门槛，引起了整个行业开发周期的缩短和更多新产品的引入，也引起了更深层次的市场细分和更快的产品更新。所有这些都促使企业将创新作为一个强制性战略。

熊彼特进一步明确指出"创新"的五种情况，如图 3-3-1 所示。

① 采用一种新的产品，也就是消费者还不熟悉的产品，或一种产品的一种新的特性。

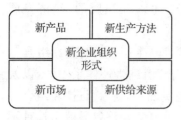

图 3 - 3 - 1　熊彼特创新法五则

② 采用一种新的生产方法,也就是在有关的制造部门中尚未通过经验检定的方法,这种新的方法绝不需要建立在科学上新的发现的基础之上,并且,也可以存在于商业上处理一种产品的新的方式之中。

③ 开辟一个新的市场,也就是进入以前不曾进入的市场,不管这个市场以前是否存在过。

④ 掠取或控制原材料或半制成品的一种新的供应来源,也不问这种来源是已经存在的,还是第一次创造出来的。

⑤ 实现任何一种工业的新的组织,比如造成一种垄断地位(如通过"托拉斯化"),或打破一种垄断地位。

2. 坚守传统中创新:塔牌树立品牌新形象

创新法则之一:引入一种新产品。 其新产品言之即为本酒,塔牌本酒是颠覆了所有的传统黄酒概念的一种酒,是由国家级的酿酒大师酿制的。本酒不添加任何的色素,现在普通的黄酒添加焦糖色,本酒没有焦糖色,就是当年生产出来的原色。本酒是有生命的,通过 365 天呼吸,储存在陶坛里将近 10 年以后才慢慢地转化为琥珀色,香味醇厚,味道有奶香味,且层出不穷。

塔牌本酒有"五本"。其一,采鉴湖源头水与上乘太湖糯米,精选本地酒材,谓之"本地";其二,由泰斗级酿酒大师掌粑,恪守传统,谓之"本真";其三,储于诸暨陈年陶坛,纳存天然陈香,谓之"本香";其四,入瓶无勾兑,彰显自然原味,谓之"本味";其五,丽质天工自成,无任何添加,谓之"本色"。

本酒是刚刚投放市场的,现在我们的市场上面只是品鉴,但有很多的风投对本酒的前景非常看好,已经在跟我们联系想把这款产品全部买下。目前市场上面所有的黄酒都放焦糖色,但本酒最大的卖点就是不放焦糖色。这是其他的企业无法仿制的,因为酒要经过十年时间的沉淀,颜色才会慢慢地变成琥珀色。"塔牌市场总监王舜刚这样描述本酒的市场价值。

据悉,塔牌本酒(见图 3 - 3 - 2)一经推出,便获得了业内专家一致的好评,并在 2015 年中国国际酒业博览会上一举摘下"最佳新产品奖",10 月又被全国糖酒会办公室、糖烟酒周刊杂志社评为"中国酒业创新(黄酒)品类榜样品牌"。塔牌本酒的价值远远高于其本身:其酿造是自然的馈赠,是高端的享受,是美酒的至高境界。就像人们常说:最执着的就是坚守,最珍贵的就是创新。本酒完美地诠释了这句话。

创新法则之二:开辟新市场。 私人订制的巧妙设计为塔牌打开了轻奢市场的通道,作为绍兴黄酒三大龙头中唯一坚持古法酿酒的塔牌绍兴酒,在这个飞速发展的信息时代,塔牌也在高级定制领域找到了新的突破。塔牌公司对其高级定制的定位:是一种稀缺的奢侈品,是一种高端的身份品味,是一种典雅的生活方式,是一种增长的投资。塔牌绍兴酒依托自身定制酒中心,联合国内高端酒顶级包装设计公司上海高诚创意科技集团推出个性化定制

图 3 - 3 - 2　塔牌本酒成品实拍

服务,以此满足消费者产品个性化、定制化的需求。

历经多年潜心求索、发展沉淀,高诚公司始终坚持"用心为、由心造"的企业价值观,坚信"创意科技、智造无界",不断拓展多元领域,形成了以跨界创意与科技创新为双核驱动的实业集团。通过整合跨界资源,传播营销概念,推动品牌发展,高诚公司力求发展成具备国际水准的创意创新平台,为生活消费类企业提供全品牌链服务的"智造机构"。

"塔牌定制酒中心拥有一百多位顶尖设计师,提供千种定制方案且持续更新,每套产品限量发行10 000套,而首批发行的产品将只发行1 000套。塔牌定制酒中心承诺将为客户提供广告、物料、销售、物流等全方位的系统支持。目前,已有数十位社会各界名流定制了塔牌个性化黄酒产品。"塔牌公司副总经理缪洪湖说。

塔牌定制酒中心是塔牌黄酒个性化定制平台,根据用户需求,为私人、团体客户提供婚宴、寿诞、礼品、商务、私藏大坛等各种场合的个性化酒水定制服务。酒包装的颜色、图案、文字、瓶型、工艺、材质均可特殊定制,塔牌定制酒中心可以在塔牌黄酒专属包装上展现用户个性化信息或符号,包括而不限制于文字、照片、图案、Logo 等信息,如图3-3-3所示。

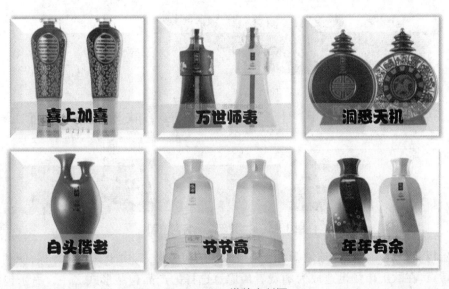

图3-3-3 塔牌定制酒

塔牌定制酒之所以可以焕发如此光彩,一方面在于包装瓷器的精工细作,体现瓷韵:塔牌定制酒所有陶瓷工艺品均选用优质的高岭土;并通过400目的筛网过滤,保证纯净度从而使得烤制出的素胚光洁如肌;在瓷器与釉色研发中,采用了不同的有色金属矿物质,来使得釉色变得千奇百样;所有的图案及花纹均采用手绘花纸的工艺,使得图案能够更加的生动与灵活。

另一方面在于以灵感的流露进行包装的外观设计:在塔牌定制酒中心,所有的设计师配备了最精良的设计用电脑,设计师们不用按时上班;所有的陶瓷工艺师都配备了个性化的工作室,每个人都能按照自己的风格调配自己最拿手的釉色;每年,塔牌定制酒中心的产品研发部门都会不定期参与各种陶瓷艺术交流会,与世界各地的优秀陶瓷工艺大师们一起集思广益,精益求精。

更难能可贵的是,塔牌定制酒中心制订了中长期发展规划,编制了新产品研发预算方案。足够的研发资金投入确保了产品研发的需要,不断深化的核心技术研究和技术创新强化了公司的核心竞争力。继往开来,与时俱进。

塔牌定制酒的开启,满足了大众消费者对时尚、个性化消费的渴望,挖掘了消费者内心精神的需求,开辟了新市场,催生了一种新的消费群体的涌现,具有很大的市场潜力。

3. 本真传承中创新:塔牌紧随环保新风尚

绿色环保是当今时尚的主题,秉承着"生态环保也是一种竞争力"的认识,塔牌公司与高诚公司合作,推出易乐包装,采用新型环保材料,践行了公司新时期的发展目标,实施可持续发展战略,保护环境,提升企业形象。

创新法则之三:采用一种新的包装方法。塔牌绍兴酒作为领头企业采用低碳环保易乐包装推出全新手工黄酒,给行业带来兴旺,不但降低了传统瓷瓶或玻瓶包装给环境带来的压力,还为手工黄酒赋予了更加鲜活、年轻化和时尚的风格特征。塔牌副总经理缪洪湖在接受《华夏酒报》记者采访时表示:"这次将最好的黄酒装进易乐包装(见图3-3-4),实现传统与时尚的完美结合,将环保作为企业必须承担的责任,也给消费者带来实实在在的产品,奢华于内在,打造生态企业,是一举多得的好事。"

图 3-3-4 易乐众品官网截图

易乐包装是近几年来全球创新包装中最成功的包装形式,由于其具有环保、便利、安全、健康的特点,在欧美市场迅速成为消费者最愿意选择的产品包装形式之一。易乐包装相对传统包装形式可以减少80%的碳排放,包装盒与内袋容易分开使得其回收率高达到77%以上,如此突出表现,更是让国内广大用户和行业专家赞叹不已。塔牌与易乐众品的这次合作,从环保的角度促进一个传统行业的革新,关心大众饮品安全和健康,也受到业内专家和消费者的一致追捧。易乐包装相对传统包装是一种更加低碳环保的包装形式,极大地减少了包装材料的使用量以及能源消耗,降低包装给环境带来的不利影响,更有容量大、易开启、保鲜时间长、便于携带等优点。

2014年,塔牌作为中国黄酒行业的领航者率先与易乐众品合作,提供健康、环保的产品,并给消费者带来快乐。塔牌这次将最好的黄酒装进易乐包装,传统与时尚的完美结合,将环保作为企业必须承担的责任,也给消费者带来实实在在的产品,"奢华于内在,打造生态企业"。

借助定制与环保包装,塔牌引领传统黄酒进入了一片新的蓝海,也让传统黄酒迸发出新的活力。

4.手工沿袭中创新:塔牌拓展衍生新产业

创新法则言之已过大半,而工业旅游,可谓为几乎都将上述创新法则都概入其中,塔牌绍兴酒有限公司,是目前国内唯一一家坚守手工酿制技艺的大型黄酒企业。秉承"一冬一酿"的酿造道法,顺应天时,全部采用纯传统手工工艺酿制,2013年11月7日塔牌文化中心的建成,把黄酒文化淋漓尽致展现出来,更是吸引了大批游客,给工业旅游带来了新的诠释。

塔牌文化中心占地1 000平方米,分为三大展区。其中手工酿制演绎采用幻影成像方式,演示浸米、蒸饭、开耙等整个黄酒酿制全程;黄酒酒道表演(见图3-3-5),让游客感受源自千年前的品酒文化;在国家非物质文化遗产绍兴黄酒传统酿制技艺唯一传承人王阿牛老先生的事迹展览馆,如果有缘,还能遇到这位90岁高龄的老人……游客们通过参观和体验,对绍兴黄酒的酿造过程和酒文化进行深入了解。而随着参观结束,几乎每位游客都会购买黄酒产品。"眼见为实,让游客看到我们的手工酿造工艺,这比广告宣传要来得实在。"公司负责人说。每一位游客通过微信、微博等方式主动帮他们宣传"塔牌",将会带来10人,甚至100人的消费群体。

图3-3-5　塔牌工业旅游:黄酒酒道表演

挑个周末,去黄酒厂参观纯手工黄酒酿制过程,品一口甘美醇厚的地道绍兴酒,还能现场定制寓意丰富的黄酒礼品,定是一场不错的文化之旅;带着孩子的家长,和孩子一起DIY酒糟饼干,享受黄酒带来的趣味时光,不可不谓开辟了新的低龄市场;热爱黄酒的酒客不妨来"塔牌"亲眼看见手工黄酒的酿制过程,见证老字号好品质。

工业旅游不是"工业"与"旅游"的简单结合,而是要把工业的魅力渗透到文化中去,通过深度开发工业旅游的文化内涵,巧妙展示工业文明,以满足游客对科技含量和企业文化的好奇心,从而形成"工业旅游"的卖点。这一新的企业旅游文化组织形式不可不谓令人耳目一新。

多年来,塔牌在创新开展工业旅游方面一直注意以下几点:

其一,主题先行。顾名思义,游览遂昌金矿,当然得以"黄金之旅"为主题。同样,游览"塔牌",当然得以"黄酒之旅"为主题。

其二,文化唱戏。工业旅游是要把工业的魅力渗透到文化中去,以满足游客对科技含量和企业文化的好奇心。这点,"塔牌"就做得比较好。例如,开展黄酒酒道表演,让游客感受源自千年前的品酒文化;开辟绍兴黄酒传统酿制技术唯一国家级"非遗"代表性传承人王阿牛的事迹展览馆等。

其三,以游促销。俗话说,百闻不如一见,游客在实地参观产品生产的全过程中,会加深对产品的了解,提高对产品的信任度,从而激发购买欲,此时无须厂家推销,游客自然会踊跃购买产品。

5. 时尚中前行,创新赋塔牌发展新活力

图 3-3-6 创新赋塔牌动力

在对黄酒行业的时尚属性深刻认识的基础上,塔牌公司面对转型期的系列问题,坚定了立足时尚的重新定位,并为公司制定了新的发展目标。同时,创新是生产过程中内生的,"发展"只是经济生活中并非从外部强加于它的,而是从内部自行发生的变化。塔牌黄酒集团定位了创新发展方向,引导企业进行技术升级和产品创新。塔牌在追溯传统的过程中,却又不拘泥于守旧,基于创新法则,塔牌人秉承着"务实"、"崇学"、"共赢"、"诚信"的塔牌企业精神,积极创新做出了时尚新招,如图 3-3-6 所示。

塔牌人在沿用古法制酒的同时推出了革新黄酒概念的本酒,不添加任何色素的本酒斩获多项大奖,"天有时,地有气,材有美,工有巧",正是遵循着塔牌一贯坚守的理念,象征着科技革新的本酒带来了塔牌的创新时尚。塔牌本酒的价值远远高于其本身:其酿造是自然的馈赠,是高端的享受,是美酒的至高境界。就像人们常说:最执着的就是坚守,最珍贵的就是创新。

名人酒以及定制酒在包装外壳上下了大工夫,与上海高诚公司合作的塔牌不断革新突破自我,只为追求给用户更好的体验与感受,一对一式的定制化服务使得塔牌巧妙打开了轻奢市场。塔牌黄酒外包装设计实力:一百多位极富创意的设计师专门为塔牌黄酒的客户量身打造个性作品。塔牌黄酒工艺实力:塔牌定制酒中心,长年致力于陶瓷的生产和研发,拥有发明、实用型、外观型等专利 280 多项,对陶瓷文化有着自己独有的理解,更将几千年的陶瓷文化和黄酒文化结合起来,带进现代人的生活中。塔牌黄酒坚守传统的品质,优化性能设计,向更加注重彰显个性风格以及环保因素方向发展,积极调整产品结构,塔牌定制酒已经成为企业重要的利润点。

采用低碳环保易乐包装,推出全新手工黄酒的塔牌积极投身到绿色环保之中,采用新型环保材料,践行了公司的创新理念,实施可持续发展战略,保护环境,企业有责。

文化展示中心是塔牌在工业旅游发展上很好的缩影,黄酒制作过程的展示颇具教育意义,手工互动又充满着趣味性,不仅仅只是为了销售产品,更为了吸引年轻人的注意力,宣传黄酒文化,塔牌的成功之处便是其开拓的创新新渠道能使得传统内核以时尚的方法输出。

正如习近平总书记在五四重要讲话中强调的:"创新是民族进步的灵魂,是一个国家兴旺发达的不竭动力。"对于一个企业来讲,创新就是寻找生机和出路的必要条件。从某种意义上来说,唯有创新才能源源不断地将活力注入进企业,助力企业发展壮大。而塔牌秉持着

的"传承式创新"，将创新这股清泉源源不断地注入传统的躯体之中，以传统为基，以创新为推手，共同作用下将塔牌向着更加美好的明天推进。

四、和谐塔牌：传承式创新，碰撞中前行

1. 传承式创新铸塔牌辉煌

当代社会发展过程中，每个企业、产业以至于社会的发展都有其特定的过程，从而积累了独特的资源。但在发展过程中，尤其是面临重大革新的时候，这些独特的资源往往不能被有效地传承和利用。尤其在当今中国社会，忽视历史传承的问题已经非常严重。

在这种情况下，根本性创新被提出。根本性创新是指技术上有重大突破的技术创新，也称重大创新，其特点是在观念上有根本的突破。然而由于在位企业不可避免存在管理上面的惯性，根本性创新几乎总是由新企业来完成。但即使在那些得到承认的企业中，根本性创新项目也会不断地受到不确定性的冲击，以致很难取得商业上的成功。创新研究中普遍接受的观点是："企业组织惯性所产生的线性管理过程不能胜任偏离原有线性轨迹的根本性创新活动。"

企业组织惯性的影响和根本性创新的难以实现迫使企业走向一条兼顾两者的道路，所以"传承式创新"的概念被提出了。

（1）传承式创新：塔牌最优创新路径

当代社会发展过程中，每个企业、产业以至于社会的发展都有其特定的过程，从而积累了独特的资源。但在发展过程中，尤其是面临重大革新的时候，这些独特的资源往往不能被有效地传承和利用。塔牌为这些企业展示了一条崭新的道路：传承式创新。传承式创新是企业成功的最优创新路径，因为其兼顾了传承和创新两种行为。塔牌巧妙地平衡了传承与创新，让"手工"黄酒——这个在现代化社会看来是一种"笨"方法的传统手艺——变得时尚了起来，如图3-4-1所示。

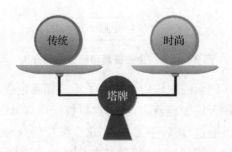

图3-4-1 塔牌巧妙平衡了传统和时尚

塔牌尊重传统，敬畏自然。"天有时，地有气，材有美，工有巧"是塔牌一贯坚守着的理念。于是我们目睹了从一滴鉴湖水，一粒精选太湖糯米，一缸天然麦曲开始，历经365天而变成一坛坛美酒的奇特魔术；我们目睹了一杯黄酒历经浸米、制曲、选料、蒸饭、摊饭、淋饭、投料、开耙、春榨、煎酒、封泥……的复杂手工酿制过程；我们目睹了热热闹闹的开酿节，这是酿酒师傅对天地的敬畏，对酿出好酒的浓浓期许；我们目睹了师傅们郑重收下徒弟，对徒弟的谆谆教诲；我们还目睹了"塔牌"之名既寓以"以美酒滋养天下众生"之产业理想，亦蕴含了

"祈天下太平,佑贸易畅通,求百姓安乐"之社会理想,明白了塔牌对社会对国家的深厚关怀……

更让我们欣喜的是,塔牌在遵循古法酿酒的同时,不断追寻时尚。于是,我们看见了颠覆黄酒概念但却遵循古法的本酒,它不添加任何色素,富有生命。储存在陶罐里将近十年以后才慢慢转化成琥珀色,香味醇厚,味道带有奶香且层出不穷;我们看见了名人定制酒,严加精选的原料,坚持传统酿造,时尚新颖的生产,使得酒瓶夺人眼球;我们看见了凸显低碳环保的易乐包装,时尚环保的外壳包装着古朴传统的佳酿,摩擦出不一样的火花……

塔牌完美地将"传统"与"时尚"平衡起来,让时尚以传统为基石,让传统因时尚而迸发活力。这两个充满矛盾的词,因为塔牌而变得和谐起来,因为塔牌而在摩擦中产生了不一样的化学反应。在 2015 年里,塔牌相继获得两项荣誉:一项是中国酒业协会将塔牌本酒被评为"2015 最佳新产品";另一项是"华樽杯"颁发的"中国十大历史文化名酒"。第一项是鼓励其富有创新精神的塔牌本酒,而第二项则是表彰塔牌手工黄酒对中华传统手工艺的传承。这不正说明了塔牌将传统与时尚完美融合之处么。塔牌怀着其对传统的敬意和对时尚的追求,在传承式创新这条道路上正越走越远,越走越强!

(2)动态能力:塔牌解决困境之法

当企业不能很有效地平衡传承与创新的时候,就会出现传承式创新困境。当在这种情况下,企业具有动态能力就尤为重要。动态能力理论认识到,在科技迅速发展的时代,仅仅遵循资源基础战略进行有价值的资源积累并不足以支撑显著的竞争优势。在全球化市场中的赢者还需要及时的反应能力和柔性的产品创新以及与之匹配的用来协调和布局内外部资源的管理能力。这种获得新的竞争优势的能力就被称为动态能力,如图 3-4-2 所示。

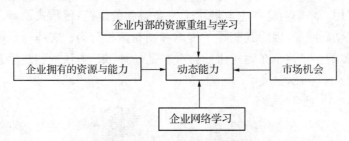

图 3-4-2　企业提高动态能力的方法

塔牌公司在预防传承式创新的困境中也采取了不少提高企业动态能力的方法。塔牌在"互联网＋"的潮流下已入驻天猫做直营店,同时也授权代理商做一些线上店铺,还设有专门的定制酒官网销售。公司也通过"塔牌手工黄酒"这个微信公众号向消费者介绍塔牌和绍兴传统手工酿制技术。在外部宣传的同时,塔牌还非常的注重企业内部员工的培养。《国酿》是塔牌公司的内部杂志,在这本杂志中,或是激励员工,或是展现绍兴黄酒文化,或是强调着塔牌精神、理念和文化。塔牌的企业凝聚力由此强大起来,其面对复杂多变的市场的应变能力也由此加强。

2. 传统与时尚并行续塔牌明天

按照绍兴市政府确定的"一镇"(绍兴黄酒小镇)两区(越城区、柯桥区)创建模式,绍兴黄酒小镇建设工作将紧紧围绕"绍兴黄酒"这一核心主题,推进黄酒产业与文化、旅游紧密结合,深入挖掘与开发黄酒历史文化资源。参与黄酒小镇的建设是塔牌基于传统发挥创新优势的一大重拳。

塔牌的黄酒小镇建设渐渐趋于成熟,在塔牌的文化宣传中心可以看见黄酒小镇的缩影模型,各类传统酒道表演的展示,以及酿酒工艺程序的介绍都十分到位。

黄酒小镇的建设充满意义,塔牌巧妙地以传统文化为核,时尚媒介为渠,让民众游客学到传统知识,增加鉴赏能力,这不仅有利于宣传黄酒文化,也是让年轻人们了解黄酒的一个好机会,更是增加知名度,拓宽黄酒市场的好机遇。

近日,除去黄酒棒冰之外,还有很多类似的黄酒衍生品,黄酒面膜、黄酒奶茶等衍生品纷纷等待面世。可以说,黄酒系列的产品,要迎来它的春天了。

而塔牌如今的黄酒衍生品,除了以上提及的棒冰奶茶等基础食品外,更多的是倾向于与工业旅游相结合的产品,如酒糟饼干、DIY冰淇淋,以现场互动为主的一些产品。塔牌抓住了时尚的脉搏,不仅仅是形式上的巧妙转变,更不断开发新品,迎合不同人群,比如较受年轻人欢迎的丽春系列特型黄酒,采用冬季鉴湖源水入酒,由酿酒大师依据家传秘方亲手酿制,配以龙眼肉、枸杞子等珍贵补品精心勾兑而成。结合现代生物工程技术,科学配比加入低聚糖异麦芽糖,独特的工艺改善了传统黄酒的苦涩,塔牌以传统为基础的改进,赋予丽春酒入口瞬间柔化感受。改变了年轻人们对黄酒呆板的印象。

"互联网+"就是"互联网+各个传统行业",但这并不是简单的两者相加,而是利用信息通信技术以及互联网平台,让互联网与传统行业进行深度融合,创造新的发展生态。它代表一种新的社会形态,即充分发挥互联网在社会资源配置中的优化和集成作用,将互联网的创新成果深度融合于经济、社会各域之中,提升全社会的创新力和生产力,形成更广泛的以互联网为基础设施和实现工具的经济发展新形态。

如今塔牌公司的网上旗舰店已落户了很多知名的电商平台,如天猫、亚马逊等,在不同的地区均设有直营店,特别是物流方面做得非常成熟,在网上也有让塔牌引以为豪的定制酒的网站式服务(见图3-4-3)。这有别于传统的销售模式将塔牌引入了电子商务的快车,这是顺应潮流下的塔牌的必然选择,也是塔牌进入昌盛时期的车票,前程似锦,活力塔牌!

图3-4-3 塔牌线上定制酒

五、衡个中深浅,掘企业成功之道

1. 追求时尚≠舍本逐末

时尚是什么?

随着时代的进步,个人观点差异的不同,时尚也许被诠释充实成了各种各样的定义。归根结底,时尚也许就是向往着变得更好,这原本是一个美好的愿景,积极的生活态度,是与生俱来不可抗力的本能,但当这股风刮入企业时,每个企业的做法不同,差异,也就由此产生了。

向着时尚,塔牌推出了全新革命的纯粹本酒,推出了定制专享的轻奢酒瓶,推出了环保绿色的易乐包装,还在黄酒小镇的建设中积极推行工业旅游。

但塔牌,在机制酿酒普及的今天,仍旧在坚持手工酿造的原则上,不断地提高自己,超越自己,将技术与味觉相结合,提供给顾客以最好的享受。

大规模机械化的条件的确提高了生产效率,但这种生产模式同时像是一个巨型漏斗,过滤掉了黄酒本真、本色。但是塔牌并没有在便利、快捷的生产条件下迷失,坚持纯手工酿造,守住了追求时尚的底线,也更好地传承并传播了中华文明:追求本真。

塔牌人坚信,美酒背后,是人精湛酿酒技艺的演绎;精湛技艺的背后,是塔牌人对自然规律的认识;在对自然规律认识的背后,则是塔牌人对历史现在和未来的传承,以及广大消费者对"美"的生活品质追求的敬重。

迎合社会的口味,追求时尚的外壳,本是企业创新之道,这无可厚非,但一旦尝到了甜头,有些企业就迷失了自我,无法将心沉下来从事本职工作。

例如,2004年,云南白药"跨出"了药品事业并且进军日化品市场,推出了云南白药牙膏,并且依靠"大广告,大终端,大品牌,高价位"的操作模式取得成功。伴随着云南白药牙膏敲开了日化品市场的大门,公司又将触手伸向了洗发水、面膜等多个领域,并打出了日化药妆牌。不过,除牙膏业务大获成功外,养元清洗发水、采之汲面膜、千草堂沐浴露等产品的销售却不乐观。这就出现了一个尴尬的现象,在提起一个以制药闻名的品牌时候,人们唯一能够想起的,竟然只有牙膏。

我们不断思考,追逐时尚的底线又在哪里?

很多人对时尚的理解都不同,有人认为时尚即是简单,与其奢华浪费,不如朴素节俭;有时时尚只是为了标新立异,给人焕然一新拥有时尚王风范的感觉。其实时尚对这个时代而言,不仅仅是为了修饰,它理应是一种追求真善美的意识。

工匠精神在大潮流中正随着时代发展慢慢淡去,塔牌文明却屹立不变,有多少企业在发展中不断革新技术,它们采用了最新的软件,引进了最新的产品,同样遗憾的是,它们忘记了自己的理念,也同样失去了本真的内核,丢掉了最初的梦想。但诚如著名企业家,蒙牛集团创始人牛根生先生所言:"观念、思维方式的革命,远比技术、软件和速度的革命更重要。"那些一味追求时尚,忽视理念,舍本求末的企业,也最终被拍落在时代的浪潮里。

蓦然回首,我们发现不管年轻人如何追求时尚,线条优美的肌肉和青春逼人的年纪最为令人动心,企业在追逐时尚的过程中,最开始的成立理念与企业精神不容改变,任何时尚,都不该舍本求末，本真如何，不容忘却。

2. 坚持传统≠因循守旧

"求木之长者，必固其根本；欲流之远者，必浚其泉源。"

传统是历史的精华，几千年日升月落，斗转星移，时间的长河令人敬畏。

坚守传统，既是对前人的尊重，也是自我本真的呼唤。在这个社会，显得格外可贵，但往往，执着于"坚守传统"的企业，总是会掉入"因循守旧"这个怪圈子里。

这不禁让我们思考到，如何维持这天平上微妙的平衡。

古人有言："酒香不怕巷子深"，这句话固然是有道理的，但随着现代化的发展潮流，我们必须意识到："酒香也怕巷子深"。诚然，失去了现代化的包装，再美味的酒品也会变得无人问津，只能被束之高阁。

若塔牌还是固守着传统，用古旧的酒坛装盛黄酒，成功并不会随之而来。正因为塔牌将古朴美味的黄酒和现代化精美的酒瓶巧妙地搭配在一起，跳出了因循守旧的怪圈子，才让消费者愿意走进"深深的巷子里"一品"酒香"。也正是因为塔牌积极地建设参与黄酒小镇，将自己古老的文化以时尚新颖的方式散播，才能让年轻人们打破"传统即落伍"的桎梏，乐于参与其中。塔牌了解了这个道理，坚守传统并不等于重复过去。

中国商品拥有品牌的历史并不短暂，最早可以追溯到宋代的"白兔"等品牌。明清以后，商品品牌几乎遍及各个商品门类和商品领域，经过历史的积淀，有三四百年的"同仁堂"、"雷允上"药号，"周虎臣"毛笔，"曹素功"墨锭等当代人都熟知的老字号。但据统计，在 1993 年以来国家有关部门认定的 1 600 多家中华老字号中，现在勉强维持现状的，少之又少，多数因为长期亏损而面临倒闭破产。

从前风光显赫的老字号招牌们，如今却都销声匿迹，令人唏嘘。也许是"皇帝的女儿不愁嫁"，老字号们抱着那块闪亮的招牌，日复一日"坚守传统"，拒绝新文化的进入。殊不知，光环正在褪去，危险正在逼近。

我们不难发现，如今存活于世，并且运行良好，如塔牌等的传统牌子，莫不都是跳出条框却又在规则之内，懂得坚守传统却不腐朽于因循守旧。

拥有自己最本真的传统坚持，但又不拘泥于条框的约束，才可避免掉入"因循守旧"怪圈。

3. "传统"与"时尚"并行方为发展之道

在这个时代里，有那么一部分人倾向于保守和传统，强调企业发展不能忘"本"，认为继承、传承高于和大于发展、创新，坚持传统的生产方式和企业形态，希望企业保留最初的味道并且一成不变，坚决反对商业化、产业化，对改变生产形势产品包装的行为更是深恶痛绝。

而也有那么一部分人相对比较激进，强调时代的"变化性"，主张传承就是发展、创新，"不创新，就灭亡。"福特公司创始人亨利·福特认为，企业不改革就没有生存价值，也不可能再得以生存。

是"坚守"还是"变通"，是执着于"传统"还是追寻"时尚"一直是企业争论的焦点。

塔牌明白，坚守传统不是重复过去，它是对现代人可能早已抛弃的美好技艺执着的传承，更是对于工匠精神的坚守，追逐时尚也并非一味逐新求异。

塔牌在这一关键节点上做得十分出色，在任何可以提高科技含量，提高客户满意度，增加黄酒美好度的地方,塔牌从不吝惜精力,他们推出新的定制酒瓶,推崇环保利乐包装,积极参与黄酒小镇建设,视散播黄酒文化为己任,但在面对机械化生产能带来大量利益的时候,他们却选择拒绝,因为他们知道,手工酿造黄酒才是他们的本真,丢失了这一点的企业,便犹如失了魂的傀儡。

所以在企业发展过程中,需要继往开来,既要坚持不与时代矛盾且体现初心的传统,传承传统技艺,保证一定"原生态",又要坚持发展创新,与时俱进,与当下生产实践相结合,保持旺盛的生命力,如图3-5-1所示。

图3-5-1 传统与时尚并行方为成功之道

任何事情,如果固守传统,不知变通,那必然会导致其与社会发展相脱节,与消费者现实生活渐行渐远,自然就无法保持其旺盛的生命力,迟早会被遗弃在历史的垃圾堆。

同时,若过于强调遗产在现代经济发展中的价值,最大限度追求经济利益,重利益轻质量文化,一味搞商业化、产业化,盲目跟随时代搞机械化生产,最大程度追求量的输出,这就从本质上颠覆了企业存在的意义。一时红火的经济效益也很难保证企业文化的长远传承与良性发展。

我们由此可知,在基于传统的内核上升级,赋予以时尚的意义,有着创新前行的决心,同时又保留着工匠精神的初心,唯有两者并驾齐驱,方能使企业的马车平稳前行。

 **思考题**

1. 实践中,如何在"坚守传统"与"追逐创新"中实现平衡?如何将看似矛盾的两个方面融合,实现企业的持续发展?

2. 塔牌公司的持续发展给予了我们什么样的启示?

案例编写:孙玮婕(会计152)、王婷(会计151)、施楠(国贸152)、胡樱萧(国商151)、龚雅敏(会计152)

指导老师:严家明

纺织印染篇

微信扫码查看

案例 4

缤纷色彩如何不凋谢？——浙江兴力集团的可持续发展之路

摘要：经济、环境和社会的可持续发展一直是社会关注的热点。近年来，随着国家在环保方面加快立法与法规、政策的制定以及加大环保违规的惩罚力度之后，传统高能耗、高排放、高污染的纺织印染行业面临巨大挑战。如何在外部利益相关者压力不断增加的背景下，强化环保意识，转变发展方式，实现可持续发展，已成为印染企业亟待解决的重大战略问题。

本研究以浙江兴力集团为个案，探讨其在不断变化的外部竞争环境中，努力践行可持续发展战略，通过工艺创新、产品和服务创新，在减少环境污染的同时实现产品竞争力的提升。此外，兴力集团认识到员工队伍是实现可持续发展战略的核心，因此始终将员工队伍的持续发展放在企业发展的首要位置。通过员工培训、员工关怀以及企业文化创新，兴力成功地打造出一支凝聚力强、富有创新精神和服务意识的员工队伍。经过多年的探索，兴力慢慢走出了一条属于自己的可持续发展路径。

关键词：纺织印染业；可持续发展；环境保护；技术创新；企业文化

引　言

随着"一带一路"的深入和"十三五"纺织供给侧改革与调整政策的出台，我国纺织业迎来了一次难得的机遇。在未来五年里，纺织印染行业明确了以"增强创新能力、提升产业集群发展、加强节能减排、提高国际竞争力"的宏观发展目标。然而，与发达国家相比，我国纺织业仍然面临着技术落后、产品结构不合理、营销水平低、无国际名牌、债务和社会负担重等一些发展难题。印染业是纺织工业中的一个重要支撑行业，它上托织造业、下承服装业，同时也是纺织工业中高附加值的行业之一。特别是在今天全社会日益关注可持续发展的背景下，我国印染业的环保现状令人担忧，高能耗、高排放、高污染的现实严重制约了印染行业的未来发展。

本文中的案例企业——浙江兴力集团——在激烈的市场竞争中逐渐认识到，要实现企业的可持续发展，要始终把员工队伍的持续发展放在首要位置，企业文化要将可持续发展理念融入企业战略执行的各个方面。通过持续的工艺创新、产品和服务创新，兴力在降低印染生产的环境污染的同时，有效地提升了市场竞争力，与许多著名世界品牌服装与零售企业建立长期的客户关系。兴力的发展实践证明，通过将环保意识嵌入到企业的员工培训与开发、工艺革新、产品与服务的开发等战略执行活动中，企业完全可以走上一条经济与环境协调发展的道路。

一、浙江兴力集团的发展历程

浙江兴力集团成立于 2001 年,是一家专业从事面料生产、以印染和后整理为主的制造型生产企业,为市场提供织造、染色、色织到印花的一条龙服务。厂房面积 15 万平方米,员工 1 800 多人,经过短短几年时间发展,已经成为本地区产能较大单人平均效率最高的专业针织面料生产企业,成为行业内增长量最快、潜能最大的企业。公司年销售额逾 10 亿余元,产品远销欧美、东南亚、中东、韩国及日本等地,是众多国际知名品牌的指定供应商。

1. 浙江兴力集团的创办经历

浙江兴力集团的创办人是张国华,浙江兴力控股集团董事长,毕业于香港公开大学,他还担任上海财经大学董事,绍兴县青年企业家协会会长,绍兴市青年企业家协会副会长,绍兴市经济师协会副会长等职务,先后荣膺"浙江绍兴创业个人"、"十大新锐越商"等荣誉称号。

张国华白手起家一手创立的浙江兴力集团,历经 16 年的开拓发展,集团拥有多家实业公司。兴力集团发展到今天的辉煌,与张国华董事长的企业家精神息息相关。在经历过曲折的创业之路后,张国华董事长始终怀抱着感恩之心,不仅感谢自己的家人和合作伙伴,而且感恩社会各界。所以现在的他积极回馈社会,为高校捐助教育资金,为贫困地区爱心捐款,积极参与社会公益活动。作为一名企业家,他依法经营,依法纳税,善待员工,承担环境责任,不仅承担起企业责任,更多的是用自己的良心承担起社会责任,真正为了中国的强大在做实业。他信奉"活到老、学到老"的学习精神,创业的过程就是学习的过程,他觉得学习是最大的资源和财富。他说他是在没什么资源、资金、资产的情况下创业的,唯有始终学习,才是最重要的创业支撑。因此,不仅是他自己,他的团队和企业,都有着良好的学习文化,把企业打造成学习型组织,他一直朝这个方向努力。现代社会对人才需要具有多层次性和多样性,从而使学习的内涵深化,外延拓展,学习应该已经成为一个体系,包括知识、能力、觉悟(道德责任),而最高层面的知识无疑是创新思维和创新能力。

张国华董事长谈起自己的创业经历时说起,"我是家里的老大,家庭条件不富裕。当初我是搞纺印染技术出身的,对自己这份职业非常珍惜,也很喜欢。所以我刻苦勤奋,加倍努力做好本职工作,这也为后来的创业打下了坚实的基础。曾经有一家大企业想聘请我为职业经理人,但我最终在家人的反对声中选择了自己创业。我觉得,趁着年轻,要出去闯一闯,失败了还可以从头来过。所以我怀揣 12 万元,开办了公司。"张国华在 1991 年找到第一份工作,从事自己喜欢的印染技术,已经从事近十年印染工作的他,觉得自己应该有所突破,他想要开创自己的印染事业,所以他开始创业。终于,皇天不负有心人,在 2001 年投身创业的他获得第一桶金 200 万元起步资金,眼见自己的事业有了起色,他趁热打铁,在 2007 年带领公司开始跨越式发展;在新一轮的改革环境中,2015 年他领导公司在艰难中转型,研发机器人,成功迈进装备制造业。张国华认为,中国是印染大国,随着节能减排的推进,对先进机器的需求会越来越大。2014 年,集团旗下成立了兴恩机械科技公司,引进大量科技人才,与高校、科研单位积极合作,主攻印染环保绿色机械,"吸湿展幅机"便是第一个主攻方向。2016 年年初,机器终于研制成功。由于是本土制造,机器的成本大大降低了,因此在国内市场占据了很大的竞争优势。目前,公司又在着力于其他方面的技术研发。张国华在做大做强自已的印染企业时,把环保当成一种信仰,自觉去行动,自觉地改造设备。他作为一位优秀的创业人,把人们眼中高污染、高能耗的印染业做成了节能环保的事业。

2. 浙江兴力的发展历程

浙江兴力的发展历程,如图4-1-1所示。企业环境管理特色分析,如图4-1-2所示。

- 2001.01 浙江兴力纺织整理有限公司成立
- 2006.10 绍兴县华威纺织品有限公司成立
- 2006.12 舒美动工建设(厂房兴建前围填塘渣)

- 2007.12 绍兴县舒美针织有限公司成功投产
- 2009.05 在齐贤镇新建绍兴县凯普特服饰厂房
- 2009.12 成功收购原江龙科技有限公司

- 2010.06 兴力染整搬迁新厂房
- 2012.06 舒美针织印花生产线成功投产
- 2013.03 绍兴县力发纺织新车间投入生产

图4-1-1 浙江兴力发展历程览图

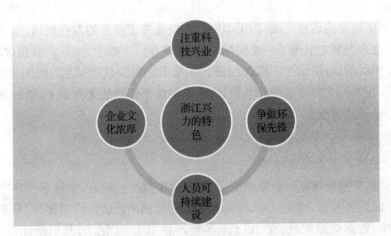

图4-1-2 企业环境管理特色分析图

3. 企业环境管理特色分析

企业环境管理具体内容如表4-1-1所示。

表4-1-1 企业环境管理具体内容

四大特色	企业环境管理的具体内容
注重科技兴企业	企业相继通过了 ISO 9001 质量管理体系、ISO 14001 环境管理体系和欧洲 CE 认证及全程应用 ERP 管理跟踪和数字化管理,研发全新的"吸湿展幅机",引进世界先进的气流染色等印染后整理设备和采用先进的应用膜处理技术;集团旗下成立了兴恩机械科技公司,引进大量科技人才,与高校、科研单位积极合作,主攻印染环保绿色机械

四大特色	企业环境管理的具体内容
保护环境，做环保先锋	把环保当作信仰，创新围着环保转，企业先后研发和引进的先进科技都是为了降污染减能耗，实现节能环保的低碳经济
企业文化浓厚	快乐文化：举办公司职工运动会，新春时举办联欢会，公司与柯桥经济开发区举行国庆文艺演出。 感恩文化：公司成立"爱心基金"，向困难职工发放爱心券，公司在节假日为职工发放福利，同时也为社会贫困地区捐款。 学习文化：组织公司管理层赴传化企业学习取经，公司董事长张国华赴上海开元环保企业学习取经，公司内部对员工展开积极的培训，时常组织 PK 赛等，公司以团队学习为特征，以增强企业学习力，提高人的综合素质为目标所建立的学习求知、提升技能的目标管理体系和知识转化的运作机制。 勤劳文化：公司员工和高管始终推崇勤劳，用勤劳成就事业，每个人都要拼、要搏、要奋斗，把工作当成最大的兴趣，把勤劳作为创业的来源
管理创新	企业管理制度严谨，建立完善的制度并坚决执行，让制度的权力大于人的权力，人才管理任人唯贤，把合适的人放在正确的岗位，注重企业自我培养人才

二、环境分析

随着我国纺织业的迅速发展，纺织印染行业也迎来了自身的发展机遇，呈现出良好的发展态势，但是也在发展中出现了一些问题，主要表现在以下四个方面：产品档次较低；技术创新不足；装备相对落后；清洁生产推进缓慢。如果不能解决这些问题，中国的印染产业将会畸形成长。而在国家大力推进产业结构转型、发展绿色经济的大背景下，浙江兴力集团又该怎样把握机遇、迎接挑战？

1. 竞争分析

(1)市场占有率及行业集中度

印染行业竞争格局具有行业集中度低、地区集中度高的特点，整体表现出"多方混战，浙江独大"的局面。进入 21 世纪以来，印染布产能逐步向浙江、江苏、福建、广东和山东等东部沿海五省集中，根据数据统计，在 2014 上半年产量 294.03 亿米，其中浙江、广东、江苏、福建、山东等东部沿海 5 省产量 279.16 亿米(见表 4-2-1)，占全国总产量的 94.94%(见图4-2-1)，比 2010 年的 91.37%，提高了 3.57%。其中 5 省中浙江和山东省印染布产量同比分别有所下降；广东、江苏和福建省同比分别增长。

表 4-2-1　2014 年 1—6 月份主要省市印染布生产情况表

产　地	全　国	浙　江	广　东	江　苏	福　建	山　东	五省合计
产量(亿米)	294.03	164.87	45.39	30.02	24.36	14.52	279.16
同比(%)	−0.73	−2.83	2.14	5.83	13.87	−5.79	—
占全国比重(%)	100	56.07	15.44	10.21	8.28	4.94	94.94

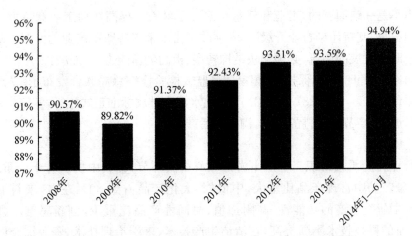

图 4 - 2 - 1　东部沿海五省印染布产量占全国比例情况①

(2) 主要企业品牌及产品定位

2016 年在上海举办的由中国印染行业协会主办、杭州宏华数码科技股份有限公司协办的"第十五届全国印染行业新材料、新技术、新工艺、新产品技术交流会",旭荣集团、苏州新民印染有限公司、浙江富润印染有限公司等近七十家企业获奖,这些获奖企业,它们把自己的产品主要定位在中高端市场。整个市场形成了高端有市场、中端有支持、低端有保障的结构,而兴力公司致力于自己的品牌打造、高端市场的开拓。

(3) 核心竞争点分析及趋势

在印染产业发展的初期,大多企业把劳动力低廉作为自己的核心竞争力,而随着印染产业的竞争不断加强,这种模式已不再适应当前发展。未来印染企业想要做大做强,要致力于人才的培养、创新;拥有全局性赢利战略思维;不断改进新产品,定期淘汰旧产品,拥有自己的专利;形成自己企业的企业文化;提升产品附加值。

中国的印染行业在全球纺织产业中举足轻重,然而,这个行业也正给中国带来难以估量的环境影响,尤其是水污染;印染企业不规范的偷排工业废水,给当地居民带来严重影响,进一步加重了水资源的紧缺。但是随着中国工业 4.0 的出台,国家、政府更加重视环境保护、节能减排及加强排放的控制,未来中国印染行业的趋势在于加强排放技术、人才培养、技术创新及品牌建设。

2. 外部环境分析

(1) 政策与经济环境

随着政府对环境保护的愈发重视,特别是工业 4.0 的提出,印染企业的节能减排势在必行,为此,政府对纺织工业"十二五"节能减排提出了严格的约束要求。国务院印发的《节能减排"十二五"规划》,要求纺织印染行业化学需氧排放量和氨氮排放量分别下降;《国家环境保护"十二五"规划》,要求印染行业化学需氧量和氨氮排放总量比 2010 年要削减。工信部印发的《工业节能"十二五"规划》要求,到 2015 年纺织工业增加值能耗比 2010 年下降 20%。以及各地方环境保护和节能减排规划,也都给印染行业做出了约束性要求。但印染产业的

---

① 资料来源:国家统计局。

结构转型也不是一蹴而就的,工业和信息化部关于巩固和提高纺织工业竞争力工作情况的报告中专门提出"支持印染行业升级"等六项政策措施来支持印染产业的发展。故传统印染产业要跟上时代发展的潮流,必须加快结构转型、提高创新能力,节能减排。

2013 年 1 月 1 日,环境保护部、国家质量监督检验检疫总局联合发布了《纺织染整工业水污染物排放标准》(GB 4287—2012) 等四项水污染排放标准正式施行,各印染企业逐渐规范自己的排放,提高节能减排的技术,淘汰落后产能。

(2) 科技环境

印染行业作为承接纺织工业上下游的核心中间环节,在其中扮演着十分重要的角色。但目前,印染产品中常规产品比重大,中低档、大化产品占到 80% 左右,来料加工比重接近 70%,自主研发生产的功能性、高附加值、时尚性产品比重少,创新思维不强。近几年来,印染产业的科技技术不断提高,在清洁生产技术、末端治理技术、资源综合回收利用技术以及提高产品质量的加工技术等各方面取得了许多突破性进展,在行业中逐步得到推广应用,并取得明显效果。例如,印染行业高效退煮漂短流程、生物酶前处理、冷轧堆前处理、棉织物低温漂白、针织物连续平幅前处理等节能减排前处理加工技术已得到广泛推广应用;冷轧堆染色、小浴比染色、低盐低碱染色、化纤与棉混纺织物炼染—浴法染色等技术得到推广应用;喷墨印花在装备、墨水和产品开发方面得到快速发展,泡沫等低给液染色、印染全流程数字化在线控制等技术取得进展;冷凝水及冷却水回用、中水回用、丝光淡碱回收利用、高温废水热能回用、定型机尾气热能回用等资源综合利用技术得到普遍推广应用;少污泥生物处理,超滤、纳滤及反渗透膜技术,生物膜反应器、磁悬浮风机等废水处理技术得到推广应用。

(3) 行业环境

"印染不等于污染",印染行业的全面发展让越来越多的人深刻认识到这一点,并成为行业共识。"十二五"时期印染行业不仅仅在节能减排、生态文明建设方面下大力气,更在技术进步、管理创新方面突破连连。不断加大淘汰落后产能力度,推广、应用先进技术及装备,降耗提质增效,扎实推进了行业的转型升级和结构优化调整。特别是在印染布产量下降的情况下,行业主营业务收入、利润、出口、投资等主要经济指标均实现了平稳增长,这充分表明我国印染行业的整体水平在不断提升,呈现一个欣欣向荣的发展趋势。

3. 内部环境分析

(1) 企业的技术开发能力

浙江兴力集团自创办以来一直与国内高校合作,提升自己的科技水平,目前与哈尔滨工业大学有合作关系,以提升自己的生产自动化水平。并且集团自身旗下兴恩机械科技公司,大量引进优秀人才,依托自己的能力来生产高端机械,来支持高端产品的生产,高端机器产出后不仅供自己公司发展使用,还会外售贸易用,实现了高端机器的产销一体化。

(2) 企业的生产能力

厂房面积 15 万平方米,员工 1 800 多人,经过短短几年时间发展,已经成为绍兴地区产能较大、单人平均效率最高的专业针织面料生产企业,公司年销售额逾 10 亿余元,产品远销欧美、东南亚、韩国及日本等地。

4. SWOT 分析

兴力集团 SWOT 分析如表 4 - 2 -所示。

表 4 - 2 - 2　SWOT 分析

优势(S)	劣势(W)
① 两会期间政府对印染行业的支持,并出台了相关政策 ② 绍兴作为纺织大市,印染行业集中度高,并且绍兴印染历史悠久,印染经验丰富,"绍兴染缸"闻名中外,技术发达,且有政策倾斜 ③ 兴力集团管理制度创新,注重人才培养,自产自销高端机械,绿色环保技术走在行业领先地位,企业独特的文化亦是其发展的又一保证	政府要求印染企业加快结构转型升级、节能减排,加之印染行业整体发展较疲软,许多企业倒闭、合并,兴力集团资金回流较缓
机遇(O)	威胁(T)
① 行业整体疲软,兴力集团可以抓举机遇,逆流而上,加快转型升级,迅速占领市场 ② 高端市场空缺较大,知名品牌较少 ③ "一带一路"建设,对纺织品的需求急剧增加	① 中国近几年通货膨胀加剧,原材料成本增加 ②《新劳动法》实施后,企业有义务为企业员工缴纳社会保险金,企业针对每个员工每月要多缴400多元,即一年多缴 5 000 多元 ③ 转型升级难,且同行业竞争大,市场竞争目前还不够规范,准入条件低,形成恶性循环竞争

三、浙江兴力集团的可持续发展路径

可持续发展的核心思想是经济发展、资源和生态环境的保护协调一致。随着全球环境与发展问题越来越被重视,人们对可持续的关注也越来越密切,并且从环境领域渗透到各个领域中。由于长久以来的传统发展方式根深蒂固,企业面对这变化迅速的环境很难适应。印染行业作为一个传统的排污量极大的行业,更是要积极顺应可持续的发展。兴力也深知经济、社会、资源和环境保护协调发展,它们是一个密不可分的系统,既要达到发展经济的目的,又要保护好人类赖以生存的自然资源和环境。因此,在不断摸索的过程中,在可持续发展战略的基础上,浙江兴力集团诠释并且发展了一套独具个性的可持续发展路径(见图 4 - 3 - 1)。

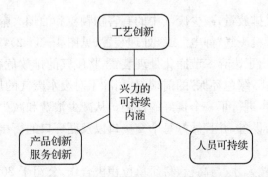

图 4 - 3 - 1　浙江兴力集团的可持续发展战略框架

首先,在发展战略上强调通过技术创新实现企业经营效益与资源和环境协调一致。生态环境的保护是越来越被提倡也是现在被放到第一位的,兴力也一直秉承着"将节能减排做到最极致"的观点,开发了创新的技术,打造了无人车间,为实现印染流程自动化、人员少量化、效率最快化以及效益最大化。并且在新技术的基础上,生产出了一批高端的新产品,来填充和丰富贸易市场,做到了产品优质化。

其次,重视人员可持续发展建设,这也是决定着企业能否可持续生存的至关重要的因素。这些年来,一方面,兴力一直坚持着定期进行员工培训,并且将培训结果与绩效结合起来,能更充分的保证培训的效果,以及增加员工的学习积极性。另一方面,兴力很好地抓住了人性,将关怀员工落实到每一个细节上。兴力不遗余力地改善用工环境,给员工家的温暖。除此之外,兴力还坚信企业文化是企业之魂,良好的企业文化建设能满足员工的精神需求。

1. 技术创新

"创新,围着环保转"是兴力在不断摸索和发展过程中一直坚持的信仰。中国是印染大国,兴力始终相信,新的产品是发展的必然产物;新的工艺与设备是支持更好的产品产出的必然条件;新的服务又是新的工艺与设备正常运行的必然辅助。因此,兴力在如何开发新产品、新工艺以及新服务三方面上,做出了很多的思考和努力,并且也得到了不错的结果。兴力已经成为本地区产能最大、单人平均效率最高的专业针织面料生产企业,成为行业内增长最快、潜能最大的企业。

(1) 新工艺开发——制造智能化

为适应"绿色印染"的发展大趋势,被节能减排形势所迫,公司另辟战场来做机械制造,于2013年创办绍兴力恩机械科技有限公司,并且与高校、科研单位积极合作,为提高公司本身的科技技术做深入的研发,并且在朝着可持续技术创新的道路一直前进。

兴力一直高度重视基本建设投入,早在几年前,兴力企业就引进了世界先进的气流染色等印染后整理设备,实现了每百米单位可比印染布的能耗比浙江省地方标准强制性条款下降了22.8%;电比同等规模的印染企业节省了18%;水比同等规模的印染企业节省了50%;气比同等规模的印染企业节省了21%。建成和完善了日处理污水4500吨的物化、生化和膜处理中心,投入运行后,日减少污水排放2500吨,并且每天有2500吨左右中水回用于生产,实现了污水排放的大量减少并且也很好地做到了部分污水的可持续循环使用。

为了有效控制废气排放量,减少废气中的有害物颗粒和油烟大幅度下降,兴力不惜重金引进了最为先进的定型机废气"静电"二级处理装置(见图4-3-2),在之前废气处理装置的基础上,进一步的升级出了废弃二节净化处理装置,将废气的排放危害力降低到最小值。为了更好地走在"节能减排,绿色环保"的前端,公司除了对废水废气的后端排放进行最大化的处理外,还对前端的产生进行了一个良好的控制。从减少浪费和减少污染泄漏开始,生产车间更新了一系列的管道设备,并且做好每个交接口以及循环口的衔接,不让任何一个环节存在出错的机会。

同时,通过引进科技人才,与高校、科研单位积极合作,公司于2016年年初研制成功"吸湿展幅机"。主攻绿色环保印染机械,这一研发成果使公司在实现产业升级上迈出了重要的步伐。"吸湿展幅机"这一设备与国外进口的性能相似,价格却是国外进口的一半。目前,这台机器在国内市场占了很大竞争优势，也为绍兴市印染产业走向绿色高端提供了基础。

图 4-3-2　定型机废气处理装置

随着兴力在机械设备上的更大力的研发，兴力将迎来更多优秀的适合可持续发展的绿色环保机械设备，而这些设备将会更好地适用于兴力的生产发展。这不仅仅只是会影响到兴力的巨大进步，由于绍兴力恩机械科技有限公司不只是为兴力公司而服务，所以同时也是为全亚洲乃至全世界的印染行业而服务。这些前端的机械设备未来将会在印染行业这个市场上进行推广。

更值得骄傲的是，兴力正在打造属于自己的、独一无二的无人车间。未来将会实现生产车间的全自动化以及高智能化。一系列的全自动系统匹配生产将会最大化地减少人工操作造成的误差及浪费、提高生产效率以及减少燃料的交叉污染，并且也能大大改善生产车间的工作环境，提高安全性和整洁性。有了这种种的先进的可持续工艺的产生，更好地保证了兴力更优质的新产品的产出。

(2) 新产品开发——产品优质化

兴力为满足客户需求，在新技术的基础上，生产了一批绿色的高端优质产品，给印染贸易市场增添了一抹亮色。同时，国内许多工业产品都面临着产能过剩的尴尬，由此引发的低质量、低价格的竞争，并不是大家所期望的，所以兴力认为开发新产品，提升市场竞争力是至关重要的。

高端新产品的开发，离不开企业对科技创新的投入，兴力每年在新产品研发上投入大量的资金和人力。以终端消费者为目标，为广大客户巩固和拓展市场提供推动力。兴力作为最大的纺织面料贸易市场，拥有着国内国外许多客户群体，按客户的要求改进原有产品，新产品开发具有较大的针对性。现在，公司每月为客户提供二十种以上的新开发产品，品种包括以各种原料制作的素色、色织及印花产品。而在新工艺开发的基础上，兴力还将产品分为主产高产量的低端产品和主产高质量的高端产品。普通产品品牌包括棉、粘胶、涤纶、亚麻、粗针等系列。环保产品品牌包括有机棉、再生涤、BCI 等系列。兴力优质化的产品在为众多知名品牌服务，如无印良品、阿迪达斯、Carrefour 等，并且在自己的不断努力和优化中赢得客户的赞同和信赖，如图 4-3-3 所示。

图 4-3-3 公司的主要客户企业

（3）新服务开发——服务精细化

兴力一直秉承着"以客为尊"的信念，除了强大的技术支持，以及高产量和高质量的产品外，兴力还拥有一直高素质的服务团队。公司的生产管理人员和外贸业务操作人员都具备十年以上甚至二十年以上的纺织品从业经验。对各类客户的不同品质和操作程序的要求都非常了解。公司通过对操作程序的规范设置，形成了一支对客户进行快速反应的高素质团队，从产品开发、订单操作、生产计划和控制、运输单据操作各个环节都建立了高效、快速的可操作反应机制。这一操作体系和团队赢得了客户的广泛好评。

一个企业如果没有良好的服务，无论产品或者工艺做得多好多完美，这个企业都不能称为高素质团队。在一定程度上，更好地诠释了新工艺和新产品的意义，才是一个好企业。在坚持可持续发展的理念下，更好地服务于这个社会。

2. 人员的可持续发展

员工在企业如同战争中的兵马一样，有着很重要的作用，人力资源始终是兴力实现可持续发展的"第一资源"。马斯洛将人类不同的需求由低到高分为五个层次：首先是生理需求，其次是安全需求，第三是社交需求，第四是尊重需求，第五是自我实现需求。兴力也十分注重这五大需求，尤其是员工的自我实现需求。而通过我们做的问卷调查数据显示证明，兴力员工对企业的忠诚度和热爱度也同样很高。这离不开兴力在建设人员可持续做的方方面面细致并周全的工作。

（1）员工关怀

① 良好的用工环境。

印染企业的一线员工许多都是外来务工者，他们来到绍兴务工，房子许多都是租赁的，但是兴力不一样。兴力为员工打造了宾馆级的宿舍，一时间，让其他外来务工者心生羡慕。

对于没有住宿需求的员工,公司给予一定的住房津贴,用以保证员工福利的公平公正。此外,公司在主楼上每一层都有设置沙发,用以员工的休息。二楼的休息区格外有格调。一个花瓶,几本书,鲜艳的色彩好像把员工带回了家,惬意,舒适。

② 孝心基金。

百善孝为先,孝作为传统美德融入兴力的企业文化,对兴力的人力资源建设也有很大的帮助。从 2008 年开始,兴力成立了一个孝心基金,每个月给员工父母发放一定的孝心工资。年收入 5 万元以上的员工都可以申请这一笔孝心工资。对于月平均工资 4 000 多元的兴力来说,年收入 50 000 元是企业的平均水准,大部分员工都可以参加这个活动。

公司为员工的父母专门开了一个独立账户。第一年员工每个月提供 50 元钱,孝心基金配套提供 25 元,每个月发放 75 元。第二年员工提供 100 元,孝心基金配套提供 50 元。以此类推,5 年之后孝心基金不再上浮,最高每年可达 3 600 元。

这样的方式获得了社会的一致好评,帮助员工解决了后顾之忧,让员工感受到企业大家庭的温暖,激发了员工的积极性,实现了企业和员工的双赢。

(2) 员工培训

兴力的员工培训特别有特色。将上上下下从领导到员工划分为一个班,兴力人称为兴力人文教导学院。由董事长张国华先生担任人文教导学院的院长。各个系设置系主任一名,每个班也有一个教官。授课的大多是教官,有时候也会从企业外面邀请教授来上课。教官也是企业的员工,所以,在培训过程中,有更高的针对性,培训与岗位息息相关。公司培训的组织结构如图 4-3-4 所示。

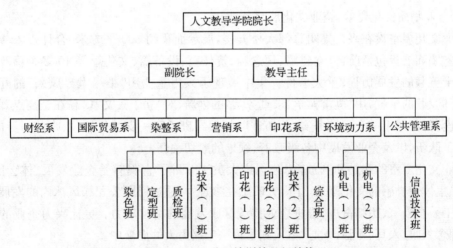

图 4-3-4　公司培训的组织结构

只有员工认同公司的企业文化,才能发挥知识技能的热情。兴力用人首先是要认同文化,后德才兼备,先看格局能力,后看资质学历。所以,在培训过程中,兴力十分重视企业信念、价值观和道德观的灌输和强化。兴力设置了《舒美针织三大纪律八大注意》一歌,这首歌改编自红军歌曲《三大纪律八大注意》,也被称为兴力之歌。

针对相同类型的班级,兴力还会定期地组织一些比赛,让其就培训的内容进行一定的竞争比拼,给予在比赛中有优异表现的员工一定的奖励。这也激励了员工在接受培训中更加的认真;同时也给本身可能枯燥的培训增加了一些趣味性,使更多的员工自愿地参与到培训活动中来。培训作为人力资本投资,它的成本—收益也要考虑到。兴力的这种学院式培训,无疑是大大地减少了企业的培训支出。公司的员工培训指导原则如图4-3-5所示。

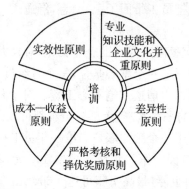

图4-3-5　公司的员工培训指导原则

(3) 企业文化建设

企业文化是企业中形成的文化观念、共同价值观观念、道德规范、行为准则等企业的意识形态,是企业在长期生产经营实践中所形成的,具有企业特征并以企业价值观和企业精神为核心的一种群体意识。其三大结构要素——企业物质文化要素、企业制度文化要素与企业精神文化要素对加强和促进企业管理具有十分重要的作用。而兴力除在精神文化与制度文化方面做得很有特色之外,也十分注重安全文化、领导文化以及孝心文化的培养。

① 企业物质文化要素:企业文化展室落地。

企业文化展室设在兴力集团总部大楼五楼,展示面积约300平方米,合计投入40余万元。展室墙面展板包括前言、党建篇、理念篇、责任篇、设备篇、文化篇等10多个篇章,浓缩了企业十五载的发展历程、重大事件。集中展现了兴力企业用"染尽世界风采"的开拓,用"兴天下同利"的奉献,用"尊重科学、求真务实"的创新,对"立于人文基,赢在至高点"的企业精神的诠释,记录了一个团结务实、开拓进取的领导班子和一支敢打硬仗、吃苦耐劳的高素质的员工队伍,以及企业发展中各级政府、领导的殷切关怀。

企业文化展室的建立和开放,为公司广大员工开辟了直观感受企业发展、体会团队力量、增强集体荣誉感的文化园地,让广大职工在参观中,通过回顾公司栉风沐雨的发展历程,激发职工爱企爱家、团结奋进、推进企业持续健康发展的精神动力。更让兴力企业的"家园文化"理念入眼、入耳、入脑、入心,植入到了每一个兴力人的血液中。

② 企业制度文化要素:管理制度的转型跨越。

规章制度是公司运行的规矩,没有规矩不成方圆。一个企业不论其规模的大小,人员的多少,总需要制定相应的制度,而制度一旦定下来了,就必须要严格地执行。严格地执行公司的各项规章制度不仅能保证把事情做好,而且还有利于进一步强化规则意识,提高员工的综合素质。

都说一个企业的英雄人物可以对这个企业产生很好的引领作用,英雄人物是指企业文化的核心人物或企业文化的人格化,其作用在于作为一种活的样板,给企业中其他员工提供可供学习的榜样,对企业文化的形成和强化起着极为重要的作用。

　　兴力的头号英雄人物无疑是董事长张国华先生。作为集团的董事长每天起早贪黑，十几年如一日地做到比员工早到，比员工晚退。并且时刻关心员工的生活和工作情况，没有一点董事长的架子。这样一个传奇故事在员工间广为流传。此外，张董还书写了本书——《赢在制高点》，讲述了自己一路创业的点点滴滴，与读者们分享自己成功路上的经验。

　　兴力还设置模范夫妻和模范员工，这些英雄人物大多是基层员工，很平凡但能打动人心。公司把这些英雄人物放在公司的内部报纸上，在公司内部推广这些故事，使得企业文化更深入的被理解、认同。

　　企业制度文化是企业领导体制、组织机构和管理制度的具体体现。兴力的管理制度经历了从"雨伞型"到"机器型"的跨越。经历了这个过渡的现有的兴力领导者都具备着极高的领导能力，并且有着极强的对外部环境的应变能力和对例外问题的处理能力。规范化、流程化、标准化是兴力例行的解决问题的方法。正是在这一井然有序的方法下，企业的管理才会越来越规范，越来越成熟。兴力在企业文化的建设管理上，处理好了借鉴与创新的关系，把握住了企业文化的个性化、特色化；同时很好地做到了用文化手段管理文化，坚持以文化引导人、培育人；并且处理好了虚与实、无形与有形的关系，坚持内外双修、软硬管理相结合。

　　③ 企业精神文化要素：多姿多彩的业余活动。

　　处于印染行业，员工多会觉得枯燥乏味，但是兴力人不尽然。身在兴力，他们有许许多多的业余活动。针对不同时期，兴力会举行各式各样不同的活动。一年一度的"兴力春晚"就是属于兴力人的独家文化活动。"兴力春晚"每年都会投入较大的资金去进行场地的布置和员工演出服以及演出道具等的安排，并且大多数兴力人不论是员工还是领导都愿意参与到春晚的表演中来，尽心尽力地为晚会表演进行排练、演出，每一个兴力人都乐在其中，晚会以"传承兴力文化"为核心进行开展，歌颂着属于兴力人自己的精神。

　　除了一直延续的春晚之外，就在 2015 年，兴力企业与齐贤镇政府联办了"迎国庆文艺晚会"，晚会以"兴力之夜、放飞梦想"作为引导，受到当地有关领导和来自五湖四海的农民朋友们的关注，得到顺利地开展。除了节日晚会，企业也会在员工休息的时候，安排一些其他活动，如舒美针织每年开展一次别开生面的消防安全培训（见图 4 - 3 - 6），以进一步提高公司员工的消防安全意识，提高消防的实战操作经验，加强对火灾突发事件的应急自救能力，贯彻"居安思危，防患未然"的消防安全方针。消防培训向员工讲述了消防安全预防的重要性，分析了目前消防设施等各方面存在的不足，并对灭火方法、灭火时机、疏散时需要注意的要点等进行介绍。通过本次培训，使全体员工对消防知识有了更直观的了解，更加明确自己在消防工作中所应担负的责任，加强班组安全教育，提升公司的安防管理水平，为今后的工作提供了安全保障，为公司员工营造了一个安全的工作环境。

　　关心人、尊重人、为了人，是管理文化的体现。在人的精神世界里，对快乐的向往和追求是基本的，也是永久的。因此兴力同样高度重视员工旅游，在兴力报上展示最多的就是员工旅游活动，公司每年都会组织各类旅游活动，丰富员工业余生活，增强员工归属感。同时，旅游让员工放松身心，使得工作张弛有度。团队出行，也是一种培养团队精神的方式，更是留住员工的重要手段。

图4-3-6 公司消防演练比赛现场

四、总结：浙江兴力集团的可持续创新特色

面对纺织印染行业的竞争压力和可持续发展趋势，兴力经过不懈探索，走出了一条独具特色的可持续发展路径。通过技术创新，兴力尽可能最大化的解决印染行业固有的大量排污的问题，将环保从后端做到前端，在此基础上，再将前后端做好整合，使排污量大大降低。随着新工艺的创新，兴力除了在排污量上得到了很大的缓解之外，成本也得到了很大的降低，不论是用料还是用人，都更好地满足了"物、人尽其用"的概念。在新工艺的发展下，产品才能越来越走向高端和高质量化，结合服务的升级和创新，在高素质团队的带领下，兴力在去往更大、更高市场的道路上越走越顺。

企业文化是一个企业发展的灵魂。兴力一直坚信，可持续不仅停留在维护自然资源以及生态方面，企业文化方面也需要做到可持续。因此兴力也十分注重文化的可持续发展。兴力在企业文化上一直下很大的功夫，安全文化、孝心文化、制度文化和精神文化都是兴力的特色，并且在原有的基础上，兴力一直在创新。只有顺应时代的发展，才能做到文化的长久不衰，才能支持企业更好的发展。

 **思考题**

1. 什么是可持续发展？其内涵是什么？

2. 结合浙江兴力集团的可持续发展之路，请简述企业实施可持续发展战略面临的主要矛盾和解决对策有哪些。

案例编写：吴樑玥（工商141）、陈佳薇（工商141）、李春桥（国贸153）、韩雯雯（国贸153）

指导老师：刘海林

案例5

以党魂为核，扬文化之力——华港五十年发展分析

摘要：改革开放 30 多年来，民营经济克服了基础薄弱和先天不足等劣势，已成为国民经济的重要组成部分，但仍存在企业生命周期过短的问题。本文将以华港为例，重点分析华港印染能够持续发展五十多年依旧枝繁叶茂的原因——拥有适应企业发展的核心价值观并以此形成企业文化，以及面对近年来经济不景气的情况，华港所形成的企业文化是如何推动企业发展的。本案例经过实地调研、文献查找、访谈等工作撰写，重点介绍华港是怎样通过特色的企业文化、在实践中以党魂为核心凝聚人心，以文化为基础助力企业发展，并通过华港的这一发展特色，分析其参考价值和启示。

关键词：党魂；企业文化；企业发展

引　言

民营企业是我国经济体制的重要组成部分，目前已经成为我国国民经济中最为活跃、最为鲜明的经济增长点，在促进经济发展及为国家和社会提供就业岗位方面，发挥了不可忽视的作用。据我国统计局数据表明，在十五以及十一五期间，中小企业数量的年增长率分别为 19.6％和 17.5％，数量超过了 800 万家，注册资金年增长率达到了 24.2％和 30.6％，总资金超过了 19 万亿元。

虽然民营企业经营形式灵活，市场化程度高，且社会负担相对较轻，但是我国的民营企业也存在规模小、产品比较单一、管理不科学、生存周期比较短的突出问题。虽然有些民营企业在积极寻找适合自身发展的道路，但依然有大部分企业局限于旧的发展模式中。此外，由于我国民营企业起步较晚，发展中与西方发达国家仍然有着明显差距，不仅企业规模相对较小，且整体运营实力较弱，并缺乏资金和技术支持，经营管理模式粗放，市场风险抵御能力较差，所以平均寿命较短。尤其是中小企业，根据全国工商联《中国民营企业发展报告》所公布的调研数据，国内民营中小企业平均寿命只有 2.9 年，60％的企业将在 5 年内破产，85％的企业将在 10 年内消亡。

当前，我国现在正处于经济增长速度换挡期、结构调整沉痛期、前期刺激政策消化期的特定阶段，"三大"因素叠加，造成经济下行压力加大。在这样的环境下，一部分传统制造业企业，由于受复杂严峻的经济形势影响，产品销售持续走低，加上生产用工成本不断上涨，企业限排要求越来越严，这些企业的经营发展陷入困难境地。

与之相对的是，华港集团作为一个 1965 年创立的企业，历经半个多世纪的风风雨雨，如

今依旧保持着生机和活力、蓬勃发展,对其他民营企业具有一定的借鉴意义。因此,我们选取华港企业作为本次案例分析的对象,希望通过对于华港发展历程的分析,明白华港成功的原因并对其他民营企业提出借鉴意义。

一、五十年华港,五十年辉煌

1. 华港集团概况

华港集团(见图5-1-1)前身为村办集体企业管市针织厂,初创于1965年,1996年改名为华港染织厂,后成立集团公司,系党委级建制,1999年改制为非公有制企业。集团下属工业企业4家:华港染织有限公司、亚光印染有限公司、朗莎尔制衣有限公司、华港服装辅料有限公司;房地产公司3家:协和房地产有限公司、金迪房地产有限公司、锦麟房地产有限公司;贸易市场2个:彩虹桥灯饰市场、锦麟天地购物中心。历经50多年的发展,华港已成为集染色印花、服装服饰、国际贸易、房地产开发于一体的大型工贸型集团企业,是绍兴地区最大的印染与服装生产基地之一。

图5-1-1　华港集团外景

公司占地500余亩,固定资产超10亿元人民币,员工2 200余人,年销售收入12亿元人民币,年自营出口超亿美元,年均纳税5 000万元。

集团党委下设5个党支部,有正式的党员57名,并成立工会、团委、妇联、武装部等群众组织。

案例调研过程中,华港负责人在谈到当前形势下,华港为什么能够保持稳定增长、为什么多元化进展始终较为顺利时强调,华港在其发展的过程中,始终坚持以党魂为核心,塑造企业文化,利用企业文化与党建的相互影响力,完善企业文化,以此来推动企业持续、稳健发展。

2. 华港五十年历程大事记

华港发展大事记如图5-1-2所示。

1965年管市针织厂创办,同年成立党支部。

1977年注册"别墅"商标。

1983年与香港同兴商贸公司合作,创办中外合资华港染织厂。

1987年兼并数家企业,企业规模逐渐扩大。

1990年与华丝二厂合作创省级新产品一只。

1991年全乡第一条圆网印花流水线投产。

1993 年成立华港集团。

1995 年创办朗莎尔制衣厂。

1996 年成立党委。

1997 年注册"朗莎尔"商标。

2002 年企业通过 ISO 9001、ISO 14001 认证。

2003 年柯北新厂破土动工。

2004 年"朗莎尔"荣获绍兴市著名商标、浙江省名牌产品称号。

2005 年制衣厂整体搬迁。更名为浙江省朗莎尔维迪制衣有限公司，成为绍兴县规模最大的服装生产基地。

2006 年成立绍兴县金迪房地产开发有限公司，成功开发"水越名都"高档别墅。

2007 年企业通过 SA 8000 认证，成为 CSC 9000T 示范企业。

2007 年辅料生产基地开工建设。

2008 年获得"中国驰名商标"，同时申报中国名牌产品。

2008—2009 年亚光印染与华港染织两厂因县城拆迁搬入朗莎尔厂内，园区一举成为染色、印花、服装生产于一体的综合实体，连续 2 年被评为绍兴县集约用地亩均税收示范企业。

2010 年被评为浙江省廉政文化六进示范点。

2014 年被评为五星级企业党组织。

2014 年创刊《今日华港》，加强企业内部交流与对外联系。

2015 年开放锦麟购物新天地。

2014—2016 年连续三年荣获"五星级党组织"称号。

2016 年御景园精品楼盘，奉献社会。

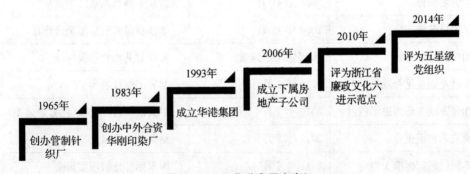

图 5-1-2　华港发展大事记

　　从华港历年的动态可以看出，华港集团的业务范围不仅仅局限于染织，在不断把染织主产业做强做大的同时，它在尝试着向多元化发展，努力去转型成集染色印花、服装服饰、国际贸易、房地产开发于一体的企业，为华港谋求新出路。

　　在跨越大半个世纪的发展历程中，华港始终明确支撑自我发展的核心：以党建促进文化，做企业文化管家，按照自身独特的定位，走属于自己的路。

　　3. 华港五十年辉煌成就

　　在过去 50 多年的发展历程中，华港集团也取得了许多辉煌成就。例如，1997 年注册的"朗莎尔"商标在 2004 年荣获绍兴市著名商标、浙江省名牌产品称号；华港集团于 2005—

2011年度连续获全国服装行业产品销售收入百强企业;2008年华港获企业信用评价AAA级信用企业;2010年华港集团为浙江省廉政文化六进示范点;2014年华港党组织获得五星级企业党组织称号;等等。可以说,华港的荣耀不胜枚举,我们这里仅仅列示最近十余年华港取得的荣誉,如表5-1-1所示。

表5-1-1 华港取得的荣誉

获奖名称	获奖时间	颁奖单位
浙江省诚信示范企业	2004年6月	浙江省经济贸易委员会、浙江省财政厅
浙江名牌	2004年/2007年12月/2010年9月	浙江省质量技术监督局、浙江省品牌认定委员会
全国服装行业产品销售收入百强企业	2005—2011年度连续	中国服装协会
浙江省著名商标	2006年1月/2009年2月/2012年4月	浙江省工商行政管理局、浙江省商标协会
全国质量服务信得过企业	2006年7月	中国技术监督局
产品质量国家免检	2006年9月	国家质量监督检验检疫局
绍兴名牌	2006年9月/2009年9月	绍兴品牌认定委员会
SA 8000:2008社会责任认证	2007年12月/2011年5月复评	法国国际检验局
企业信用评价AAA级信用企业	2008年4月16日	中国纺织品进出口商会
中国驰名商标	2008年11月	国家工商总局浙江工商局
浙江出口名牌	2008年12月	浙江省对外贸易经济合作厅
劳动保障诚信单位	2008年至今连续	浙江省劳动社会保障厅
青年就业创业见习基地	2009年4月	共青团浙江省委
浙江省廉政文化六进示范点	2010年2月	中共浙江省纪委、浙江省经信委
劳动关系和谐企业	2011年1月	绍兴县人民政府
起草制订国家标准1类	2011年6月	国家标准化管理委员会
清洁生产达标企业	2012年3月	省环保厅、省经信委
五星级企业党组织	2014年2月	绍兴柯桥区委组织部
纺织之光科技进步奖	2015年11月	中国纺织工业联合会
柯桥区工业企业30强	2015年2月	中共绍兴县柯桥经济开发区工作委员会
五星级党组织	2015年2月	中共绍兴县柯桥经济开发区工作委员会
五星级基层党组织称号	2016年2月	中共绍兴市柯桥区委
绍兴老字号	2016年2月	绍兴市商务局

由图表可见,华港今日的成功不是偶然,而是必然。昨天,华港在希望的田野上崛起,在改革开放中成长;今天,华港在科学发展观的引领下,走向多元化、走向现代化;明天,华港将在中国梦的统领下,一定能够勇往直前再创辉煌。

二、党魂为核,华港发展之基

1. 党魂的内涵

2017 年是中国共产党成立 96 周年。回望历史,自鸦片战争起,西方列强入侵,中国陷入了空前深重的民族危机和社会危机。太平天国运动、戊戌变法、义和团运动……无数仁人志士不屈不挠的斗争,苦苦探索着救国救民的道路,却一次又一次地失败了。直到 1921 年,在中国各族人民反帝反封建的壮阔斗争中,新兴的中国共产党登上了历史舞台上,逐步改变中国被奴隶欺凌的历史,也带领着中国一步步走向富强。

中国共产党作为一个政党,从成立至今已走过了 90 多年的路程,其间虽然走过一些弯路,遇到过一些挫折,但每次风浪过后,总会以新的面貌,赢得全国人民更高的敬仰。究其因,就是中国共产党不管在何种磨难中始终坚守着高尚的本质——党魂,如图 5-2-1 所示。

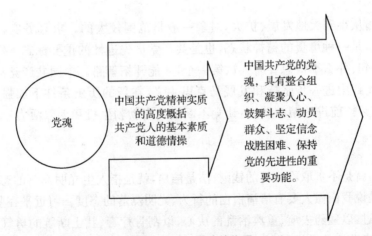

党魂

中国共产党精神实质的高度概括
共产党人的基本素质和道德情操

中国共产党的党魂,具有整合组织、凝聚人心、鼓舞斗志、动员群众、坚定信念战胜困难、保持党的先进性的重要功能。

图 5-2-1 党魂的作用

纵观我党的执政方针和使命宗旨,可以看出,党魂核心可以归结为四个词:忠诚、奉献、开拓、廉洁,如图 5-2-2 所示。依靠"党魂",我们党带领全国人民以高度的凝聚力、战斗力,不断创造新辉煌,领导中国人民走上幸福的康庄大道。

忠诚
开拓 廉洁
奉献

图 5-2-2 党魂的内涵

（1）忠诚

"忠诚"二字,其意深远。单从字面意义上分析,"忠"字是要讲大局、顾大体,将国家和人民的中心工作放在心头上;"诚"字是从嘴里说出来的话,就要把它做好做成,始终做到言行合一,说到做到,善始善终,推动党和人民的事业得以实现。"忠诚"就是对党、国家、人民绝对忠诚、绝对纯洁、绝对可靠的政治本色和政治品质,思想上始终保持与党中央高度一致,对事业和同事战友的忠诚忠实,代表着诚信、尽职和服从。邓小平说过:"忠诚就是将全部真情率直而老实地向党坦白出来,就是要忠实于党的事业,忠实于人民的事业。"对党忠诚是共产党员的根本要求。

（2）奉献

"奉",即"捧",意思是"给、献给";"献",原意为"献祭",指"把实物或意见等恭敬庄严地送给集体或尊敬的人"。两个字和起来,奉献,就是"恭敬的交付,呈献"。人民领袖毛泽东以"为人民服务"五个字为题,写下了具有永恒意义的篇章。奉献,是对共产主义事业的不求回报的爱和全身心的付出。对个人而言,就是要在这份爱的召唤之下,把本职工作当成一项事业来热爱和完成,从点点滴滴中寻找乐趣;努力做好每一件事、认真善待每一个人。习近平曾对广大青年们指出:青年选择吃苦也就选择了收获,选择了奉献也就选择了高尚。坚持担当,乐观奉献,这一直都会是一个国家永不过时的普适价值观。

（3）开拓

开拓,是指从小到大地发展、扩大,对象一般是范围较大的。求真务实、开拓创新,是党的优良作风,是一种可贵的精神状态,也是共产党员先进性的重要标志。邓小平的语录中就有这样一句:什么事情总要有人试第一个,才能开拓新路。中国共产党只有始终依靠党魂,在新的实践中进一步坚持和发展马克思主义,在新的历史条件下加强理论创新,才能始终保持党开拓前进的精神动力,让党不断焕发出勃勃生机和无限活力,走在时代发展的前列。

（4）廉洁

廉是清廉,就是不贪取不应得的钱财;洁是洁白,就是指人生光明磊落的态度;清楚一点地说,廉洁就是说我们做人要有清清白白的行为、光明磊落的态度。习近平在坚持反腐倡廉的时候曾说到过:以猛药去疴、重典治乱的决心,以刮骨疗毒、壮士断腕的勇气,坚决把党风廉政建设和反腐败斗争进行到底。加强自我监督始终是把好廉政关口的第一关,共产党员应始终牢记"勿以恶小而为之"的古训,自觉严于律己,接受群众监督,始终做到慎独、慎微、自警、自省;真正心怀群众,心中有党组织;不断坚定理想信念,守住党员本分,自觉践行为人民服务的根本宗旨。

2. 党魂是伟大祖国的发展之魂

1921年,在马克思列宁主义同中国工人运动相结合的进程中,中国共产党应运而生。中国共产党的诞生,是近现代中国历史发展的必然产物,是中国人民在救亡图存斗争中顽强求索的必然产物。从此,中国革命有了正确前进方向,中国人民有了强大精神力量——党魂,中国命运有了光明发展前景。

90多年来,中国共产党人始终以党魂为行为准则,正是凭借着对忠诚、奉献、开拓、廉洁精神的恪守,带领人民在中国这片古老的土地上,书写了人类发展史上惊天地、泣鬼神的壮丽史诗，集中体现为完成和推进了三件大事（见图 5-2-3）。

图 5-2-3　党魂是祖国发展之魂

第一件大事是完成了新民主主义革命，实现了民族独立、人民解放。经过北伐战争、土地革命战争、抗日战争、解放战争，党和人民进行 28 年浴血奋战，打败日本帝国主义侵略，推翻国民党反动统治，成立了中华人民共和国。新中国的成立，使人民成为国家、社会和自己命运的主人，实现了中国从几千年封建专制制度向人民民主制度的伟大跨越，实现了中国高度统一和各民族空前团结，彻底结束了旧中国半殖民地半封建社会的历史，彻底结束了旧中国一盘散沙的局面，彻底废除了列强强加给中国的不平等条约和帝国主义在中国的一切特权。中国人从此站立起来了，中华民族发展进步从此开启了新的历史纪元。

第二件大事是完成了社会主义革命，确立了社会主义基本制度。我们创造性地实现由新民主主义到社会主义的转变，使占世界人口四分之一的东方大国进入社会主义社会，实现了中国历史上最广泛最深刻的社会变革。我们建立起独立的比较完整的工业体系和国民经济体系，积累了在中国这样一个社会生产力水平十分落后的东方大国进行社会主义建设的重要经验。

第三件大事是进行了改革开放新的伟大革命，开创、坚持、发展了中国特色社会主义。党的十一届三中全会以来，我们总结我国社会主义建设经验，同时借鉴国际经验，以巨大的政治勇气、理论勇气、实践勇气实行改革开放，经过艰辛探索，形成了党在社会主义初级阶段的基本理论、基本路线、基本纲领、基本经验，建立和完善社会主义市场经济体制，坚持全方位对外开放，推动社会主义现代化建设取得举世瞩目的伟大成就。

这三件大事，从根本上改变了中国人民和中华民族的前途命运，不可逆转地结束了近代以来中国内忧外患、积贫积弱的悲惨命运，不可逆转地开启了中华民族不断发展壮大、走向伟大复兴的历史进军，使具有五千多年文明历史的中国面貌焕然一新，中华民族伟大复兴展现出前所未有的光明前景。

90 多年来，中国社会发生的变革，中国人民命运发生的变化，其广度和深度，其政治影响和社会意义，在人类发展史上都是十分罕见的。事实充分证明，在近代以来中国社会发展进步的壮阔进程中，历史和人民选择了中国共产党，选择了马克思主义，选择了社会主义道路，选择了改革开放。而党的无限生机就是通过党魂获得的，党魂就是国家的发展之魂。

3. 党魂是企业组织的凝聚之魂

在作为国家发展之魂的同时，党魂还是企业组织的凝聚之魂（见图 5-2-4）。企业组织是社会的基本组成部分,是为实现特定的目标及执行相应的战略策略,对人力资源进行调配所建立的社会经济性组织。企业要实现持续健康发展、要有强大的企业凝聚力,就离不开忠诚、奉献、开拓和廉洁。

图 5-2-4　党魂是企业组织的凝聚之魂

古人云:人心齐,泰山移。一个企业如果没有强大的凝聚力,注定将难成大事,只有形成合力,才能聚沙成塔。而党魂就有着这样凝聚人心的魅力。

(1) 党魂为企业带来生产力

在企业生产力的诸要素中,人是最重要的生产力。而党魂的指引可以让企业关心人、尊重人、凝聚人,有助于人的思想解放和全面发展。这种价值观让员工认可企业文化、环境,相信企业将为其提供发展的机会和应得的物质回报,全身心地投入到工作中去,把个人的发展融入企业发展中去。人心凝聚让劳资关系、上下关系、管理者和生产者的关系和谐,队伍稳定,精神振奋,员工积极性和创造力得到激发,为企业带来了强大的生产力,企业从此真正走上"常青树"般的良性发展道路。

(2) 党魂是企业文化建设的根本

一个企业就好比人的躯壳,员工就是血和肉,而党魂作为一种价值观就是精神,一种顽强拼搏、勇于奋斗的精神。企业文化是一门相当深奥、复杂的学问,是企业精神的提炼和升华。积极向上的价值观能够帮助企业创建积极向上的企业文化,一方面帮助企业形成强大的凝聚力作支撑,因为只有全体干部职工共同参与的企业文化才有生命力,才能通过企业文化建设活动提升管理水平,促进企业的持续、健康、快速发展;另一方面,良好的企业文化的建设也可以有效提升企业凝聚力。所以,二者相辅相成、缺一不可,党魂作为一种核心价值观,可以说是企业文化建设的根本。

(3) 党魂是企业战胜困难的强大法宝

企业的主人是员工,如果连一个企业的主人都不热爱自己的企业,不关心企业的命运,处处以自我为中心,那么这个企业就是一盘散沙,毫无竞争力可言。而党魂就是一种强有力的黏合剂,它能够将作为个体的员工凝聚到一起,从而形成强大的战斗力,发挥出巨大的整体优势。众人拾柴火焰高。一个企业只要拥有强大的凝聚力,任何困难都不足为惧。因此,从某个层面来讲,凝聚力也是企业的竞争力,党魂更是企业战胜困难的强大法宝。

(4) 党魂是职工进步的不竭动力

党魂作为企业的一种无形力量,有利于职工紧密团结在一起,鼓舞职工士气,协调职工与职工、与领导者之间的关系，有利于增强职工对企业的信心，激发工作积极性、主动性和创造性，使职工之间互相没有猜忌，更好地投入到工作中去，工作效率也自然提高了，同时也会给企业带来巨大效益，良好的经济效益又能大大增强员工的凝聚力，不受利益诱惑，稳定、持续地为企业创造价值、坚守价值。可以说，党魂是职工进步的需求。

综上所述，在企业组织发展的过程中，企业通过忠诚、奉献、开拓、廉洁为核心的党魂凝聚人心，员工在浓厚的企业文化氛围中得到教化，树立正确的意识，认同企业的价值理念，爱岗敬业，自觉自发地为企业顽强拼搏、奉献自我，并在这个过程中不断做出创新，为企业发展注入源源不断的生命力。企业因此获得了巨大的经济效益，更进一步增强了员工的凝聚力，让他们不为利益所诱惑，坚守本分，促进企业和谐稳定发展。可以说，党魂的内涵在企业凝聚人心的过程中展现得淋漓尽致，党魂是企业组织的凝聚之魂。

三、华港以党魂为核，构建企业价值观

1. 价值观——企业发展的信仰

菲利浦·塞尔日利克说："一个组织的建立，是靠决策者对价值观念的执着，也就是决策者在决定企业的性质、特殊目标、经营方式和角色时所做的选择。通常这些价值观并没有形成文字，也可能不是有意形成的。不论如何，组织中的领导者，必须善于推动、保护这些价值，若是只注意守成，那是会失败的。总之，组织的生存，其实就是价值观的维系，以及大家对价值观的认同。"

21世纪的企业经营进入到一个文化管理时代，企业文化将成为企业的核心竞争力。美国管理学家彼得斯和沃特曼在对国际知名的成功企业深入考察后指出：我们研究的所有优秀公司都很清楚它们主张什么，并认真地建立和形成了公司的价值准则。事实上，如果一个公司缺乏明确的价值准则或价值观念不正确，我们很怀疑它是否有可能获得经营上的成功。

企业价值观（见图5-3-1）是指企业及其员工的价值取向，是指企业在追求经营成功过程中所推崇的基本信念和奉行的目标。不管社会如何变化，产品会过时，市场会变化，新技术会不断涌现，管理时尚也在瞬息万变，但是在优秀的公司中，企业价值观不会变，它代表着企业存在的理由。

特雷斯·迪尔和阿伦·肯尼迪也指出：对拥有共同价值观的那些公司来说，共同价值观决定了公司的基本特征，使其与众不同。更重要的是，这样，价值观不仅在高级管理者的心目中，而且在公司绝大多数人的心目中，成为一种实实在在的东西，它是整个企业文化系统，乃至整个企业经营运作、调节、控制与实施日常操作的文化内核，是企业生存的基础，也是企业追求成功的精神动力。无数例子证明，企业价值观建设的成败，决定着企业的生死存亡。因而，成功的企业都很注重企业价值观的建设，并要求员工自觉推崇与传播本企业的价值观。

企业价值观为企业的生存与发展确立了精神支柱，是企业领导者与企业员工判断失误的标准，其一经建立，并成为全体员工的共识，就会成为长期遵奉的信念，对企业具有持久的精神支撑力。同时，企业价值观决定了企业的基本特性，对企业及员工行为起到导向和规范作用，能产生凝聚力，激励员工释放潜能。可以说，价值观是一个企业发展的信仰。

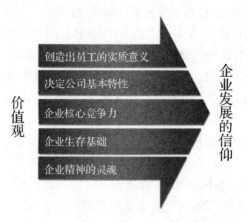

图 5-3-1 价值观——企业发展的信仰

在企业文化建设热潮来临以前,专家们都在批判我国企业存在着"价值观缺失症",实际上只是企业并没有以组织的名义旗帜鲜明地提出自己的共同价值观,或者说企业并没有明确自身在企业经营管理中所倡导的、遵循的基本信念和原则,但是,其在运行过程中,每一个商业行为,企业内部的每一件事,无不反映了企业的价值观,只是没有明确和书面化而已。

2. 华港以党魂为核打造价值观

从华港发展的历史进程来看,我们可以看出,华港发展至今的五十多年来,忠诚、奉献、开拓、廉洁为核心的党魂一直深深地根植于其文化,以党魂为核的价值观一直为华港的发展提供精神动力(见图 5-3-2),其基业的形成不是一蹴而就,而是在漫漫岁月中的持之以恒。华港的枝繁叶茂靠的是每一代华港人共同奉献的结果,在党魂的引领下辛勤耕作打下的根基。以党魂为核,凝心聚力;以文化为帆,助力发展,这样的文化理念贯穿华港发展的始终,这也是华港最终走向成功的秘诀。

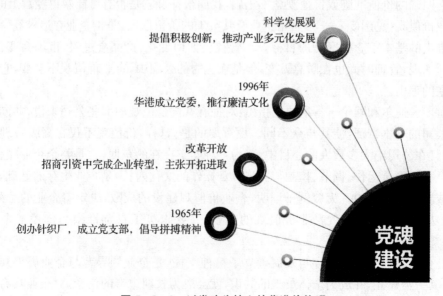

科学发展观
提倡积极创新,推动产业多元化发展

1996年
华港成立党委,推行廉洁文化

改革开放
招商引资中完成企业转型,主张开拓进取

1965年
创办针织厂,成立党支部,倡导拼搏精神

党魂
建设

图 5-3-2 以党魂为核心的华港价值观

（1）华港发展艰难启程

作为一家名不见经传的乡镇集体企业，华港成立之初内外部条件皆较为艰苦，这显然与中国共产党成立时期的情况极其相似。1965 年，华港创办针织厂成立党支部且企业领导人均为党员，自发展之初便有这样得天独厚的先天优势，使得党魂自一开始就扎根于华港的发展理念中，党的思想深深地影响着华港的企业领袖与管理层以及华港企业文化的形成。虽然开始时条件艰苦，但华港始终坚持以党魂的奉献精神打造企业价值观，并由此逐步完善自身的企业文化建设。第一代华港人顽强拼搏、勇于奋斗，是他们的努力在计划经济时代为华港打下了坚实的基础，开创并坚守了基业。

（2）改革开放的春天

改革开放可以说是华港发展道路上的第一个重要的转折。1996 年，华港更是成了绍兴县第一家建立党委的企业，并由党委引领华港的工会、团委、妇联、民兵连、关工委等群团组织展开工作。1999 年 3 月 5 日—15 日，九届全国人大二次会议通过了中华人民共和国宪法修正案，明确非公有制经济是中国社会主义市场经济的重要组成部分，大大促进了社会生产力的发展。同年，华港在党支部的引领下，保持和发展文化的先进性，在招商引资中实现产业转型，由乡镇集体企业转型为民营企业，使自身得到了快速的发展。改革开放是党在新的时代条件下带领人民进行的新的伟大革命，党魂的引领和文化的浸润，使党魂在每一个华港人心中落地生根，他们爱岗敬业并愿意为华港奉献自我。同时，他们意识到改革开放是一个机遇，并同企业领导人一起努力谋求突破和发展，最终华港在多年自身积累逐步发展后抓住了机遇，破土而生，茁壮成长。

（3）科学发展观的助力

华港的党建工作在发展中不断成型，其党组织曾先后被评为市、县先进党组织和区级五星级党组织。于华港而言，其发展道路上的第二个重要的机遇是科学发展观。科学发展观，其内涵是全面、协调、可持续的发展观，是同马克思列宁主义、毛泽东思想、邓小平理论和"三个代表"重要思想既一脉相承又与时俱进的科学理论，是中国经济社会发展的重要指导方针。近年来，随着经济形势的日益严峻以及政府对环境保护的要求越来越严，华港的发展开始变得艰难起来。但党魂随着企业文化而深入人心，让华港人自一开始就看到了本质——短期看是阵痛，长期看是投入。新时期的党魂对华港的发展提出了更高的要求，也正是因为这种压力让华港突破自我、开拓创新，在不忘主业的同时，做强纵向产业，同时向房产、商贸横向发展，为实现产业多元化、创业现代化奠定基础。华港在科学发展观的引领下，走向多元走向现代。

直至今日，华港仍不断努力着。2016 年 2 月，中办发出的关于开展"两学一做"学习教育的通知要求，2 月 6 日，华港组织其员工学习条例政策，落实"两学一做"要求，进一步推进自身发展。同时，华港注重自身的廉洁文化建设，通过建设华港廉洁文化，建立干部腐败预防机制、制度，促进民主集中制建设，用规范制度、执行制度来实现管理畅通、透明，避免暗箱操作，抑制腐败行为，推动华港和谐发展。

华港始终以忠诚、奉献、开拓、廉洁为核心的党魂作为其文化的精神内核——价值观，把企业文化建设与党的建设相互融合，做到从有形覆盖到有效覆盖，不断丰富文化，形成良好地企业文化氛围和风气，让党魂成为华港每一个员工的价值观，员工爱岗敬业，心甘情愿为华港无私奉献，为华港的发展提供源源不断的动力。华港还不忘加强制度行为和物质环境文化建设，让员工自我约束同时积极开拓、突破创新,适应新常态,凝心聚力,加快自身发展。

由此可见,华港以党魂为核开创了其基业并打下了坚实的基础,在自身发展的过程中打造了以党魂为核的华港价值观,也只有以党魂为核,增强企业凝聚力、树立企业形象、推动企业发展,华港才能走过五十多年的漫漫征程并向百年企业进军。

3. 党魂成就华港辉煌

华港在希望的田野上崛起,在改革开放中成长。在企业发展最初,华港就选择跟着党走,贯彻落实党的路线、方针、政策,勇于实践,抓住机遇,最终没有被历史的风沙所淹没,而是在历史的长河中为今后的发展打下了坚实的基础,脱颖而出,走向了今天。

华港在其五十年的发展道路上,始终明确以党魂作为其价值观内核,从一开始就为其生存与发展确立了精神支柱。经过不断的潜移默化后,党魂已经成为华港全体成员的共识并具有长期的稳定性。华港的领导者与员工始终以党魂作为判断事物的标准,党魂对华港具有持久的精神支撑力。员工把为华港工作看作是为自己的理想奋斗,热爱自己的岗位并为之不断奉献,而华港因此具有了克服各种困难的强大精神支柱。

同时,党魂对华港及员工行为起到导向和规范作用。党魂是华港中占主导地位的管理意识,能够规范华港领导者及员工的行为,使员工很容易在具体问题上达成共识,从而大大节省了华港运营成本,提高了其经营效率。在华港,党魂对华港和员工行为的导向和规范作用,不仅通过制度、规章等硬性管理手段实现的,还通过群体氛围和共同意识引导来实现的。双管齐下,让员工在企业约束的同时也进行自我约束,不为利益所诱惑,助力企业发展。

中国共产党九十多年实践证明,党魂永远不会过时,它适应着时代的变化,不断地完善和发展。而华港选择以党魂作为其核心价值观,敢于突破创新,就意味着当经济环境发生变化时,华港能很好地适应新的环境。

今天,华港在党魂的引领下,走向多元走向现代。如果说,40多年前的华港产业只是从织造、印染、服装的纵向发展,延长了产业链,那么,如今的华港在不忘主业,做强纵向产业的同时,已向房产、商贸横向发展,为实现产业多元化、创业现代化奠定了基础。先后创办的协和房产、金迪房产、锦麟房产,三驾马车,强强联合,优势互补,成为区域房产的一枝独秀;先后开办的彩虹桥灯饰市场、锦麟天地购物中心等第三产业平分秋色、相映彰显,为现代都市柯桥区增添了光彩。党始终给华港以正确的指引,而华港也追随着党的脚步,适应新常态,树立新理念,抓住新机遇,谋求新发展。今天的华港保持着平稳的发展,主要经济指标稳中有升,运行质量稳中趋好,结构调整稳步前行,转型升级稳步推进,取得了较好的社会效益,这一切的事实都说明了,党魂成就了华港的辉煌。

四、文化为帆,助力华港发展

1. 文化——企业发展动力

(1) 企业文化的内涵

企业文化的内涵如图 5 - 4 - 1 所示。

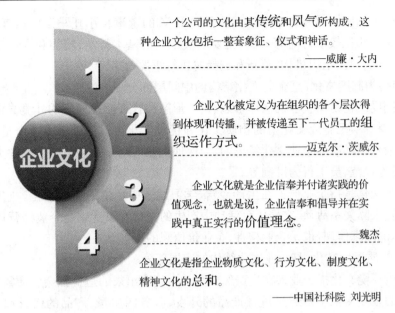

一个公司的文化由其**传统**和**风气**所构成,这种企业文化包括一整套象征、仪式和神话。
——威廉·大内

企业文化被定义为在组织的各个层次得到体现和传播,并被传递至下一代员工的组织运作方式。
——迈克尔·茨威尔

企业文化就是企业信奉并付诸实践的价值观念,也就是说,企业信奉和倡导并在实践中真正实行的价值理念。
——魏杰

企业文化是指企业物质文化、行为文化、制度文化、精神文化的总和。
——中国社科院 刘光明

图 5-4-1 企业文化的内涵

纵观国内外众多学者的观点,尽管表述的方式和理论的侧重点有所不同,但不外乎广义和狭义的区分。从广义上讲,企业文化通过企业生产经营的物质基础和生产经营的产品及服务,不仅反映出企业的生产经营特色、组织特色和管理特色等,更反映出企业在生产经营活动中的战略目标、群体意识、价值观念和行为规范。从狭义上讲,企业文化体现为人本管理理论的最高层次。企业文化重视人的因素,强调精神文化的力量。希望用一种无形的文化力量形成一种行为准则、价值观念和道德规范,凝聚企业员工的归属感、积极性和创造性,引导企业员工为企业和社会的发展而努力,并通过各种渠道对社会文化的大环境产生作用。

表面上看,企业文化是一个局限于思想范畴的概念。但要就其内涵来讲,企业文化则更倾向于付诸实践的价值理念,它由企业的精神文化、企业的行为制度文化和企业的物质环境文化等三个层次构成的,如图 5-4-2 所示。物质文化层、制度文化层和精神文化层由外到内的分布形成了企业文化的结构。其中,精神文化层决定了制度文化层和物质文化层,制度文化层是精神文化层与物质文化层的中介,物质文化层和制度文化层是精神文化层的体现。三者密不可分,相互影响,相互作用,共同构成企业文化的完整体系。

图 5-4-2 企业文化三层次理论

① 企业精神文化,是企业文化结构的核心层。

企业的精神文化是企业在长期活动中逐步形成,并为全体员工所认同的共有意识和观念。它包括企业的价值观念、企业精神,以及企业所形成的道德风气和习俗。

企业精神文化是企业文化的最深层次,是企业文化的核心和灵魂。它完善企业形象识别系统,通过对企业发展战略、企业目标、企业共同价值观、企业精神和各种企业理念的形象化表达,展示企业管理现代化正规化的外在形象,促使社会公众对公司接受和认同,激发全公司员工对公司的归属感和自豪感。正如美国 IBM 的董事长小托马斯·沃森所说："一个组织与其他组织相比较取得何等成就，主要取决于它的基本哲学、精神和内在动力，这些比技术水平、经济资源及组织机构、革新和选择时机等重要得多。"

② 企业行为制度文化，是企业文化结构的中间层部分。

企业的制度文化是由企业的法律形态、组织形态和管理形态构成的外显文化，它是企业文化的中坚和桥梁，把企业文化中的物质文化和精神文化有机地结合成一个整体。企业的制度文化一般包括具有本企业文化特色的、为保证企业活动正常进行的企业各类体制、各种规章制度、道德模范、员工行为准则等。

企业行为文化是指企业员工在生产经营、学习娱乐中产生的活动文化。它包括企业经营、教育宣传、人际关系活动、文娱体育活动中产生的文化现象。它是企业经营作风、精神面貌、人际关系的动态体现，也是企业精神、企业价值观的折射。

③ 企业物质环境文化，是企业文化结构的表层部分。

企业物质环境文化指企业人在生产经营活动中创造出来的适应社会物质需要的那部分产品。优秀的企业文化总是通过重视产品的开发、服务的质量、产品的信誉和企业生产环境、办公环境、文化设施等物质现象来体现。具体的包括：企业生产车间的环境、技术工艺设备特性；企业的文化体育生活设施；企业的文化传播网络等形式。

（2）企业文化支撑企业发展

重视企业文化建设，凸显企业经营管理个性，是成功企业的共同特征。世界财经权威期刊——美国《财富》杂志——评出的全球 500 强企业，都有优秀的企业文化，全球 500 强企业的评委也总结出这些企业成功的关键是文化。

由此可见，企业文化是企业的灵魂，是企业精神活动的概况和总结，是企业在长期发展过程中形成的维持企业生存乃至繁荣的精神财富，是推动企业发展的强大动力，是提升企业竞争的无形力量和资产，更是企业生存和发展的源动力，它对外是一面旗帜，对内则是一种向心力，如图 5-4-3 所示。企业文化是一种信念的力量、道德的力量、心灵的力量。这三种力量相互融通、促进，形成了企业文化优势，这是企业战胜困难，取得战略决策胜利的无形力量。

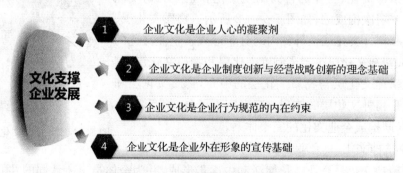

图 5-4-3　企业文化支撑企业发展

可以将企业文化的作用具体化，具体分为以下几点。

① 企业文化是企业人心的凝聚剂。

企业文化被员工认同后会形成一种精神黏合力，它属于一种内动力，在帮助员工形成共同价值观的基础上，增加员工彼此间的沟通和信任，将企业的员工紧紧团结起来，使企业上下左右关系更加密切、和谐，从而产生一种巨大的向心力和凝聚力。企业文化的凝聚力主要体现在：企业文化的凝聚功能可以使企业全体成员目标明确、协调一致，彼此之间产生深刻的认同感，更能共同与企业一起同甘苦同命运；企业文化提供一套价值评价和判断的标准，使员工在这些标准的基础上能更有效地去共同解决问题，即使出现矛盾和冲突，也能自发地寻求合适的处理方式。

② 企业文化是企业制度创新与经营战略创新的理念基础。

企业文化的创新，不仅带来员工价值理念的创新，而且还会推动企业制度的创新和经营战略的创新。例如，海尔之所以能在制度安排及战略选择上有创新，是因为有一套完整的企业文化。因而，海尔案例是以企业文化为题目进入哈佛案例库的。

③ 企业文化是企业行为规范的内在约束。

企业文化是企业全体员工共同的行为准则，它能从思想上、心理上和行为上对员工进行约束和规范。相对于企业规章制度的硬约束，企业文化带来的文化氛围和群体行为准则属于一种无形的软约束，是从价值观和道德规范上对员工的软性约束，它以一种潜移默化的方式使得企业员工在共同价值观的指导下进行自我管理和控制。

④ 企业文化是企业外在形象的宣传基础。

企业文化是企业员工行为准则和价值观的综合体现，一旦形成较为固定的模式将不仅仅在组织内部发挥作用，还会通过各种方式，如宣传和商业交易等，对社会产生影响。作为观念形态和行为形态的文化，通常以企业生产资料、产品和英雄模范人物等为载体，将企业的价值体系反映到外界去，从而为企业塑造良好的整体形象，树立信誉，扩大影响力。

2. 以党魂为核的精神文化——华港实现团结化发展

华港的文化建设可以说非常完备，在企业文化的三层次都有所体现，并且文化建设紧扣"党魂"这个价值观。在精神文化建设上，充分体现党魂的忠诚（爱岗敬业）、开拓（创新）、奉献；在制度行为文化上，主要是强调廉洁（坚守本分）、奉献建设；物质环境文化建设上也能彰显出开拓（创新）、廉洁，如图 5-4-4 所示。

图 5-4-4　华港以党魂为核心的文化建设

所谓的企业精神文化层，是企业文化结构的核心层，是企业在长期活动中逐步形成，并为全体员工所认同的共有意识和观念，包括企业的价值观念、企业精神、企业所形成的道德风气和习俗等,如图 5 - 4 - 5 所示。

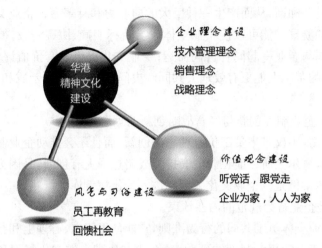

图 5 - 4 - 5　华港精神文化建设

(1) 华港在企业价值观念上的文化建设

华港自发展之初便有党支部且企业领导人均为党员,使得党魂自一开始就扎根于华港的发展理念中,"听党话,跟党走"的思想深深地影响着华港的企业领袖与管理层以及华港精神文化的形成。到 1996 年,华港更是成为绍兴县第一家建立党委的企业,并由党委引领华港的工会、团委、妇联、民兵连、关工委等群团组织展开工作,使得华港上下一心。由此可见,华港始终坚持以党魂为精神核打造企业价值观,在全企业树立"听党话,跟党走"的价值观念,能让华港上下员工团结一心、爱岗敬业、顽强拼搏,全身心投入到企业发展中。

2016 年集团公司党委按照中组的统一部署,在全体党员中开展学党章党规、学系列讲话,做合格党员的"两学一做"学习教育活动,进一步解决党员队伍在思想、组织、作风、纪律等方面存在的问题,保持党的先进性和纯洁性;进一步增强党员的政治意识、大局意识、核心意识、看齐意识,坚定理想信念,从价值观上教育企业员工,让企业员工树立正确的价值观,团结带领全体员工创业创新,为加快企业发展做出贡献。

从企业成立之初至今一直保有的企业具体问题大讨论习俗,以及企业党员面对困难身先士卒的行为……我们可以看出华港在一开始就给企业领袖和管理层以及企业员工树立了正确的价值理念——听党话,跟党走。并在企业本身发展过程中不断提高其认识,让华港全体员工能做到爱岗敬业、顽强拼搏、积极创新。

同时,华港在价值观念上注重塑造"企业为家,人人为家"的价值理念,追求员工之间和睦、互助、共同进步的氛围,"企业为家,人人为家"强调员工个性和而不同,并适应企业发展的需要。员工与企业之间要实现和谐,关键在于需要领导者建立共同愿景,倾听员工的声音,与员工沟通;同时,员工也需要理解企业,处理好"小家、大家和国家"的关系。

华港企业领袖对于员工给予家人般的温暖与关怀,华港的人文关怀最能体现这一点。对于家远的员工,华港会安排人员提前为他们买票,让他们不会被春运耽误回家团聚的时光。对于家近的员工,华港会安排包车送他们回家。

华港更具特色、更能体现家的温馨的地方是——华港对于员工下一代的关心。对于已经有孩子的员工,在暑假期间华港会开设小候鸟假日学校,招聘在校大学生来帮助照顾教育员工的孩子，一方面可以保障孩子的安全，又增加了孩子与父母相处的时光，如图 5-4-6 所示。对于还没有下一代的员工，华港也注重流动人口计划生育均等化服务，保障他们的未来。

图 5-4-6　华港文化充满对员工关怀理念

华港的这种种行为，最重要的就是在企业全体员工心中塑造一种企业是家的价值观念。华港树立"企业为家"的价值观，首先是告诉全体员工，华港真诚对待员工，会包容会教育，会体谅每一个人。就是这样的真诚在前，才能感染每一个员工，让员工认可企业文化，相信企业将为其提供发展的机会，才能全身心投入到企业建设中去，做到爱岗敬业。华港这种价值观念的塑造刚好与党魂的忠诚精神契合，可以看出华港的精神文化是以党魂为核的。

由上可知，"听党话，跟党走"的价值观念让华港员工找到了前进的方向，"企业为家，人人为家"的价值观念又让华港全体员工心向一处，团结一致。就是这样的价值观念体系存在于每一个人心中，才能增添华港的凝聚力，让企业员工上下一心，推动华港向"百年老字号"发展。

（2）华港在企业理念上的文化建设

在技术管理理念上，华港注重产前的自主研发。针对自主研发，在公司形成"博采众长设计、集思广益攻关"的良好氛围，使得新产品不断面世，至今华港已成功研发 10 多个新产品。同时，华港自己制定了一套 GB/T 28464—2012《纺织品服用涂层织物》，这一标准还填补了国内空白，获得中国纺织工业联合会科技技术进步三等奖。

在销售理念上，华港面对国内外严峻复杂的经济形势，实施"抓两头包中间"（重视产前的自主研发与产后的经营销售）的新思路，形成"产米下锅"的产销战略，既确保了产销基本平衡，又提高了经济效益。采取包产量、包品质、包成本、改劳酬的"三包一改"新生产方式，实施按劳取酬、按质取酬、多劳多得、优质多得的激励措施，极大地调动了生产积极性，让公司走上了研、产、销一体化的良性循环之路。同时面对产后销售，华港转变以往的做法，开始充分利用互联网与广交会这样的平台。针对产品的技术创新与销售方式转变，有效利用了人力资源，又使正常的设备产能得到有效发挥。

在战略理念上，面对我国正处在增长速度换挡期、结构调整沉痛期、前期刺激政策消化期的特定阶段，面对复杂严峻的经济形势影响，产品销售持续走低，生产用功成本不断上涨，企业限排要求越来越严的困难，华港在战略上创新，让企业产业走向多元化、走向现代化。面对发展困境，华港在不忘主业，做强纵向产业的同时，已向房产、商贸横向发展，为实现产业多元化、创业现代化奠定了基础。先后创办的协和房产、金迪房产、锦麟房产,三驾马车,强强联合,优势互补。这正是华港适应新常态,树立新理念,抓住新机遇,谋求新发展的最好见证。

从华港的技术管理理念、销售理念到战略理念,可以看出华港在企业经营理念上顺应时势,一方面根据市场需求开发新产品,另一方面在经营管理的各个方面不断进行突破与创新,期望理念与现实情况相吻合,推动华港的发展。华港的企业理念就是受党魂开拓精神的影响,华港理念就是因为包含开拓精神,才能敏锐地洞察时势的变化,做出符合现实需求的变化。同时开拓精神的影响,让华港理念才能做到不断更新,没有故步自封。

(3)华港在企业道德风气与习俗方面的文化建设

对于企业员工,华港付出了不求回报的爱,十分注重员工的再教育问题,希望可以给予他们更多的学习机会,提供更多的发展空间。另一方面,华港对于社会坚持担当,乐观奉献,尽自己最大的努力奉献社会。我们可以从中体会到党魂的奉献精神,可以看出华港的精神文化确实以党魂为核。

家长把子女从自己的小家交给企业这个大家庭,他们不仅希望子女到企业做事、挣钱,还希望企业能继续给子女以良好的教育,使他们不仅在技能上,更是在思想上不断进步、不断发展。所以企业应当承担起员工教育的责任,把员工当作自己的孩子一样教育栽培。同时,员工技能提升是企业和员工的立身根本,企业要为员工提供广阔的发展空间,通过进行职业生涯规划、建立学习型组织等帮助员工学习适合自己的各种技能,实现员工的职业生涯目标。

华港就是明白这一点,在企业道德习俗方面,十分看重员工的再教育问题,十分重视员工的素质提升。华港是以"今日外出打工学技能,明日回乡建设新家园"为目标,让员工在华港能够真真正正地学到东西,明白企业是发自内心地为他们好,能够让他们学习到在今后生活中有用的技能。华港让其员工懂怜悯、知廉耻、明是非,目标一致,不相互嫉妒、相互拆台,而是相互勉励、相互支持、共同进步。

同时,华港对于员工技能教育都是不遗余力的。华港建立了书屋,让员工可以利用工作闲暇来学习充电,更把书屋与浙江省图书馆联网,丰富了员工的学习内容。华港还会组织员工到著名大学进行参观学习。思想教育上,华港把员工的思想教育与党魂相结合,通过开展"两学一做"等学习教育,也会带领员工参观革命根据地,让员工明确党的精神,提高自己的思想水平。华港注重员工的全方位发展,员工在华港真的能够提升自己。

在企业习俗方面,因为企业和社会有一种无言的契约,企业不仅要获取经营利润,还要符合社会期待,承担社会责任。还应该在某些方面为社会做一些力所能及的事,赢得社会的欢迎与喜爱,对国家、对社会要有明确的贡献方针。

华港在企业习俗方面注意回馈社会,为社会做一些力所能及的事。华港注重大学生就业,在企业内部开设大学生实习基地,为大学生就业提供最大的帮助。企业领袖顾洁萍在参加人大会议时也提出让游客在柯桥多日游、免费游,为民众谋福利。华港也会以新衣送老人,关注空巢老人的生活与心理需要,如图 5-4-7 所示。我们相信这样一个凭借企业文化能温暖员工,关心社会的企业会走得越来越远,发展得越来越好,也只有凭借"家"文化的支撑,才能让华港苗壮成长。

图 5－4－7　华港为老人送新衣

华港在企业道德风气与习俗方面的作为，受到党魂奉献精神的深深影响。奉献提倡的就是努力做好每一件事、认真善待每一个人。上到空巢老人下到在校大学生，华港对于每一个社会群体都会尽自己的努力，贡献一份力量，推动社会的进步。看上去奉献似乎对于华港没有经济收益，但是奉献为华港赢得了信任与关怀，全社会都会支持这样的华港发展，这样的支持会推动华港越走越远，走向美好明天。

3. 以承载党魂的制度行为——华港实现规范化发展

华港在企业制度与员工行为准则方面不断进行完善，强调的是通过完善制度来规范企业发展，提高员工的思想素质与道德修养，让员工可以坚守本分，光明磊落做事。这样的企业工作思路与党魂的廉洁精神相契合，同样要求加强自我监督，自觉严于律己，始终做到慎独、慎微、自警、自省。在道德模范文化建设方面，华港努力塑造一种积极向上的良好氛围，希望通过道德模范在全企业鼓励员工之间更加积极向上也更具创新性，进而在工作中有更高的效率，奉献自己。培养员工求真务实、顽强拼搏的精神，这与党魂奉献精神相契合，如图5－4－8所示。

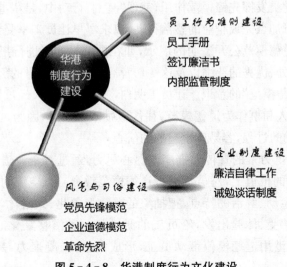

图 5－4－8　华港制度行为文化建设

（1）华港在企业制度方面的规范化发展

企业需要在内部建立合理的组织结构以减少公司运作过程中，处理各项事务流程的不确定性、明确工作内容等，平衡有序，权责对等，方能保障企业的正常运行，让企业在发展的路上走得更长久。同时企业也需要制度来规范和约束，制度是企业价值观的体现，同时也是企业文化的一部分。制度的严谨细致和严格执行是企业有序的保障。一个有序的组织才有效率，一个有效率的组织才能发展。

华港企业文化的保障也离不开合理的组织结构与企业制度。华港要求员工廉洁自律工作，并为此印发廉洁自律工作条例，在条例中明确指出违例行为。同时为了保证员工能够廉洁自律工作，一方面与员工签订廉洁从业责任书，另一方面实施诫勉谈话制度。从思想与行为两方面落实企业的规章制度，为华港企业文化建设提供保障。

（2）华港在员工行为准则方面的规范化发展

在员工行为准则方面，华港还从 2009 年开始，制订 5 年发展规划，修订员工手册，完善企业内控管理条例，还修订完善了"招标监督管理办法"、"物资采购管理制度"等，与经营商签订"廉洁合同"，与销售人员签订"廉洁承诺书"，有效防治不廉洁行为的发生。同时，制定"企业员工廉洁行为规范"，把创先争优活动与"廉洁文化进企业"结合起来；组织中层以上管理干部签订廉洁承诺书，展开党员廉洁宣誓活动。为加强对中层人员的考核和管理，制定出台"廉洁经营制度"、"生产质量问责制度"、"奖惩管理办法"和"财务管理办法"等。

纪委还针对企业曾发生员工职务侵占犯罪、业务员公款私用等现象，指导企业加强内部监管制度建设，不断完善企业经营、采购、销售、项目预决算、财务等各个环节的制度，防治并减少了企业失信失廉行为的发生。

（3）华港在道德模范上的规范化发展

华港为员工营造了简单和谐的工作氛围，公司各个部门以及所有员工之间紧密团结且共同努力，这种氛围促使其员工更加积极向上也更具创新性，进而在工作中有更高的效率，奉献自己。同时，华港还在其内部塑造了一种积极学习的氛围。在这样浓厚的学习氛围中，每个人都更加愿意去学习，达到充实自己的目的，为成为道德模范打下基础。

此外，华港激励党员发挥先锋模范作用，就像"亮剑"行动中，是华港的党员以身作则，全体党员半夜行动，加班加点完成企业的整治行动，以求尽早让员工享受到舒适整洁的生产环境。同时，通过具体道德模范公开透明的展示，如在内部报刊上进行报道，让所有的员工看到道德模范过人的长处、优秀的业绩以及这一切背后道德模范自身的努力，努力让员工们形成"人人争先，争做道德模范"的意识。让员工明白，其实每一个人经过努力都可以成为道德模范。以自己身边的人和事作为道德模范，往往激励效果明显，因为，员工对他们的心理差距小，较为了解其成功的过程，容易产生超越的信心。

华港在对道德模范力量的宣传和推广上尽心尽力，通过对企业道德模范的采访、整理以及在公司内部报刊的报道上，对员工进行道德模范教育。与空洞的说教不同，道德模范因其价值载体真实、生动、鲜活的特点，把抽象的品质形象化、人格化，比语言更能说服人，从学习主体的需求、感受、体验出发，给员工的激励是一种潜移默化的影响。一个道德模范就是一面旗帜。华港用道德模范带动员工，形成向心力、凝聚力，是很好的激励员工的方法。

除了公司内部的道德模范,华港管理人员时时铭记党魂是企业发展的不竭动力。所以华港时常会组织公司员工参观革命根据地、拜访革命先烈。这样的活动,让华港人不忘初衷,同时能受到革命先烈的激励,对于公司的发展更加不遗余力地贡献自己的一份力量。

华港在企业制度与员工行为准则上不断强调廉洁,这就是受党魂廉洁精神的影响。廉洁精神能够保证企业正常健康的发展,保障企业的财务安全。华港也就是因为不断强调廉洁文化,使得企业上下存在一股廉洁正气,保证了发展环境企业公平公正的,维护了企业正常发展的经济环境。

华港重视道德模范的榜样作用,也是想要提倡党魂奉献精神。通过集团内部以及革命先烈的模范带头作用,可以提高全体员工的思想修养,激励全体员工为企业发展奉献自己,能够发挥集团最大的力量,推动企业更好地发展。

4. 以彰显党魂的物质环境——华港实现形象化发展

华港在物质环境方面的文化建设,最强调的就是创新。在生产环境上,依照科学发展观的指导,看到短期是阵痛,长期是发展,所以改换用绿色设备并大规模整治环境。在文化传播上则强调廉洁精神,希望通过无处不在的宣传,能潜移默化地影响员工,让员工谨记廉洁精神,在自己的岗位上坚守本分,如图5-4-9所示。

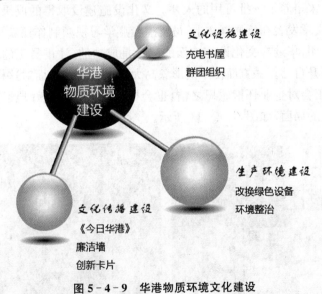

图5-4-9 华港物质环境文化建设

(1) 华港在生产环境上的形象化发展

企业最直白的物质环境就是落实在企业生产车间的环境上,华港在塑造生产车间良好的环境上也是不遗余力的,因此也走在行业的前列。从2014年开始,华港整治集团下属的亚光针织印染。先后投入大量资金,新建日处理污水和日回用中水的技改工程。同期拆除一系列大污染机器设备,改换用绿色设备。到2016年,华港响应"亮剑"计划。在整治环境上,拆除厂区违章建筑,消除影响安全死角,再淘汰落后产能设备,使得最后厂区畅通车间亮丽,安全措施得到增强,厂内外无臭气异味,如图5-4-10所示。

图 5 - 4 - 10　华港先进生产设备

先进的生产设备与整洁的生产环境,能带给员工舒适的心态,才能让员工以饱满的精神投入到工作中。这样的环境建设是华港对于物质文化最好的诠释。同时,整洁的生产环境对于华港的形象提升非常有助力,是华港适应新常态,谋求新发展的重要条件。

(2) 华港在文化设施方面的形象化发展

企业不仅仅建设了员工运动场所、娱乐场所等基础设施,较好地满足了员工的娱乐休息的需求。此外还建立了"充电书屋",让企业员工让员工可以利用工作闲暇来学习充电,更把书屋与浙江省图书馆联网,丰富了员工的学习内容,这一系列措施充分发扬了党魂的开拓精神,可以提高员工的自身素质及其专业技能,并充分发掘员工的潜力,在员工充实自身的基础上也为华港的未来培养了一批可用的人才。文化设施建设取得的成果也是显著的,员工吴美荣有 20 多篇文章发表在纸质媒体上,员工潘春燕学习视频制作还获得比赛二等奖。这样的事例向我们证明,华港在文化设施方面的建设是成功的,注重员工的全方位发展,员工在华港真的能够提升自己。一方面使华港形象高大化,另一方面,面对这样关心自己未来发展的企业,相信员工会对企业怀抱感恩之情,也会把学习的知识更好地运用到工作中,让企业与员工形成共赢的局面,如图 5 - 4 - 11 所示。

图 5 - 4 - 11　华港注重员工文体发展

而华港的文化设施建设不仅仅停留在基础设施上,还成立了妇联、工会、团委等组织。这些组织的成立为华港员工的思想素质教育提供了教育场所,配备了教育人员,能够提高员工的思想素质、道德修养以及政治认识,使得华港在文化建设方面十分完备,树立企业"全方位培养人才"的形象,促进了华港的形象化建设。

正是由于华港不断完善文化设施建设,树立了"企业为员工,全方位培养员工"的形象,所以当面对社会大环境的变迁时,华港才能在第一时间留住员工,凝聚人心。只有依靠优于其他企业的形象化发展，才能让华港在竞争中脱颖而出，留住员工。由此，我们可以看出，华港的企业文化建设离不开生产环境建设，更离不开文化设施的完善。就是拥有这样一种注意企业文化建设方方面面的细心才能完善企业文化，推动企业发展。

（3）华港在文化传播上的形象化发展

在企业文化物质文化的另一个领域——企业的文化传播网络形式上，华港不仅创刊《今日华港》这一份报纸，让企业文化与企业理念能第一时间传达到每一位员工的手上与心中，还在发挥党魂廉洁精神作用时，认真贯彻落实党风廉政建设责任制，同时强化宣传，铸造企业廉洁经营的"长鸣钟"。华港把党风廉政建设工作融入企业文化的建设之中。在企业设立廉政文化活动室，将廉政文化名言警句制成宣传板挂在走廊、大厅等醒目位置，在厂内开设"廉洁墙"，设置法律图书角，安排专职人员从事"宣传栏"的组织策划工作，定时推出廉洁文化理论集锦、廉政文化宣传书画等内容，如图5-4-12所示。

图5-4-12 华港企业文化宣传

从生产车间环境与文化基础设施到华港报刊以及在生产车间、走廊与道路旁设立的宣传标语、印制的创新卡片，华港不仅仅通过这些形式更好地让员工在潜移默化中接受并牢记自己的企业文化；同时，华港通过物质环境文化的建设，不断塑造良好的企业形象，让员工以及企业外人员了解到华港是一个——"以员工为先，全方位培养员工"的企业，推动华港的形象化建设。

5. 文化为帆，实现华港可持续发展

回顾华港51年的发展历程，其之所以发展得较好、较快，首先得益于改革开放带来的良好的外部经济金融环境。而就自身情况而言，归根结底在于其坚持不懈地进行文化管理。由于其出身与基因，华港始终把文化引导作为成长的生命线。华港的前身是一家乡镇集体企业，作为乡镇企业的典型表现企业之间最多的就是员工之间的熟悉、认可、温暖与关怀，让企业文化更容易影响到每一个员工。这样的企业基因为华港企业的发展奠定了基础。尤其是华港企业领袖经过探索得到的企业管理理念——"十人企业靠亲情，百人企业靠凝聚，千人企业靠文化"，让华港企业文化拥有更广阔的发展空间。

（1）华港文化——塑造温馨的家的氛围，减少了人才的流失

华港不仅通过家园建设满足员工的生理需求，同时考虑到了员工的心理需求，以华港关工委常务副主任顾福林同志为例，他几年如一日，心泉渥桃李，甘露洒员工，倾情励青年，给

企业员工带去温暖与关怀,每当春节、端午、中秋等传统节日,公司都会组织不回家过节的员工吃团聚饭,如今,有的青年员工会邀请顾福林去他们的寝室欢聚过节,大家在一起抒友情、忆往昔、话当今、谈未来、度欢乐。此外,每年七八月份,在华港企业工作的外地民工都会把自己的孩子带到公司的假日学校,参加"小候鸟"夏令营,照顾企业员工的下一代成长。

像这样的例子还有很多,华港通过设身处地为员工着想,使员工们在华港感受到"父辈"的关怀和教导、"家"的温馨和愉悦,同时产生了一致的认同感和归属感。所以在如今传统制造业面临激烈的竞争和人才缺乏的问题时,留住人才成为企业发展的重要支柱,凝聚人心的重要性不断体现出来。而华港就是凭借企业文化的助力,塑造了"家"一般的温馨氛围留住了人才,保证了企业发展的人力之源。

企业塑造的家的氛围,有凝聚人心的作用,让整个华港团结在一起。从根本上抓住了员工的心,不仅让员工之间和谐相处,同时也减少了企业的人才流失。在这个重物欲轻情感的职场,华港用他的温暖留住了每一个员工,并将他们培养成了为企业兢兢业业的人才。

(2) 华港文化——营造和睦工作氛围,让员工全身心投入公司发展中

华港特别注重公司内部的公平公正。华港采取定期建立员工接待日,畅通员工诉求渠道等措施来保证公司的公平公正。正是这些措施,让华港员工看到企业对于他们的包容与重视,让每一个员工认识到只要自己努力工作,就能得到认同,让员工可以全身心投入公司发展中,为公司奉献自己。

同时华港党员以身作则,发挥带头示范作用,让其他员工可以感受到他们对于企业的热爱。以党员丁金德为例,他始终坚持在一线岗位,恪尽职守,无私奉献。在工作中,他总是不厌其烦地教导新职工心眼共用,给他们制订学习计划,认真履行好自己的职责;在生活中,他尊重员工、关心员工、理解员工,真心实意地帮助员工克服困难,解决问题。

就是华港注重公平公正,营造了和睦的工作氛围,让每一个员工能用心工作;也就是一批批像丁金德一样的党员存在于华港每一个工作岗位上,带领每一个员工承担责任,为公司的发展奉献自我。华港和睦的工作氛围让大家心向一处,全身心投入到企业发展中,为华港不断发展提供动力之源。

(3) 华港文化——提高企业管理水平,保障企业的正常运营

企业的凝聚力和推动力来源于领导者与下属之间双向的交互作用,而华港在这一点上显然做得很好,将企业文化塑造的"家"的作用发挥得淋漓尽致。在家里,你可以畅所欲言,而在华港也是这样,你可以知无不言,言无不尽。华港的管理层常常与员工进行交流,通过直接对话等方式了解员工心中所想,包括其对自身乃至企业的要求。员工是华港管理制度的执行者,管理层能看到的制度缺陷是有局限的,但员工在日常生活中时时刻刻与制度相接触,他们的眼界显然更为广泛,从员工的口中,管理层可以更清晰地认识到管理制度的缺陷与不足,从而对症下药,弥补制度管理的不足。

管理者与员工在日常频繁的交流中,渐渐地相互了解,朝夕相处,亲同兄弟,重要的是,他们会形成共同的价值追求和目标。因为家人之间没有介怀,管理层与操作层之间信息传递就会更加准确及时,操作层会准确清晰理解管理层的决策,既减轻了管理层的工作量,又提高了企业的执行力和管理水平。

同时,华港的管理层严格纪检,认真贯彻落实党风廉政建设责任制,能够把企业防腐败

工作纳入到实际工作当中,防患未然,使党风廉政建设工作真正落到行动上,自觉遵守和维护党的纪律。充分发挥广大职工的监督作用,积极鼓励企业员工为华港发展的方方面面建言献策,能让员工积极参与企业管理,保障了企业的正常运营。

(4) 华港文化——有助于公司捕捉内外形势,实施战略转型和思维变革

时代的发展要求企业关注内部和外部时刻的变化,敏锐地掌握时代发展的趋势,而这种趋势的一个基本特点,就是不断地变革和创新。全球的经济被描绘成一个"戴了面具的化装舞会",虚拟经济的发展和虚拟价值的形成,无一不在冲击着传统经济的模式、规则和观念。而处于这种历史大趋势的企业,只有敏锐地观察并顺应这种转型,以全新的思维和精神状态来应对这种趋势,才能在时代的进步中存活,并在生存中赢得生存力、竞争力和财富。

华港的企业文化融入开拓精神,就为华港提供了敏锐的观察能力,顺应时代需要做出战略转型与思维变革。一方面,让华港能走在行业前面,进行落后设备淘汰与环境整改,避免同行业停产的困境。同时让华港能密切感受到外部变化,才有了华港战略上的创新——产业走向多元化走向现代化,让华港抓住了时代发展的机遇,蓬勃发展。

华港的企业文化把创新观念融入每一位员工的心中,同时依靠创新文化,完善企业的创新环境。华港建立学习书屋,并且连接浙江省图书馆文献库,为员工的学习提供强大的平台,使得员工可以不断更新自己的观念,有助于企业推动创新工作的实现。

五、以党魂铸文化,华港走向美好明天

1. 以党魂铸文化,华港赢得五十年辉煌

五十年光阴潮起潮落,无数的企业最终默默无闻的淹没在历史长河中,而华港却经受住了时间的考验,在历经半个世纪后,依旧保持着生机和活力并赢得了五十年的辉煌,这是因为华港在发展道路上始终坚持以党魂作为核心价值观,并以此铸就了具有华港特色的企业文化。

以一家名不见经传的作坊式集体企业为起点,华港自萌芽之初就得到了党魂的庇佑,在一开始就给企业领袖和管理层以及企业员工树立了正确的观念——听党话,跟党走。在计划经济的时代里,第一代华港人在党魂的帮助下明确了前进的方向,他们相互团结,拼搏奋斗,不断地为华港努力着。通过不断地坚守和累积,华港为今后的发展打下了坚实的基础,赢在了起跑线上。

改革开放的春天,得到阳光和雨露滋润的华港在党魂的指引下完成了企业转型,由乡镇集体企业转型为民营企业,适应新常态,自身得到快速发展,破土而出,直面社会。以党魂为核心的华港价值观在华港发展的过程中逐渐成型,而党魂对华港帮助让华港迅速发展,这也让华港更加坚定地以党魂作为在追求经营成功过程中所推崇的基本信念和奉行的目标,在此后发展的过程中以党魂为核铸就文化。华港进一步塑造"企业为家,人人为家"的价值理念,为员工提供像家一样的环境,给予家人般的温暖与关怀,满足员工的生理、心理需求,让员工把华港当成家来对待,热爱自己的岗位并全心投入其中,还把员工之间和睦、互助、共同进步的氛围进一步深化,也制定了各项规章制度进行约束,让员工和华港一起发展、共同进步。

科学发展观的助力让华港茁壮成长,华港看到了自身的不足并不断改善,纵向发展,横向拓展。在走向多元走向现代的同时华港不忘加强企业文化建设,通过家园建设以及关心员工下一代等方式,增强华港凝聚力,让员工以华港为家,爱家为家,没有后顾之忧地在自己热爱的岗位上工作,也正因为如此,员工们愿意为华港的管理和发展提出自己的想法和建议,博采众长、集思广益的良好氛围,为华港跳脱框架、突破创新提供了助力。同时,华港不断地完善自身的规章制度,制定员工的行为准则,并通过党员的模范先锋带头作用,双管齐下,在抑制员工的惰性和贪心等不良脾性的同时调动员工生产的积极性,激励员工释放潜能,助力华港的发展并为之保驾护航。

现如今,华港已经成为集染色印花、服装服饰、国际贸易、房地产开发于一体的大型工贸型集团企业,枝繁叶茂,内在健康,规模巨大。华港还通过技术创新等方式响应"亮剑"计划,重视绿色可持续发展,树立了良好的企业形象,在自身发展的同时,华港不忘承担起自己对社会大家的责任,为大学生就业提供帮助、以新衣送老人,为推动社会的进步贡献了自己的绵薄力量。

半个世纪长久的生命见证了华港的辉煌,一路走来,华港以党魂为核铸就文化,直面挑战,通过企业文化的力量让党魂深入每一个员工的内心,是党魂为华港的辉煌打下了基础,是文化为华港的辉煌提供了助力,因为以党魂铸文化,华港才赢得了五十年的辉煌。

2. 以党魂铸文化,华港拥抱美好的未来

现如今,经济发展已经进入了新常态,但华港面临的困难依然较多。经济下行压力依然较大,对华港调整产业结构、加快转型升级提出了更高的要求,谋求发展已成为稳中求进的必然选择。

在未来的几年里,华港将围绕适应新常态,谋求新发展的总战略,坚持务实创新、稳中求进的总基调,在党的引领下贯彻落实党的路线、方针、政策。党中央做出全国国民经济和社会发展第十三个五年规划建设建议,为非公企业的发展指明了方向,增强了信心。今后,华港将会主动适应经济发展新常态,努力寻找行业新的增长点,树立新理念、抢抓新机遇、谋求新发展,力求不断突破,在调结构、促转型、稳增长中有新作为。

(1) 保持发展定力,提升品牌价值

华港将调整好自己的心态,直面未来。要求各经济实体单位充分利用好现有的生产设备、生活设施,发挥出更好的生产经营作用和满足员工的生活需求。还要以务实创新的精神,创造出更新、更优、更美的优质产品奉献给社会,以更热情、更周到、更真诚的服务赢得消费者的信赖,提升品牌价值,创造出更好的业绩、发挥更大的效益,更好地发展下去。

(2) 适应市场变化,有效补齐短板

华港将根据市场变化不断调整自身,寻找生产经营、产品供给、营销服务等领域中的短板,采取针对性措施,有效解决薄弱环节。在党魂的积极引领和积极向上、开拓创新的环境氛围影响下,克服思想上的消极等待,行动上的徘徊不前,防止因短板的存在而影响发展,团结企业员工,努力拼搏奋斗,走向美好的明天。

(3) 落实管理措施,提升工作效率

华港将重点加强生产效率管理、产品质量管理、销售业务管理、安全生产管理、环境保护管理、节能降耗管理、生产设备管理、劳动纪律管理、财务统计管理、人力资源管理。切实转

变工作作风,通过强大的执行力,将华港倡导的以党魂为内核的精神理念、价值观和行为模式体现出来,形成党组织引导党员、党员带动职工、全员共谋发展的强大动力,推动企业健康持续地发展。有效提高工作效能,最终实现企业生产经营目标。

(4)加强党的建设,形成党群合力

因为党魂是华港企业文化的精神内核,而企业文化的建设与党建相互交融,因此华港在未来会加强党的建设,充分发挥党在企业中的政治核心、政治引领作用,支持和带动工会、共青团、女工委、关工委等群团组织,实现资源共享功能互补、活动共融,增强党群活动的相互协调作用,形成和谐的企业氛围和生产经营中的合力,为生产提升效率,获得发展做出新贡献。

(5)优化文化建设,坚持廉洁从业

华港将充分利用企业报、宣传商、局域网,加大宣传力度,用先进的思想武装人,用正确的舆论引导人,营造一种凝聚人心、推动生产发展的氛围,以党魂为指导,以企业理念文化为载体,通过深入细致的宣传、教育、谈心、激励等直接或间接的方式,有目的、有针对性的思想教育,解决职工的现实思想问题,着力培养积极向上的企业精神,为促进华港发展提供思想保证和精神支持。

党的十八大之后,以习近平同志为总书记的党中央提出了实现中华民族伟大复兴的中国梦,为华港振兴企业、再创辉煌给予了极大的鼓舞。今后的华港,将围绕建设美丽企业、创造美好生活的"两美"梦想,努力优化产业布局、调整产业结构,加大有效投入、强化科技创新,加快产品转型、加速产业升级,发展循环经济、保护生态环境,改进劳资分配,改善生活待遇中有所作为,努力体现"为员工提供岗位、为社会创造财富"的创业精神,"创立品牌、创建名牌"的创造精神,"集聚集体智慧、不断追求卓越"的创新精神,做大企业,做强实业,做优产业,为实现伟大的"中国梦"增光添彩。

六、华港为鉴,引发民企思考

1. 企业发展需建立正确的价值观

美国著名管理大师吉姆·柯林斯在长期的企业研究后得出了这样一个结论:真正让企业长盛不衰的,是深深根植于公司员工心中的核心价值观。那么何谓正确的价值观? 正确的价值观就是:第一,让多数员工认同,并产生共鸣;第二,对企业发展运作有实际的推动作用;第三,可以在任何一个环节体现出来。用一句话来概括:正确的价值观就是员工认同的价值观。而企业也只有建立了这种被所有员工都认同的核心价值观,才能保持企业的长久不衰。

通过华港的案例我们也可以发现,华港之所以做到经久不衰,在于华港围绕以"党魂"为核心的价值观,确立了自己的企业文化,并且华港对于自己的价值观建设不是空喊口号的。华港采取建立党组织统筹群团组织,并且开展"两学一做"等教育活动的措施,通过高度重视党的建设以及加强对于非党员的党的教育,让党的思想在潜移默化中植根于每一个华港人心中,让全体员工能树立正确的价值观。

凭借全体员工正确的价值观的指引,华港人才能上下一心,凝心聚力,面对发展困难不退缩,每一个人都能积极献策,助力华港可持续发展。由此我们可以得知,对于不同的企业来说,建立有特色并符合自身企业发展的企业价值观是十分有必要的。同时,对于价值观不能只停留在提出、空喊口号上,需要采取具体有效的措施,让价值观植根于企业每一个人心中,并指引他们的工作。

2. 企业发展需系统建设企业文化

企业经过长时间的发展渐渐建立了属于自己企业的核心价值观之后,就需要在企业发展经营过程中落实这些价值观。而推进企业文化价值观是一个长期工程,不能一蹴而就,更不能急功近利。通过多渠道、全方位、多角度的宣传贯彻,确保企业文化全面贯彻,执行到位。

以华港为例,华港企业文化建设分为三个层次:精神文化、制度行为文化以及物质环境文化。在精神文化方面,华港注重的是教育以及理念上的与时俱进。我们可以看出来教育对于价值观深入人心的作用非常巨大,可以更好地推动企业文化建设。理念创新可以让企业文化与时俱进,不会让员工对于企业文化产生落时的不认同。在制度行为文化方面,华港主要是凭借价值观精神,不断完善制度从而约束员工行为。在物质环境方面,华港从基础设备、环境和文化传播上进行文化建设,注重环境的舒适度与宣传作用,并且创刊企业报刊,在企业的形象化发展上不遗余力。

根据华港的文化建设的成功方面,我们认为企业发展需要系统建设企业文化,主要从以下几个方面入手。

(1) 对员工进行培训,让员工接受认同企业文化

培训是促使文化塑造与变革的一个重要的策略,通过督促员工参与培训、学习,让全体员工接受培训。通过全员培训和倡导,让企业文化价值观渗透于全体员工的思想中并形成共识;坚持不懈的全员倡导和执行,使企业文化形成风尚,使员工时刻都处于充满企业价值观的氛围之中,达到使企业文化渐入员工心中的目的。

同时作为领导者,身体力行,信守价值观念,起到带头作用。企业文化价值观能否落地,成为全员自觉实践,领导的模范带头和示范作用,尤为重要。领导者的身体力行是一种无声的号召,引导员工的行为、思想趋向,有利于将企业文化价值观灌输到每个员工心里。在推进文化价值观落地过程中,领导以身作则,言行一致,积极树立、宣传典型,加大反面曝光力度,带动全员追随,才能形成员工上下同心、目标一致、思想统一、务实行动、追求卓越的良好局面。

(2) 注重企业环境的变迁,加强企业文化的创新意识

注重企业环境变化对企业文化发展的影响。21世纪是个快速变化的时代。企业要立于不败之地,就要在其发展战略、经营策略和管理模式方面及时做出相应的调整,企业文化的内涵也要反映出环境的复杂性和紧迫性所带来的挑战和压力,对企业内部要保持较高的整合度,对外要有较强的适应性,通过对企业主导价值观和经营理念的改革推动企业发展战略、经营策略的转变,使企业文化成为蕴藏和不断孕育企业创新与企业发展的源泉,从而形成企业文化竞争力。

(3) 强化制度文化建设,规范管理

制度是文化的一种表现形式,在推进企业文化落地过程中,我们将企业文化价值观融入日常管理中来,使公司的内部管理不断向规范化、科学化、制度化方向发展,为企业文化价值观的持续推进提供有力的制度保证。在企业战略制定时,必须保持严谨的态度,不能朝令夕改,以便执行者能坚定地按照该方向执行下去。同时,在庞大的业务网络中,根据企业的实

际情况，明晰企业的每一个工作流程，使企业文化真正落实到企业的各个工作流程中。

（4）多进行企业文化传播，让员工接受企业文化的潜移默化

不断丰富内容，创新方法，逐步建立起一套完善的宣传教育工作机制。要坚持宣传教育常规化，充分利用网络、报纸等媒体开展文化理念宣传。将宣传标语、宣传栏、文化长廊、文化理念挂图等视觉系统配置到位，并统一规范宣传栏格式。规范文化手册配置，将企业文化理念和行为规范编制成手册，发放给员工，以便他们随时翻阅学习。

对于企业来讲，企业文化价值观工作是一项庞大的、长期的、系统的工程，需要长期不懈的努力，把企业文化价值观当成企业每时每刻的工作才能将企业文化价值观做到实处，也才能对企业经营产生真正的长期的贡献。

3. 企业发展需顺应时势

根据全国工商联推出的第一部《中国民营企业发展报告》所公布的调研数据，国内中小企业平均寿命只有 2.9 年，60%的企业将在 5 年内破产，85%的企业将在 10 年内消亡。而华港却可以历经半个世纪的风风雨雨，如今依旧保持活力并蓬勃发展，关键因素就在于华港的工作思路——适应新常态，谋求新发展。这样的工作思路使得华港发展能够顺应时势要求，才让华港历经半个世纪风雨的洗礼依旧蓬勃发展。

华港印染在只有几部手摇车的环境下成立到目前为止经历半个世纪的洗礼依旧蓬勃发展，是因为华港的发展时刻围绕着社会现实在变革。它在对传统制造业发展的模式和业务进行不断的颠覆和创新，而创新的同时又能循序渐进，把每一个创新都落实到实处。因此，企业的发展应从实际出发，找到现实中企业创新的出发点和突破点，使创新能够迎合实际贴近消费者的现实需求。

华港印染的工作思路本质上便是值得其他企业学习的。这顺应时势的企业文化是华港发展的制胜法宝，也是我们团队之所以认为其成功有参考价值之所在。所以这对于广大的企业的借鉴就是——首先，企业要时时了解时代进步，行业发展，企业成长的要求。只有把企业发展与时代要求相结合，才能使得企业发展符合现有的经济发展状况，才能让企业历经风雨而蓬勃发展。其次，不能让企业仅仅停留在了解上。企业一方面应该通过不断的强化，在全企业中树立"适应时代要求，不断创新进步"的理念；另一方面，企业应该落实创新机制，通过给员工培训，进行物质奖励等形式让员工不断提升自我跟上时代的同时能主动积极为企业创新进步谏言献策。

思考题

1. 结合华港的五十年发展历程，思考企业文化建设应如何落地？

2. 华港的成功给予你什么样的启示？

案例编写：管亮（工商 141）、蒋珏琪（工商 141）、陈洁霞（会计 144）、邹旭枫（会计 143）、丁堋堋（国贸 142）

指导老师：严家明

案例6

与潮共舞,生生不息——绍兴海神
印染制衣有限公司内生成长策略研究

摘要:企业成长是内部因素和外部条件共同作用的结果,但内部因素起主要作用。在长期经营过程中,企业会不断产生并积蓄超过满足日常生产经营需要的资源而形成潜力,当这种积累达到一定程度时,必然产生向新领域拓展的强烈冲动,形成企业内生成长态势,继而形成竞争优势。企业内生成长优势使企业在潮起潮落的环境下,生生不息,持续发展。本案例以海神公司为研究对象,分析海神公司内生的资源优势和经营策略,剖析海神公司在印染行业不景气的大背景下稳定发展的原因,以期为同行提供借鉴和启示。

关键词:内生成长要素;资源优势;企业成长策略

引 言

企业成长是外部条件与内部因素共同作用的结果。外部环境的变迁给企业既会带来机遇也会带来威胁,这就意味着企业的成长必将伴随着环境的变迁而此起彼伏。近年来,随着绿色浪潮的掀起,印染行业面临的环境压力越来越大。在巨大的浪潮中,作为印染业中的中小企业,如何能够与潮共舞、生生不息便成为重要的战略命题。

一、案例背景

1. 研究背景

(1) 印染业现状

"十二五"以来,浙江、江苏、福建、广东和山东等东部沿海五省规模以上印染企业印染布产量占全国比重逐年提高,由2011年的92.43%上升到2015年的95.87%,提高了3.44个百分点。在沿海五省中,浙江省的产量遥遥领先,而绍兴,一直以产量和销量著称,并成为其中的佼佼者,堪称印染行业的领头羊。根据有关方面的数据统计:1997年,全市印染业产量仅为9.96亿米,2004年超过100亿米,2010年突破200亿米,2015年为182.65亿米(见图6-1-1)。全市印染产量一直稳居全国第一。

绍兴印染行业历史源远流长,早在越王勾践时期就已现雏形,唐代夹缬、蜡缬、绞缬等印染方法广泛流行,到了清代绍兴印染行业更趋专业化,已有蓝坊、红坊、漂坊、染色坊不同分工。新中国成立初期,由于国家大力兴建桥梁、道路和住宅建筑等,印染产业有所轻视。20

世纪 70 年代后期，正值改革开放初期，绍兴印染行业抢抓历史机遇，通过兴建专业市场、开展产权革命等实现了跨越式发展。进入 21 世纪以来，绍兴印染行业发展迅速，形成了较大生产规模，在全国印染行业占有举足轻重的地位。

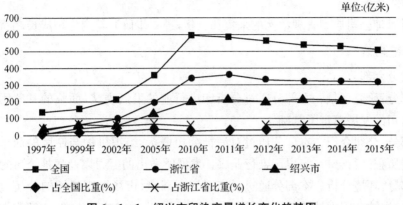

图 6-1-1　绍兴市印染产量增长变化趋势图

绍兴印染行业作为传统行业，特色鲜明：一是总量规模优势明显。2016 年年初，全市共有印染企业 358 家，占地面积 25 641 亩，职工 12.73 万人，印染主要生产设备 19 615 台（套），总产能 232 亿米，实际印染布年加工产量达 207.6 亿米，实现销售 765.4 亿元、利润 36.9 亿元、税金 30.1 亿元。二是产业集聚步伐加快。早在 2010 年，有关部门就提出"控量提质、集聚升级、节能减排"的要求，启动了实施印染产业集聚升级工程，如柯桥区提出了到 2016 年年初要完成 80% 的印染企业集聚滨海工业区的任务。三是工艺装备不断提升。在全市印染企业主要装备中，使用或购置时间小于 5 年的达 10 973 台（套），进口设备 3 480 台（套），部分生产装备已达到国际先进水平。四是节能减排初见成效。目前，全市有 110 余家印染企业启动实施"煤改气"工作，已完成"煤改气"94 家，淘汰燃煤导热锅炉 101 台，每年减少燃煤消耗近 15 万吨，减排 SO_2 23 000 吨、氮氧化物 700 吨、烟尘 600 吨；90% 以上的定型机完成废气二级深度处理，每年减少有毒有机废气排放约 2.5 万吨。

近年来，随着印染行业的快速发展，资源环境压力与日俱增。自 2010 年起，绍兴市暂停审批印染新建项目，相继启动实施了柯桥区印染产业集聚升级、越城区域 19 家印染企业转型升级和印染产业整治提升等工作。2016 年绍兴市委、市政府先后对柯桥 64 家、袍江开发区 10 家印染企业实施停产整治，印染行业面临前所未有的巨大压力。印染企业如何在这种大环境下求得生存与发展，便成为理论界、实业界急需探讨与解决的重大问题。

（2）研究意义

不断发展创新是企业生存的长久之计。面对环境威胁，企业必须采取有效的应变措施，才能实现持续发展。本项目主要探究印染企业如何从企业自身资源优势出发，通过企业内生成长路径，突破枷锁，实现持续发展，并为同行的发展提供借鉴与参考。

2. 研究方法

（1）文献分析法

对已有的文献进行整理和回顾，对企业的产生、发展进行分析说明。通过查阅大量文献，研究内生型企业成长理论。

（2）实地访谈法

通过对海神公司职能部门负责人及员工进行了实地访谈，了解企业的运作机制、管理模式和经营特色。

（3）案例分析法

通过对海神公司典型管理案例的采集和分析，进一步研究其内生型成长之路。

3. 研究内容

全文共分六部分：

第一部分：研究背景。本部分通过分析印染行业的发展现状，面临的一些困境，为下文研究海神公司的发展奠定了基础。

第二部分：公司介绍。本部分通过对海神公司概括、组织机构与制度的简单介绍，对海神公司发展历程进行分析，突出印染行业成长发展所做出的努力以及海神公司的先进性。

第三部分：环境分析。本部分通过对市场宏观环境、市场微观环境的分析，从海神公司实际情况出发，结合国内外相关环境，简述海神公司面临的威胁和机遇，为研究海神的稳定、成长与腾飞提供有效可靠的基础。

第四部分：海神公司内生成长策略。本部分从海神公司拥有的主要资源优势与特色经营策略入手，分析海神的企业家品质、经营理念、企业文化与创新团队等优势和模仿性技术创新、细节化管理、个性化服务营销等策略方面，给海神公司经营创新之路注入新的活力，为企业在借鉴、创新和原创的运营模式下指明了方向。

第五部分：研究总结与行业启示。通过对海神公司内生成长策略的研究，其成功经验对其他印染企业的发展提供有益借鉴。

第六部分：主要参考文献。

本文的研究思路，如图6－1－2所示。

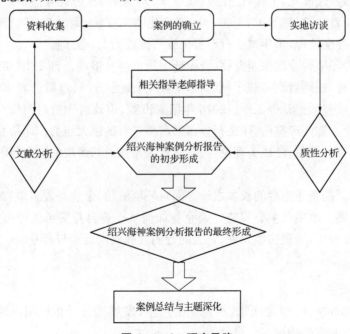

图6－1－2　研究思路

二、公司介绍

1. 公司概述

绍兴海神印染制衣有限公司是东方国际集团下设的一家全资子公司。东方国际（集团）有限公司成立于 1994 年 11 月 18 日，注册资本 8 亿元，最初是由上海市外经贸系统的"五朵金花"（即丝绸、服装、纺织、针织、家纺五家专业外贸公司）联合组建而成的国有独资公司。2003 年 7 月，集团成为由上海市国有资产监督管理委员会归口管理的国有独资经营性公司。

绍兴海神印染制衣有限公司（HISAT），简称绍兴海神公司（见图 6-2-1），成立于 2002 年 6 月，位于袍江工业区于越中路 69 号，注册资金 1 085 万美元，总投资 2 500 万美元。HISAT 地处交通便利的浙江绍兴袍江工业区，占地 8.4 万平方米（126 亩）；是一家专业生产销售棉麻系列高品质纺织印染面料的企业，企业主体人员都是由深圳海润印染厂（HIGHSUN）整体转迁而来，具有多年从事高品质面料印染的生产管理、质量控制、销售服务经验的专业人员近 90 人，现有职工近 500 人。

图 6-2-1　海神公司外景图

2. 发展历程

（1）艰难转战绍兴（2002—2008 年）

受绍兴"三缸"文化以及袍江工业区对印染企业招商优越条件的吸引，深圳海润印染厂将厂址从深圳大港毅然搬迁至绍兴。在顺利迁址后，海润正式更名为海神印染制衣有限公司。然而,过后不久,问题接踵而至。一方面,企业老员工在接受技术训练并形成技术概念后无法接受生活区域的变换,甚至抵触厂址搬迁后对自身职位、工薪的所谓"机遇",毅然选择了离职,这种人才流失不仅对于企业的短期生产造成了威胁,更对海神的长远发展构成了致命一击。另一方面,随着民众对环保意识的增强,企业周边的居民、机构等都提出了严控水、空气污染,加强环境保护的要求,海神的发展面临严峻的挑战。对此,公司领导层齐心协力,主动积极与企业外界沟通,切实加强内部人员管理,改善经营环境。在公司上下共同努力下,2006年海神公司迎来了阶段性的胜利,主营业务收入创历史新高。

(2) 顺势沐阳重生(2009—2013年)

随着电子商务的兴起,产业升级与产能集聚成为工业企业的发展必经之路。为走出"夕阳产业"的圈子,海神公司管理层敏锐地意识到加强文化管理及产品研发关注度、降低产业生产排放、提升产品生态性能、创新产品销售方式是海神摆脱中小企业被淘汰命运、实行持续经营的唯一路径。为此,海神充分利用当地资源,认真解读并深入贯彻落实政府产业转型升级政策,创新经营思想、经营理念,制定了完备的生产计划管控制度、设备管理制度、总经理聘任制下的分工负责制等,着手布料新品种、印染新色系、包装新样式、售后新服务的研发与试样并取得一定成就。另外,经营模式由地面销售转向网络也成为海神扩大生产、扩大销量的主攻方向,为此海神企业特意展开针对集经营知识与网络技能于一身的人才招聘会,努力闯进印染生产沟通与销售平台,做大印染电子商务,做强印染电子商务。在文化资源与生产资源的大力重新整合下,海神全力扩大自身企业的生产性机会,占领印染高地。

(3) 应对重重险境(2014年至今)

2014年、2015年国务院先后提出了系列环境保护政策和印染企业转型升级的指示精神,绍兴市委市政府为加快印染企业转型升级步伐,下大决心关闭了相当数量的印染企业。在如此大的社会政治环境压力下,海神的发展受到了很大的限制。然而海神并不畏惧,加强自身建设,在不同的印染领域开拓出自己的特色。2015年,HISAT实现主营业务收入30 700万元。2016年,HISAT较好地克服了2月份丝光机改造给工厂产量带来的不利影响,3月份开始筑底企稳,销售回升,4月份开始完全进入旺季,单月产量达到506万米,努力实现稳中有升。

3. 公司制度(现行)

(1) 组织机构

公司实行总经理聘任制下的分工负责制,下设管理部、贸易部、工务部,保证了企业的正常运行,如图6-2-2所示。

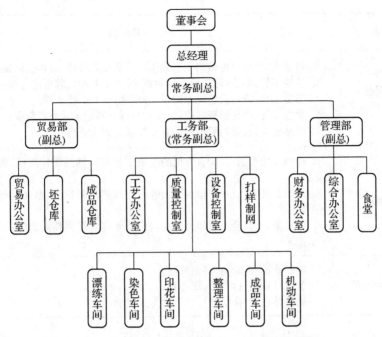

图 6-2-2 绍兴海神印染制衣有限公司组织机构

(2) 主要管理制度

为确保公司有效运转,公司先后制定了一系列企业管理制度,如表 6-2-1 所示。

表 6-2-1 绍兴海神印染制衣有限公司主要管理制度一览表

序号	名 称	主要内容
1	设备管理制度	1. 定点管理制度:确定每台设备的润滑部门和润滑点; 2. 定质管理制度:按照润滑图表规定的油脂牌号用油,润滑材料及掺配油品须经检验合格; 3. 定量管理制度:在保证良好润滑的基础上,实行日常耗油量定额和定量换油; 4. 定期管理制度:按照润滑图表或卡片规定的周期加油、添油和清洗换油; 5. 定人管理制度:按润滑图表上的规定,明确分工、各负其责、互相监督
2	质量管理制度	1. 思想观念:贯彻"质量、市场、服务、客户"等观念; 2. 检验坯布:严格、认真、细致地; 3. 会议制度:建立"五环会议"; 4. 纪律管理:"严肃工艺纪律"严格按工艺上车生产; 5. 配置管理:实行"核对原样、签字开车"制度; 6. 检查制度:认真执行"自查互查"及"按例检查"制度
3	染化料管理制度	1. 管理机构:染化料办公室; 2. 采购管理:原则为"谁使用,谁申请"; 3. 收货管理:收货实行"双人验收制"; 4. 储存管理:保管员应按财务要求,每半年进行一次盘点; 5. 发货管理:由大、小栈房发货; 6. 使用管理:发生补染或套染时,一律由主管开具特定回修用料单

序号	名　称	主要内容
4	检验控制程序的规定	1. 检验人员:从事检验的人员必须经专业培训合格,取得上岗证; 2. 检验装置:品质部按"检验控制程序"规定对检验装置进行校验和管理; 3. 进货检验:填写检验原始记录,分别送供应部、技术部; 4. 紧急放行:经总经理批准,仓库做好标记和记录后可紧急放行; 5. 成品检验:成品检验的依据人是按顾客要求进行
5	培训制度	1. 师傅带徒弟制度:配有专门的老员工带新人熟悉工作流程,熟悉生活,并解答疑问。 2. 送出去培训:统一安排员工去外面培训熟悉新技能,参观同行企业,学习优秀的技术。 3. 引进来培训:会邀请印染行业内佼佼者或者优秀技工老师为员工进行统一公司培训
6	员工福利制度	1. 出勤奖励:全勤奖,高温补贴; 2. 节假日补贴:过节费,旅游费; 3. 病假补贴:工伤缺勤给予适度考勤奖励

4. 公司荣誉

绍兴海神印染制衣有限公司通过自身努力取得了高速、稳定发展,也得到了有关部门的肯定与赞扬。公司历年来取得了较多荣誉,如"绍兴市十佳职工宿舍"、"先进职工之家"、袍江经济技术开发区"劳动关系和谐企业"、基层工会规范化建设"达标单位"等,并在 2008 年到 2016 年内连续通过欧盟认证,在 2016 年被绍兴市评为劳动保障信用 AAA 级单位,如图 6-2-3 所示。

图 6-2-3　海神所获荣誉

三、环境分析

1. 宏观环境分析

(1) 政治法律环境

2014 年国家颁布了《企业环境信用评价办法(试行)》,规定了纳入环境信用评价的企业范围:环境保护部公布的国家重点监控企业,地方环保部门公布的重点监控企业,纺织印染在内的 16 类重污染行业。在上一年度,企业有未批先建、恶意偷排、构成环境犯罪等情形之一的,行业实行一票否决,直接评为环保不良企业。

2014 年针对纺织业废水排放问题,国家环保部和质检总局联合发布了《纺织染整工业水污染物排放标准》、《缫丝工业水污染物排放标准》、《毛纺工业水污染物排放标准》和《麻纺工业水污染物排放标准》等 4 项排放标准,共同构成纺织工业水污染物排放系列标准。这些标准的发布实施提高了纺织行业的环保准入门槛,有利于减少水污染物排放,促进纺织工业健康和可持续发展。

2015 年 1 月 1 日起施行的国家新环保法被称为史上最严的法律,一是促进企业采用节能环保工艺技术和装备,减少污染物的产生;二是中小企业面临更大的环保压力,不得不考虑转型升级;三是违法成本大大提高,无环境保护评价,偷排,伪造、造假、瞒报、谎报数据等 4 种情况都要受到行政拘留处罚。而《2014—2015 年节能减排低碳发展行动方案》更是硬化了节能减排的指标,量化了任务,强化了措施,明确了推进节能减排的具体措施。

2015 年国家又推出《水污染防治行动计划》,适度提高了排污收费标准并扩大排污收费范围,并将污泥处理处置纳入污水处理成本。浙江、江苏等部分省区已经翻倍征收工业排污费,环境约束越来越严。此外,中国最高法院成立环境资源审判庭,污染事件违法成本将大幅提高,利于维护公众环境权利、制裁环境犯罪和依法行政,特别是对跨区域污染、环境公诉案件等污染事件的追责,环保监管力度加大,并向建立长效监管的机制过渡。

(2) 经济环境

2016 年上半年,国际经济环境错综复杂,中国经济下行压力依然较大。印染行业转型升级进一步推进,内生增长动力有所增强,上半年保持了基本平稳的发展态势。全行业规模以上企业主营业务收入、利润、固定资产投资及出口等主要经济指标实现增长。

2016 年下半年,印染行业面临的发展环境依旧不容乐观。由于环保压力加大、劳动力成本增加、企业竞争加剧和市场需求放缓等多重因素会倒逼印染企业加快转型升级。在这样的大背景下,印染企业只有通过研究开发节能减排新技术,采用数字化、自动化和智能化的新设备,生产差异化、高附加值的新产品,实施管理创新生产新模式,向着更加环保、高效、可持续方向发展。

(3) 技术环境

目前,印染行业技术已经向高端化、绿色化发展,因而,进一步提升中高档产品的比例,提升中低档产品的质量,大力推进节能减排技术,降低物耗、能耗和环境成本已成为印染企业当务之急。对此,相关部门提出,现有纺织印染企业要加大技术改造力度,支持采用先进技术改造提升现有设备工艺水平,凡有落后生产工艺和设备的企业,必须结合淘汰落后工艺和设备才可允许新改扩建。"智能印染"、印染机器人在纺织印染行业的应用、3D 技术等将是未来印染行业发展的趋势,实施企业制造装备数字化更新换代和改造提升,实现"数控一代"全覆盖。

（4）社会文化环境

随着经济的发展,社会的不断进步,人们对环境和精神生活有了更高的追求。人们的消费观念产生了变化,对于产品的性能有了新的要求,对产品产生的危害有了新的限制,人们的价值观念也产生了新的变化,企业营销必须根据消费者不同的价值观念设计产品,提供服务。

印染作为纺织产业链中提高纺织品附加值的关键环节,既是高技术、高附加值的行业,同时也是纺织工业节能减排、环境保护的重点行业。健康有效的印染行业公益性强,可塑造城市环保形象;环保水平的普遍提高,整体上提高了人们对于环境的需要。人们对环境问题日益重视,其不仅体现在居住环境,还有社会环境、人文环境以及对绿色产品和绿色发展的一系列要求。

2. 微观环境分析

迈克尔·波特在其经典著作《竞争战略》中,提出行业结构分析模型,即所谓的"五力模型"(见图 6-3-1)。他认为:供应商的讨价还价能力、购买者的讨价还价能力、新进入者的威胁、替代品的威胁、行业内现有竞争者的竞争,决定了企业的盈利能力。在此,借助波特五力模型,我们对海神公司所处的竞争环境做一分析。

图 6-3-1　波特五力模型

（1）新进入者

印染产业作为一个传统产业,经历时间较长,产业发展基本趋于稳定。对于新进入的企业来说其技术、客源、管理等都比较稚嫩,发展适应时间较长,因而其对已经在印染行业生根的海神影响并不大,威胁也较小。

在发展之初,印染行业进入门槛低。印染生产长期依赖传统技术,形成了较为严重的环境污染。同时，印染行业存在低技术含量、小化工厂林立和分散布局的"低小散"现象：一些企业沿用老工艺、老装备；一些企业仅有几台设备就组织生产；一些严重污染的企业则不断"迁徙"到环境监管薄弱的地区。

目前，印染行业进入壁垒高，主要有三方面因素制约。首先，"谈环保色变"，国家已经表明严厉整治环保的决心。染料工厂一直是国家实施节能减排和清洁生产的重点关注对象，审批、上马都显困难。龙头企业将受益于行业环保严厉管制，他们资金实力强、涉及产品范围广，各产业链之间形成规模效应、协同发展，持续研发创新技术保持领先优势。通过清洁生产集成技术应用改造项目，不仅提升印染本身的环保性，同时降低三废排放量，解决扩产瓶颈，提高环境承载量，降低环保成本，在提升利润的同时完成环保改造的目标。其次，印染行业本身处于产能过剩的局面，长远来看进入本行业不是明智的选择。最后，印染行业的原料几乎处于染料巨头的控制中，小企业或新进入者采购原料是难题，即使新企业资金充裕，如果原料无法采购的话，即成巧妇难为无米之炊的境地。

（2）替代品

两个处于同行业或不同行业中的企业，可能会由于所生产的产品是互为替代品，从而在它们之间产生相互竞争行为，这种源自于替代品的竞争会以各种形式影响行业中现有企业的竞争战略。本行业与生产替代品的其他行业的竞争，常常需要本行业所有企业采取共同措施和集体行动。从总体来看，印染行业被其他行业产品替代的可能性相对较小，主要的替代是在生产同一产品时不同工艺技术路线的产品替代。印染行业经过几十年的发展，强度提升，性价比增加，已经替代了当年落后低质的产品。目前最大的挑战就是研发价格合理且绿色环保性能高的环保染料，以优质产品占领市场，逐步提高我国印染产品在全球高端印染市场的比例。

（3）供应商

① 染料供货商议价能力力强。

自从20世纪90年代江浙染料企业崛起发展后，染料行业迅速提升，时至今日，我国已经成为当之无愧的染料大国。染料行业的议价能力也随之提高，拥有较大的话语权。分散染料在整个化纤染料领域占据半壁江山，国内偶氮类分散染料由浙江龙盛、闰土股份、吉华集团和安诺其四家巨头引领，全国总产能约45万吨，其中浙江龙盛拥有13万吨产能，闰土股份拥有10万吨产能，吉华集团拥有近10万吨产能，三家巨头公司产能之和占偶氮型分散染料70%以上的市场份额，价格话语权几乎由他们来决定。活性染料在整个化纤染料领域占比约30%，它的话语权虽然没有分散染料显著，但是龙盛、闰土、华丽、锦鸡等几家大型生产商不断创新发展，业内影响力与日俱增，议价能力较强。染料巨头对染料行业的发展做出的成就功不可没。近几年，染料巨头成为上市公司的数量不断增加，也标志着染料行业的整体实力不断提升，议价能力同时增强。

② 运输成本不断增加。

随着经济的快速发展，汽车普遍应用到人们的生活生产中。人力成本以及汽油费用的不断增加也导致运输成本。布匹的运送是印染企业一个较大的问题。运输成本的增加给印染企业带来许多压力。汽车的普及使得运输公司的数量不断增加，但也导致竞争越来越激烈，运输成本也不断增加。

（4）现有竞争者

印染业作为一个发展快速、进入成熟期的行业，由于行业的利益较大，所以行业内的竞争者众多。且一些竞争者经过长期的发展，各方面的建设已经相对比较成熟，这些印染企业对海神来说是一个较大威胁。浙江的三元控股集团有限公司、美欣达印染集团股份有限公司等都是行业的领头羊，巨头之间的竞争就在如何研发新技术、降低成本、开拓市场、维系客户等方面。他们积极创新、勇于变革，围绕核心业务，扩大产品核心品种的产能和市场竞争力；实施一系列技改项目，丰富产品线；加快厂区改造提升项目，整理完善产业链，盘整存量土地，建设符合战略定位的新项目，实现产出效益的大提升。而小工厂的竞争相对弱势，他们更多的精力投入到环保力度的提升上，影响力平平。截至 2015 年 6 月，绍兴市共有 358 家印染企业，主要分布在越城区、柯桥区和上虞区，如表 6-3-1 所示。

表 6-3-1　绍兴市印染企业区域分布情况表

所在地	企业数（家）	产能（亿米）	产量（亿米）	2014 年经济效益（亿元）		
				销售	利润	税金
全市	358	232	207.62	765.38	36.9	30.1
越城区	51	32	27.5	102.2	5.07	4.83
柯桥区	212	175	159	556.1	25.3	20.7
上虞区	38	8.5	7.58	42.4	1.86	1.56
滨海新城	1	0.5	0.42	1.18	0.42	0.1
诸暨市	27	8.3	6.74	35.2	2.44	1.52
嵊州市	20	5.5	4.38	21.85	1.25	1.01
新昌县	9	2.2	2.0	6.45	0.56	0.38

资料来源：绍兴经信（特刊），2015 年 6 月。

（5）购买者

印染行业的下游供应链主要是制衣厂，下游制衣厂的选择竞争激烈。一方面，我国服装、家纺行业低迷，企业面临生存难题，而东南亚纺织服装行业正迅速崛起，在这样的形势下，国内原有的服装业受到了更大冲击，处于萎靡状态。另一方面，受经济危机影响，国民的购买力在相当长时间内趋于下降，购买者纷纷约束消费减少支出，压低价格，追求价廉物美，这给本就危机重重的服装业带来巨大压力，进而影响印染企业的发展。

3. 环境评述

印染行业，有提供赋予纺织服装业色彩与风格等作用，是纺织业存在的基础。印染行业必然发展，但因环境污染问题，目前被称为"夕阳行业"。对于印染业生存发展状况，笔者通过上述宏观环境和微观环境的分析，可以看出，当前印染行业的发展，是机遇与挑战并存的，如表 6-3-2 所示。

表 6 - 3 - 2　海神的机遇和挑战

机　遇	挑　战
1. 时代快速发展,人民生活水平不断提高,对艺术的欣赏水平不断提升。 2. 布匹的精致美丽是人们生存的必需品。 3. 国家提供相关的政策促使企业转型升级。 4. 经济危机影响减少,经济开始恢复,各行业恢复生机	1. 国家颁布了绿色环保政策。 2. 人民对环境保护越来越重视。 3. 行业竞争激烈,小企业面对关闭整改的风险。 4. 国外市场对国内市场冲击较大

在这个机遇与挑战并存的年代,中小印染企业的发展举步维艰,易被击落。在这巨大的浪潮中,如何能够生存下去成为中小印染企业面临的战略难题。外部环境的恶劣给企业带来了种种困难,作为印染业中小企业的代表海神公司如何在潮起潮落中,稳定发展,并占据一席之地的呢?

四、海神公司内生成长策略

作为一个印染业中小企业,海神凭借着其独特的成长策略在大风大浪中稳健存活,这与其内部优势资源分不开。我们借助企业内生型成长理论,对海神公司进行相关研究。

1. 企业内生型成长理论

企业内生成长理论的开拓者是彭罗斯,其于 1959 年出版了《企业成长理论》一书。彭罗斯企业成长理论的一个核心概念是"成长经济"。所谓"成长经济",是指有利于企业向特定方向扩张的,各个企业所享受到的内部经济性,是从企业内可能利用的生产性使用价值的独特集合中挖掘出来的经济,是可以使该企业投入新产品或增加原产品,是比其他企业更具优势地位的东西。对一般中小企业而言,比其他企业更具优势的是企业本身的资源。

理查德森(Richardson GB,1972)从企业与市场间的协调制度入手提出了组织经济活动的企业知识基础论,进一步发展了企业成长论。他认为企业的合作和关系成为一种非常重要的产业组织方式,是因为企业的内部组织从根本上说是协调、互补性活动的结果。纳尔逊和温特(Nelson & Winter,1982)认为企业的成长就是企业调整产量达到最优规模水平的过程,或者说企业从非最优规模走向最优规模的过程。而且这个过程是在利润最大化目标既定,所有约束条件已知情况下,根据最优化规则进行的被动选择,没有企业任何主动性的余地。钱德勒(Chandler,1992)是从历史和宏观角度对企业成长制度变迁理论进行研究。钱德勒认为,真正的企业成长是现代企业出现之后的事情,而现代工商企业的出现是与两项重大的企业制度变迁相联系的,即一是所有权与管理权的分离;二是企业内部层级制管理结构的形成和发展。尼尔逊和温特(Nelson & Winter, 1982)从演化经济学视角,提出了在环境选择机制作用下,企业现有惯例或知识基础决定了企业成长的方向和模式,同时也决定了企业之间的竞争性行为。20 世纪 80 年代以来,资源基础企业理论的德姆塞茨(Demsetz)认为,在承认其他因素起作用的条件下,大体来说,企业为维持自己所需要的知识花多大的开支,决定了企业多元化扩张的程度。巴尼(Barney,1991)指出,传统经济理论和企业战略管理理论把企业的竞争优势看成是外生决定的,认为企业的成长是由外部因素决定的。而巴尼认为,实施竞争性战略的关键性资源是企业内部长期发展的结果,难以通过市场公开获得。企业生存和成长取决于企业内部长期知识和资源积累过程中所形成的长期的动态生产成本优势。A. N. Jack(2004)以"复杂问题"对企业决策选择的影响为切入点,研究包含知识和资本两种要素的企业成长路径的选择,认为企业根据搜索选择方式的成本—收益比较可以得到最优策略。Lucy Firth 和 David Mellor(1993)从学习型组织视角,组织通过学习就能够了解顾客的需求,开发出新产品;可以根据竞争对手的情况调整自己的市场策略;通过系统化的制度开发智力资本等,每一个步骤都与组织的学习有着密切的联系,现代企业是一个学习型的生命体(Dodson,1993)。国内也有不少学者对企业成长进行了研究,具有代表性的研究成果是杨杜(1996)的《企业成长论》和尹义省(1999)的《适度多角化——企业成长与业务重组》。杨杜将"经营资源"作为其研究的一个关键概念,探讨了经营资源的量、扩张、结构、支配主体四个方面的课题,强调分析了构成企业成长理论之核心的规模经济、成长经济和多元化经济,以及它们的结合状态——复合经济。尹义省在其著作中回答了企业多角化成长中理论机制的核心和关键问题,提出了实用策略,为企业家战略决策和政府对多角化企业的调控提供理论依据和可供借鉴的实例。

2. 内生成长关键要素

海神公司内生成长关键要素,可概括为优秀的企业家品质、坚韧的经营理念、独特的企业文化和专业的创新团队,如图 6 - 4 - 1 所示。

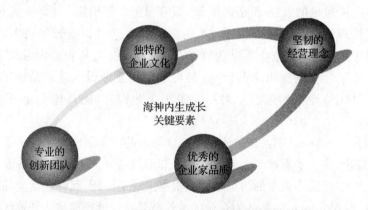

图 6 - 4 - 1 海神公司内生成长关键要素模型图

(1) 优秀的企业家品质

企业家品质作为企业文化活跃在企业家的经营行为中,随着经营活动的展开有机融入企业经营管理从而服务于企业生产,能多方面促进企业发展。

海神公司,作为绍兴市印染行业中小企业,从现实背景上看来,其发展形势可谓四面楚歌。但在绍兴十五年的发展中,海神却出乎人意料地一直引领行业的发展,这与海神优秀的企业家品质有着密切联系。在海神,总经理层次及各部门管理层的选拔都有着严格的群众讨论与推选、总公司任命制度。以海神总经理为例,在经过包括生产车间员工在内的全体员工推荐后,由被推荐人所属部门向总公司上报工作材料,根据对被推荐人道德品质、专业能力、工作业绩的考察情况予以聘任答复。因此经过合法聘任的领导者无论从必须具备的专业管理、决策能力层面,还是从社会责任感为主的道德层面考察都占据高地,为海神的飞跃性发展起到巨大作用。

① 强烈的社会责任感。

社会责任感就是在一个特定的社会里,个人于内心和感觉层面对其他人的伦理关怀和义务。作为一个环境污染指数相对较高的印染企业,海神公司对周边自然、社会环境的影响是必须考虑的问题,因而,是否具有强烈的社会责任感成为海神公司选择高层管理者的首要因素。具体说来,在并非无数个独立个体组成的社会中,人人都要有对其他人负责、对社会负责的担当。海神的高层管理者,深刻把握社会责任感,扬起关护社会的旗帜,为企业生产行为指引了前进方向。他们以现时的环保问题投射生产经营战略,督促企业向绿色生产迈进,千方百计减小企业对周边环境、居民的不利影响,给社会一个合理的交代。对于本企业员工,公司高层管理者更有严格的职业操守。公司建立一整套人性化管理制度,比如,实行工伤补齐基础工资制,以确保员工生活需要;实行取消工伤期间奖励制,以激励员工仔细务工、提高专业技能。

② 科学的决策能力。

企业家决策能力是指企业家解决各种关键问题的本领,是企业家素质的外在表现,是企业成长的关键。可以说,决策能力强,企业成;决策能力弱,企业败。在海神公司,海神高层管理者从不满足以中小规模定义自身,他们深刻把握局势,果断决策,当机立断。当各种制约措施来临时,公司各个部门的负责人分头采取以下措施:在战略规划环节上,清楚把握行业动向,调整生产方向、经营方向甚至是合作伙伴;在生产设备环节上,改革制度,更新设备,向外引进各种代表世界印染水平的印染机器;在生产工艺环节上,依据行业标准与自身企业实际制定全新的生产、管理标准,严格印染产品生产、外销流程;在组织架构环节上,调整组织结构,建立总经理聘任制下的分工负责制,服务每一个细节;在员工管理环节上,给予员工最大的关怀,建立人性化的规范制度合理化促进员工遵守企业制度,合法合情合理地工作、生活。

(2) 坚韧的经营理念

经营理念即为管理者为追求企业目标而形成的基本设想和共同信念。海神公司在长期的经营过程中形成了"品质卓越,顾客至上,开拓创新,持续改进"的经营理念,它们坚持创新,严把质量关,成效显著。

① 严格质量把关。

公司秉承"品质卓越,顾客至上,开拓创新,持续改进"的宗旨,始终以满足顾客的一切合理要求为己任,做到质量首位化、方式合理化、态度平和化。在此基础上,公司追求品质卓越的理念在海神全体员工的责任岗位上都能得到最大限度地贯彻,每一个员工都在为企业的卓越与成就贡献着自己的力量。在制作车间,每一位员工都踏踏实实操作每一个步骤,努力把产品做得精细化,不断钻研着质量上的更大进步。在检查车间,每一个公司员工都一丝不苟地检查每一批次布料的成色、质感与样式,为企业的产品质量保驾护航。如此,企业经营目标深入、细致地贯穿到了技术研发、产品设计、产品制造、售后服务等各个环节,公司上下致力于攻坚克难生产更好的产品。调查数据显示,公司最终的出库产品与客户要求的匹配度高达 95% 以上。

② 坚持创新思维。

首先在管理层面,公司突破强制化要求,不逼迫员工以一种固定的姿态面对工作、面对公司,而是通过文化理念渗透,将员工的意见融入企业经营管理,真正让员工自觉产生企业归属感、荣誉感和自豪感。二是在运营模式层面,面对当代电子商务的蓬勃发展,实体性企业情况不容乐观的险峻局势,公司为摆脱"夕阳产业"的累赘包袱,积极开辟绍兴印染行业的网络化运营之路。目前,已经进入了人才战略攻坚状态,计划招聘集商务知识与网络电子化技能于一身的人才,为企业增添活力。三是在销售对象层面,公司不同于其他印染企业在打开国内市场后进行外部市场的开发,而是借助地理、资源分布特点以技术领先、质量上乘的优势做大国际贸易,并突破国内市场防线,巧妙地避开了市场扩张障碍。四是在生产性资源层面,公司依旧坚守创新改革。传统的印染企业,选择以劳动力资源的壮大换取劳动密集型企业的胜利,而公司在长期的探索与琢磨下将发展的方向转变为人力资本、生产性服务,通过整合有限的内部资源谋取外部市场不利条件下的生产性机会。

(3) 独特的企业文化

企业文化,简单而言就是企业的灵魂,是推动企业发展的不竭动力。海神公司通过长期努力建构了"和"文化,推动着公司健康发展。

① 以"和"为贵。

海神公司崇尚"和"文化,强调以"和"为贵,激发员工主人翁意识。首先,公司从发展战略的制定到实施的全部过程,都让员工参与,使员工产生强烈的归属感,真正以主人的姿态承担起海神发展的责任,在海神的进步中实现自我价值。第二,以海洋般的宽阔胸怀对待每一个员工。有些员工初到公司有些不适应,选择离开海神,在外打拼一阵后发现海神才是真正属于自己的归宿。对此,公司不计前嫌,用最大的尊重与包容接纳他们重新进入海神。第三,面对因公负伤的员工,公司领导一方面嘘寒问暖,另一方面改变工资制度,以基础工资补贴休养期间的家用,从根本上解决员工工伤期间后顾之忧。第四,对为公司生产、经营、管理提出宝贵意见或做出突出贡献的员工,公司从制度上确保给予足够的物质及精神激励。

② 以礼节"和"。

作为一个营利性企业,如果只是为了追求和谐而"和",并不以相关的制度去约束克制员工的行为是不可取的。对此,公司有明确的主张。在公司,每一个车间的每一个岗位都建立了明确的职责,保证在每一道工序中发生的问题都能落实到相应的责任人,从而极大地降低了产品出错率。不仅如此,高层管理者更是以身作则。公司根据工艺流程设置前后工序,前总工程师负责前一道工序,后总工程师负责后一道工序,后工序倒查前工序,以保证产品质量。

③ "和"而不同。

儒家学派创始人孔子有一句名言:"君子和而不同,小人同而不和。"海神公司在顺应行业发展趋势的情况下,形成了独有的特色。在经营方面,公司特别强调"以需定产"的个性化客户服务。根据市场供需状况,灵活调整自己的生产样式和生产规模,有效提高投入产出率。在生产投入方面,公司主动及时进行产业调整升级,加大对环保设施的投入,采用代表世界印染水平的作业机器,加快产业化的步伐。在管理层面,公司采用细节化管理,深入生产细节、售后服务细节等,把握每一步骤的温度、精度,实现工艺精细化、生产细节化。

图6-4-2 海神公司年会聚会照片

④"和"实生物。

"和"文化,很大程度上承认差别和矛盾的普遍存在。巧妙地处理矛盾、利用矛盾,是海神从"和"文化中汲取的宝贵财富。在海神的经营发展过程中,存在着许多的矛盾,如海神企业与其他企业的竞争矛盾,海神发展与环境的矛盾,企业中员工内部的矛盾等。在印染业发展与环境保护的矛盾体中,公司领导大胆改革,率先引进新设备,优化内部环境,排除外部污染,抢占环保高地,使公司在印染企业大污染窘境中脱颖而出。由此可见,矛盾的爆发有时会成为了企业进步的一种动力,只要管理者有卓越的见识。

(4)专业的创新团队

在企业外部条件恶劣非常的情况之下,企业自身的条件成了企业能否继续生存的一种因素。除了企业家的思维、企业经营理念的构建以及企业文化的形成,企业内部的技术创新是企业实现持续增长的一大重要因素。

图6-4-3 海神公司办公室一角

从海神实际来说,其研发团队、生产设备是其能够持续发展的重要原因。结合海神所面临的市场环境和时代背景分析,海神确定"敢于开拓,敢于创新,敢于独树一帜,与众不同"的战略模式。其中,最关键的一步就是组建专业的创新团队,其优势主要体现在以下几个方面。

① 扎实的团队力量。

公司的创新团队,由公司总经理牵头,由总工程师、实验室的工作人员组成。成员分别来自于西北、华北、华东等地纺织学院的高才生,他们不仅具备高水准的专业印染知识,而且还极具新产品研发的满腔热情。毕业于华东某学院的总工,通过人才招聘进入公司,至今已有30余年,对于日常生产车间中出现的难题,他都能有效解决。另一位毕业于华北某纺织学院的总工,曾在国外进行了长达五年的印染知识深造,学成后义无反顾地回到企业,致力产品研发与设计,成为行业领军人物。

② 定期交流培训。

公司为加强创新团队研发实力,不断为其提供成长发展的机会。一方面,定期为团队成员进行国内外先进技术、行业知识的讲解与培训。通过新知识、新技术的学习,让成员领略行业发展趋势,拓宽视野,提升研发能力。另一方面,加强与合作伙伴的技术性联络。采取电话联系、实地参观、专家研讨会的形式与合作伙伴进行交流,尤其在新产品研制之后,特别关注合作伙伴提出的建议意见,为后续大批量生产提供保障。

3. 海神内生成长策略

海神内生成长策略如图6-4-4所示。

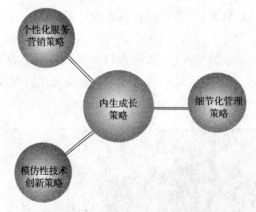

图6-4-4 海神内生成长策略模型图

(1) 模仿性技术创新策略

产品技术创新是指以提高产品竞争力为目标,围绕技术开发、生产、商业化到产业化一系列创新活动的总和。产品技术创新可分为模仿性技术创新和原发性技术创新。对于中小型企业而言,由于资金、人才、技术的不足,主要采取模仿性技术创新。海神公司采用模仿性技术创新策略,有效提高了自身创新能力,为实现产业升级打下扎实基础。

① 引入先进设备和优秀人才。

海神公司从引入先进设备、优秀人才入手,通过借鉴、模仿国外新技术,慢慢成长为印染行业的佼佼者。长期以来,海神公司时刻把握国外先进技术的发展动向。比如,他们研究发现,美国、西欧、日本等发达国家的企业已将"污染零排放"作为终极目标,重视印染工艺的改进和创新,严选染料、助剂,大幅减少用能用水,再根据产品结构、染料特性和特色工艺情况,对印染废水进行分流分质管理处理。为此,海神高层通过走访调查,结合自身的发展情况,最后决定引入闷头机、蓝光机等先进设备,为企业的生产经营奠定基础,在同行中获得竞争优势。

② 着力新产品研发。

随着经济发展和人民群众生活水平的提高,对纺织服装的需求不仅仅满足于保暖或时尚,因而,着力产品研发便为公司列入重点。公司高层明确提出了今后产品的研发方向:一是环保型,具备无毒、可生物降解等环保型面料将成为重点;二是功能型,具备抗菌、抗皱、免熨烫等特殊功能效果,并从单一功能整理向多功能整理发展,给顾客提供不一样的感觉。为此,公司改进并开发了丝光机设备,配上了闷头机、蓝光机等新型配套制网设备。为适应内销市场,公司又拓展精细涂料印花技术,并全线铺开涂料印花技术,最终实现涂料印花产量超过传统印花的好成绩。海神公司还注重与品牌客户的合作研发,仅2016年与8家国内外品牌客户一起研发,开发了竹纤维、天丝棉、涤纶长丝和棉交织的印染工艺,满足了消费者对品质高、差异化的需求,进一步开拓了国内外市场。

案例1:新型技术设备的改良创新加上海神与品牌客户的合作为企业的发展添砖加瓦。例如,2016年海神企业和欧纺、新乐、金秋、共创等国内品牌客户一起进行市场开发,开发了竹纤维、天丝棉、涤纶长丝和棉交织的印染工艺。满足国内消费者对品质高、差异化的需求,进一步开拓了内销市场,同时与外销的香港新邦,开发了棉粘胶弹力提花步,与日本优衣库开发了棉粘胶腈纶发热和竹纤维的印染工艺。设备方面,海神的新型松式印花平洗机,拓宽了接单品种,提高了水系质量,解决困扰印染行业许久的白底问题。海神在工艺创新方面和设备方面进行专利和发明申请工作正在努力发展中,现已申报了4个发明专利,20个实用专利。新技术的开发是为产品研发服务的,海神在从企业自身优劣势出发,扬长避短的同时,努力将企业重心转向新技术新设备的自主研发,为提升企业的竞争力打下了坚实基础。

图6-4-5　海神车间一角

案例2:在仅有十几人但却算是海神的核心大脑的创新团队中,包含两个总工以及中心化验室的工作人员。经过在国内高校的人才选拔以及总公司人才推选,加上定期培训、学习与研发设备、研究材料的购进,整个团队才算正式建立。正常情况下,除却国家法定节假日,研发团队都一直处于新产品的研发工作当中,为海神的发展带来新的契机。除此之外,研发团队的所有成员还负责为日常生产中的产品生产、检验发现的问题寻找解决方法,在海神的发展中起着至关重要的作用。在 2014 年,经过研发团队小试、中试等长时间的实验,终于完成了对天丝棉弹力提花品种的实验,并提上应用日程。因此,在 2015 年,海神企业接下了Bondex 十几万米的订单。这次历时一年的实验为海神企业创造了巨大价值,也为海神的稳定发展提供了活力。

借鉴与模仿性创新的最终结果就是形成企业属于自己的技术、适用于企业的设备。企业一直以提倡技术小革新带领企业大进步的理念行事,一点点小革新带来的效益远超想象中。海神从模仿性创新策略出发,以科学为经营原则,按照符合市场,符合消费者,符合公司的利益出发,努力让企业通过内生资源配比,从创新策略层面提升海神在印染行业的竞争力。

(2) 细节化管理策略

细节化管理强调,企业是一个由许多子系统构成的较大系统,要求每个岗位的每位员工都要不折不扣地完成本职工作。海神公司的细节化管理策略主要体现在三个方面:标准化管理、5S 管理、应变管理,如图 6-4-6 所示。

图 6-4-6　细节化管理模型

① 标准化管理。

标准化管理是指为在企业的生产经营、管理范围内获得最佳秩序,对实际或潜在的问题制定规则的活动。并且为了保证与提高产品质量,实现总的质量目标而规定的各方面经营管理活动、管理业务的具体标准细化管理策略。

海神公司一直以"制度管人,流程管事"的原则行事,强化制度意识,提高执行力。比如,在生产车间,公司规定每人操作 2～3 台高温高压溢流机,操作 3～5 台常温常压染色机,与此同时,车间所有设备运行实行在线监控,既降低用工数量又提高印染质量。"倒检查制度"是公司在标准化管理上的一大亮点。首先,公司按工艺流程将生产分为染色和印染两道工序,分别指定技术主管负责。其次,在染色到印花的每一道制作环节,又指定专人负责,每一道工序后面都有相对应的检验环节,以确保进入下一道工序的产品质量。

模仿创新之后,海神创造了属于自己的特色。海神以科学为经营原则,一切依照科学经营法则进行,在科学的经营指导下进行企业的有序发展。海神一直以"制度管人,流程管事"的准则行事,树立制度意识,强化执行力。海神用这种独特的企业文化去激发员工的使命感,凝聚员工的归属感,加强员工的责任感,赋予员工荣誉感,实现员工的成就感,完成企业的辉煌再生。

② 5S 管理。

5S 现场管理法,现代企业管理模式,5S 即整理(Seiri)、整顿(Seiton)、清扫(Seisou)、清洁(Seiketsu)、素养(Shitsuke),又被称为"五常法则"。通过实施 5S 现场管理以规范企业环境,营造一目了然的工作环境,培养员工良好的工作习惯,最终提升人的品质。

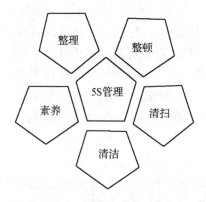

图 6-4-7　5S 模型图

整理——建立完全全厂节能降耗网络系统,让全厂所有的热水进入热回收系统,进行热能回收再利用。这些改造只要完成得好,不但不会增加成本,反而会减少单位成本,进一步提质增效。

整顿——为进一步规范安全生产、劳动纪律,加强员工的安全生产意识教育,海神公司2015 年成立了安全纪律小组。对违反规定的员工进行一些必要的教育,规劝;情节严重的给予一定的惩罚,以保证生产的流畅性。

图 6-4-8　海神生产车间 1

清扫——全厂每天上班前都会先将工厂清扫一遍,以保证工作时环境的清洁;在辛勤工作之后,员工仍会按照相关制度,进行设备的清洁工作。

清洁——为适应绿色环保生产的需要,按照市环保的要求 2015 年年末和 2016 年年初,污水处理雨水监测系统、氨氮监测系统、加盖去味工作,都要在 2016 年 3 月份完成,总投资200 万元左右。

素养——海洋是广阔且宽容的,而海神就把海洋的宽阔写进公司的文化内涵中。每天上班时,工作人员都需要佩戴上岗证,在工作之余,员工的交谈之中也基本都是文明用语。做工不懈怠,员工之间和谐相处也是企业的一大特色。

③ 应变管理。

在企业的生产环境中,变化是十分复杂的,尤其是在面对外界环境的变化时。这时候则需要相关的应变管理。应变管理是企业对其周围环境及所依赖技术的变化所做出的反应或预测。这些变化对企业的经营会产生重大的转变,处理不当时则会给企业带来灭顶之灾。海神在面对外部恶劣环境时,有一套相对应的应变管理措施以及危机处理团队。该团队由海神总经理宣总主导,各级领导人组合而成的,用于处理海神出现的各种问题,为海神的经营保驾护航。

案例 3:在调查中,徐总工给我们讲述了前段时间发生的"小学生口罩事件",袍江斗门小学的一位小学生在作文中哭诉,小学被工厂包围导致恶臭连连,恳求妈妈给他上学前戴上口罩。环保局在看到这篇文章之后对斗门小学周围的几家工厂立即进行了停顿整改的处理。这是海神近几年来发生最为严重的危机。这是印染业与环境矛盾爆发的表现。海神在接到处理通知的第一时间是停产整顿,然后邀请相关领导、媒体以及学生家长代表来企业参观指导。在第一时间挽回了海神形象。家长代表说过这样一句话:"如果所有的印染都像海神这样的话,我们就不用担心印染问题了。"这是对海神的一种至高的评价。海神在危机发生的第一时间启动紧急预案,并根据事情的真实情况处理,在最短的时间内挽回了企业的形象。

(3) 个性化服务营销策略

个性化服务也称作定制服务,就是企业根据顾客的特定需求,提供个性化、差异化的产品或服务,满足顾客具体的、独特的需要和愿望,是一种以单个消费者或消费群为导向,强调个性化的营销方式,它的出发点和归宿点都源于顾客的特定需求。而顾客的需求是随着技术、社会等的发展而不断变化的,这就使得个性化服务也随着历史的发展而发展,呈现螺旋上升的趋势。

海神面向消费者,直接服务于顾客,并按照顾客的特殊要求制作个性化产品的新型营销方式。因此避开了中间环节,加强产品设计创新、服务管理、企业资源的整合经营效率,实现了海神对市场的快速形成和裂变发展能抢先一步。特别是随着信息技术的发展,个性化营销的重要性日益凸显。海神总是以客户的要求为首位,为客户量身定制,并加入自身的设计创新,始终将满足顾客要求放在最重要的地位,最大限度地发挥企业特色生产的优势。保持质量优势,力求精益求精,精雕细刻,最大限度地满足客户合理的需求;想客户所想,急客户所急,对质量绝不马虎。海神的整个经营活动总是以顾客满意度为指针,要求从顾客的角度、用顾客的观点而不是企业自身的利益和观点来分析考虑顾客的需求,尽可能全面尊重和维护顾客的利益。这里的顾客不仅仅只是企业产品销售和服务的对象,而是企业整个经营活动中不可缺少的合作伙伴。

图6-4-9　海神生产车间2

案例4:许多客户直接将花样拿到工厂,要求按照自己的模板来进行印染,兰亭、海通等印染企业都嫌太麻烦,而且成本花费比较大,导致他们不愿意接待这些客户。但海神总是极尽自身所能,认真仔细研究客户的样本,并在保障质量的基础上,最大限度地满足客户所需。还有许多顾客在海神单独定制一些市面上买不到的款式的染布时,海神总是细心地为客户服务,精心打造满足客户需求的产品,企业在满足顾客日常需求的同时能给予特殊化的私人定制,让顾客感受到海神的诚挚。海神在贯彻顾客至上的原则的同时也能明确海神企业的独特产品市场定位。

案例5:海神今年加强了小单报价,为了满足少量订单小的顾客,最大限度地服务客户,满足客户。海神原本印花布起订量是2 000米,但现在起订量1 000米的也在做。起订量越小,损耗量越大,耗用时间越多,成本也越高,所以小单要接但需合理加价。基于成本较高的考虑,亚太印花以及华利达印染有限公司等都纷纷拒接这些订单工厂。海神十分清楚不可能一直能接到大单,所以采取小单能接的也要接,服务好小单,稳住顾客的心的措施。海神坚信积少成多、积小成大,小单也能慢慢变成大单,确保工厂和客户的双赢。小单基本是一单一议,甚至是某个花型,这在生产上给工人们出了一个难题,但海神仍旧迎难而上,仔细研究解决问题的方法。海神还倡导加大接单力度,贯穿“质量第一,服务至上”的生产经营理念,发挥公司印花产品优势的市场的影响力,并进一步发挥染色在军品、工装方面的优势,扩大接单。在继续服务好原来欧美、日本等高端客户群的同时,进一步拓展国内市场,提高月生产量,提高产品质量。

五、研究总结与行业启示

1. 研究总结

绍兴是我国印染产业最集中的地区,素有"染缸"之称,在国内印染行业间的地位举足轻重。然而如今印染行业的发展逐渐进入瓶颈期,如何突破瓶颈、实现长久发展是印染业的现期难题。海神高层全力探索,通过对经典企业经济理论——企业内生型生长理论的深刻把握,充分利用企业内部资源,在大浪潮下走特色经营道路,成为夕阳下的一道美丽景色。其经验总结为以下三个方面。

(1)培育资源优势

海神公司充分把握自身可逆与不可逆资源,力图实现其不可逆资源的最大化利用。在企业家品质层面,不断增强自身社会责任感,关注企业周边的环境与居民生活,给予社会、政府、居民一个满意的答复;不断提升决策管理能力,正确判断当下局势,果断决策,当机立断。在经营理念层面,大力弘扬"坚韧经营"理念,将员工意见融入企业经营管理,走绍兴印染行业的网络化运营之路,开展人才攻坚战略,将加工成品推向国内本土化。在企业文化层面,宣扬独特"和"文化,关注员工内部和谐程度,追求企业、员工特色。在技术团队层面,建立专业创新团队,走精益兴企之路,走科技创新之路,主导成本降低活动,推动海神向环保型、功能性、智能化企业发展。

(2)注重特色经营

一是实行模仿性技术创新,这是企业发展的源泉。作为印染大市绍兴的一家中小型企业,海神公司采用模仿性技术创新模式,在一定程度上节约了市场开拓成本,以较低投入换取高创新能力和强产业升级力度。从最初学习国内外先进技术、引入国外高端设备发展到与欧纺、新乐、金秋、共创等国内品牌客户一起进行市场开发,海神公司付出了巨大的努力。二是实行细节化管理,这是企业成功的基础。做好细节管理是海神一直大力主推的活动,针对的是每一位员工以及每一生产环节。首先,公司根据行业规定制定确切反映市场需求、令顾客满意的产品标准,建立起以产品标准为核心的标准化体系,并向纵深推进;其次,最大限度地减少管理所占用的资源,降低管理成本,建立质量精品体系,为企业核心竞争力和创建品牌奠定了基础;最后,营造良好的工作环境,培养员工良好的工作习惯,强化清扫工作,建立覆盖全厂的节能降耗网络系统,大力弘扬企业文化。

(3)个性化服务营销

海神公司面向顾客,提出了"私人定制"的服务理念,依据顾客个性化消费需要,实行个性化设计、个性化生产、个性化服务;诚接小单项目,加强小单报价管理,力求精益求精,满足客户需求。

2. 行业启示

绍兴海神印染制衣有限公司在印染业不景气的大背景下,根据自身实际情况和优势,坚持特色经营,注重个性化服务,突破枷锁,取得了丰硕成果,得到了社会公众的肯定,同时也成为行业楷模。印染企业由于其特殊的行业属性,其对于环境的挑战将成为永远的议题,因而,研究、思考、学习海神公司的经营模式,认真解读企业内生型成长理论的精髓,充分理清企业内生资源与外生资源，深刻把握企业内生性资源在外部资源不利的局势下对企业发展的决定性作用，有效挖掘企业自身内生的资源优势和经营策略，有机整合可逆与不可逆资源，走特色经营发展道路，这是每一个包括印染企业在内的企业必须学习并实践的，只有这样，才能使企业在潮起潮落的环境下，生生不息，持续发展。

3. 研究展望

本研究还有不足之处，一方面忽略了企业家能力差异性、企业文化的差异性对企业成长的影响；另一方面，与环境匹配度高的企业成长模式对企业家能力、企业文化的要求，以及由此形成的良性循环关系有待进一步深入研究。

六、主要参考文献

［1］陈永当，任慧娟，王钰鑫，鲍志强，石美红. 基于知识的印染企业信息管理体系研究［J］. 上海纺织科技，2012(06).

［2］彭国华. 内生增长理论发展综述［J］. 经济前沿，2009(01).

［3］李媛，邓和平. 企业经营资源积累特性与企业内生成长［J］. 湖南农业大学学报（社会科学版），2006(04).

［4］章晓懿. 资源积累是企业永久经营的基础——国有企业改革的探索［J］. 华东理工大学学报（文科版），1996(04).

［5］李军波，蔡伟贤，王迎春. 企业成长理论研究综述［J］. 湘潭大学学报（哲学社会科学版），2011(06).

［6］许晓明，徐震. 基于资源基础观的企业成长理论探讨［J］. 研究与发展管理，2005(02).

［7］Michal Brzezinski，Michal Dzielinski. Is endogenous growth theory degenerating? Another look at Lakatosian appraisal of growth theories［J］. Journal of Economic Methodology，2009(16).

［8］Alain Alcouffe，Thomas Kuhn. Schumpeterian endogenous growth theory and evolutionary economics［J］. Journal of Evolutionary Economics，2004(14).

思考题

1. 海神公司成功的秘诀表现在哪些地方？
2. 什么是危机管理？结合本案例，谈谈危机管理对于中小企业的意义。

案例编写：何佳莉（工商 141）、宋雯君（会计 141）、官江月（造价 142）、鲁敏（国贸 152）、谢德钟（会计 141）

指导老师：朱杏珍

附录1

访谈记录摘选

问题1：众所周知，现如今国家加大了环保力度，对于印染行业有一定的打压。那么海神在这样的时代背景下该如何生存发展呢？

宣总：现在印染技术不断在改进，高效环保节能为主题的染料、助剂等产业兴起技术改革高潮，在中国的印染业必须通过资源整合，淘汰传统落后的中小企业。海神向高新技术，低排放，少污染方向发展，部分业务迁移到东南亚中国周边国家去发展。海神也在进行印染电子商务的探索，对生产进行转型，销售也开始转型，由地面销售模式转向网络。海神一直坚持创新才是发展。没有最坏的行业，只有不会创新发展的企业，并且始终坚信印染永远是支撑纺织服装的强大后劲力。

问题2：海神选择从深圳搬迁，请问为什么最后选择了绍兴？

宣总：在2002年，印染行业受挫，一直承受行业内部与外部市场两方面压力。受绍兴"三缸"文化——染缸、酱缸、酒缸——吸引，海神将厂址从深圳毅然搬迁至绍兴。除却"三缸"文化影响，海神厂址及发展方向的变迁还与绍兴当地深厚的古城文化、韧性十足的越商文化有关。顺利迁址后，海神一方面致力于从绍兴传统文化中汲取文化营养，挖掘文化资源，深化文化管理，融企业文化于企业生产、经营、销售过程以及员工内心，以文化统一促进企业上下思想走势一致；另一方面，受绍兴当地政治资源影响，海神深入贯彻落实政府产业转型升级政策，与文化理念相结合改革企业生产、检查等制度，创新经营思想、经营理念，在生产经营过程中制定了完备的生产计划管控制度、设备管理制度、总经理聘任制下的分工负责制等，为海神的长远发展打下了坚实的基础。

问题3：海神是怎么对印染产业进行资源的升级转型？

宣总：近几年来，电子商务兴起，全国包括绍兴在内环境污染加剧，生产资源遭遇瓶颈，产业升级与产能集聚成为工业企业发展的必经之路。为走出"夕阳产业"的圈子，加强产品研发关注度、降低产业生产排放、提升产品生态性能、创新产品销售方式是海神摆脱中小企业被整改、淘汰命运的唯一路径。在这种持续经营的理念指导下，海神已着手布料新品种、印染新色系、包装新样式、售后新服务的研发与试样并取得一定成就；另外，经营模式由地面销售转向网络也成为海神扩大生产、扩大销量的主攻方向，为此海神企业特意展开针对集经营知识与网络技能于一身的人才招聘会，努力闯进印染生产沟通与销售平台，做大印染电子商务，做强印染电子商务。在文化资源与生产资源的大力重新整合下，海神全力扩大自身企业的生产性机会，必定占领印染高地。

问题4：海神在目前的发展中存在什么样的困难或者还有什么需要改进的地方？

宣总：因为环境污染等问题，在中国印染行业已被称为"夕阳行业"。伴随经济压力加大、国际经济复苏疲弱态势的延续，经济进入新常态，企业生产经营困难增多，印染行业运行风险逐步显性化,要素制约严重,企业创新能力不足等各种矛盾逐渐显现,市场信心不足,给印染企业投资决策、融通资金、生产经营等造成了明显的负面影响。这些负面影响对海神来说带来了极大的挑战。海神目前极力进行产业转型升级,但由于资源资金的缺陷,部分转型缺乏活力。例如,印染电子商务的探索还缺乏一定的技术支持,网上销售还缺乏负责机构。

问题 5:海神对未来的发展有什么打算?

宣总:海神立足于企业原有的基础,在经营定位上执着坚守,并致力从自身一系列优势出发,努力为海神企业发展摸索着进行的道路。始终坚持海神独特的"韧"性经营之道与"和"谐发展,从海神自身优缺点出发,分析企业的运营创新之道,为中小型印染行业的转型升级提供一定的基础理论基础与新的启发点。

附录2

调 研 照 片

绍兴海神印染制衣有限公司

工作环境图

质量检查

其他篇

微信扫码查看

小微型家族企业路在何方——精诚模具公司
治理结构与成长模式分析

摘要：中国家族文化是中国传统文化的基石，它有着深厚的积淀，体现了中国传统文化的基本精神。文化是管理的母体，一个国家和民族的传统文化必然灌注于管理之中。尤其在个体私营企业强省——浙江，家族文化对整个浙江省的经济产生了深远的影响。

改革开放以来，浙江以家族企业为代表的民营企业迅速崛起，蓬勃发展，成为推动浙江经济发展与社会进步的主要力量之一。在浙江，许多浙商第一代白手起家创业，动员所有能动员的力量、运用所有能用上的人脉关系，称得上是"举家创业"，家族企业能否可持续发展，直接关系到浙江经济能否稳定、快速增长。

本案例以慈溪精诚模具有限公司为研究对象，通过实地考察和面对面采访，全面了解企业的发展现状以及企业从小作坊发展到如今规模的历程，深入剖析精诚模具公司在每一个阶段的家族企业管理方式，对其成长模式展开研究，总结精诚模具公司的成功经验，最后以小见大，对精诚模具有限公司这类民营家族企业的管理方式提出相应的建议。通过一系列调查、研究、分析，我们发现精诚模具有限公司通过内部创新型成长模式来实现自身发展，该模式是一种自我纠错、自我改善的发展模式。尽管精诚模具公司目前的发展势头良好，但是精诚所采用的传统家族企业治理结构已显露出弊端。"家长式"领导使得企业管理层人力资源来源单一，增加了决策失误的风险。为此，我们建议精诚模具有限公司这一类民营家族企业能够聘请家族外部人员进入管理层，同时完善员工激励制度，提高员工的归属感，增加员工的忠诚度，减少因信任所带来的问题，并且引入职业经理人的管理思想，从本质上推进企业向泛家族企业转型。

关键词：家族企业；治理结构；成长模式

引 言

改革开放以来，我国逐渐形成了以公有制为主体，多种所有制经济共同发展的经济体制。然而在非公有制经济中，民营企业占了绝大多数比重。据不完全统计，世界范围内 80% 以上的企业属于家族企业，世界 500 强企业中有 37% 由家族所有或经营，家族企业在全世界几乎所有经济发达的地区中大多居于主导地位。而在中国经济较为发达的东南沿海地区——浙江，家族企业在浙江私营企业中至少占 60% 以上，而且家族企业将会越来越多，成为我国社会市场经济的一个重要组成部分。由此可见，家族企业对我国经济发展将发挥重要作用,必将成为国民经济增长的重要支撑力量,并且成为日益推动市场化改革的重要力量,浙江家族企业的发展状况如何将直接影响中国经济和社会的未来。

如今,很多人认为家族管理式的企业经营方式是落后的,但是,不可否认的是,在中国传统文化——"家"文化,这一文化背景之下,人们对于存在血缘关系的人所持的信任度更高,而正是这种信任使得企业在经营管理过程中更具效率,成为家族企业的好处。但是目前中国的家族企业都很难实现"富过三代"这一目标,显然说明家族企业还存在很多不足,在管理上还存在很多缺陷。"家"文化对中国人的影响十分深远,以"家"为纽带展开活动是中国人的最为普遍的方式。改革开放以来,中国经济迅速发展,家族企业也得到了极大的发展空间,然而随着时间的推移,改革开放三十多年以来,第一代家族企业管理者将逐渐退出经济发展的舞台,然而目前家族企业的经营管理方式还存在许多的问题,管理模式还不成熟,以血缘为纽带的家族,随着时间的推移,彼此之间的联系也会逐渐减弱,这时家族企业的发展就会停滞不前,出现问题。目前,浙江的大多数家族企业属于中小企业,处于成长发展阶段,如果家族企业这时能够合理提高管理能力,增强创新程度,更有利于可持续发展,同时也会获得更加稳固且快速的发展。

一、研究意义与主要内容

1. 研究意义

美国著名企业史学家钱德勒对于家族企业的定义是:企业创始者及其最亲密的合伙人(和家族)一直掌有大部分股权。他们与经理人员维持紧密的私人关系,且保留高阶层管理的主要决策权,特别是在有关财务政策、资源分配和高阶人员的选拔方面。从定义来看,对于家族企业的研究可以更好地了解家族企业内部的经营模式,了解家族企业目前所面临的困难与问题,寻找有效的解决方法。家族企业的发展将会是经济发展的一种特色模式,对家族企业的经营管理方式进行研究将会使家族企业的发展更具可靠性和持久性。对于家族企业的研究也有利于浙江经济以及中国经济的发展。这不仅是对家族企业的一种经营维护,也是对中国传统文化的一种认识和保护。从现状来看,家族企业面临停滞不前的状况,因此了解家族企业内部管理存在的问题将会是一个非常重要的步骤。

同时各个家族企业也存在着许多的不同,不同的经营方式对家族企业在未来持久发展上可以提供更多的途径和方法。通过对家族企业的深入了解以及对家族企业现在生存发展所面临的经济体制和市场环境的优劣势分析,可以寻找有利于家族企业发展的创新之路,有利于改善家族企业在经营管理模式上的弊端,实现家族企业的进一步转型升级。

2. 研究内容与方法

我们以团队进行讨论研究,决定研究对象和研究角度,对企业进行实地调查与研究,与企业管理者进行协商和沟通,取得企业的相关数据及授权书,对企业的管理经营方式展开研究。

首先,本文将通过研究家族企业在管理经营方式上的权力管理分配方式以及成长模式上的利弊分析,并且联系家族企业现在所面临的文化、市场和体制环境对该企业的今后发展给出建议,包括对企业总体发展进行概括和总结。

　　其次我们将对慈溪市精诚模具有限公司这一家族企业成功经营案例进行深入分析,尤其是在管理层方面、权力的分配问题,研究家族企业内部的管理权分配交接模式和该企业在成立发展过程中所面对的经济体制和市场经济环境的内在的优劣势,以及家族企业在我国普遍面临的文化环境、市场环境和体制环境等外在环境,对该企业在经营管理过程中权力的分配和领导管理方面进行研究。

　　最后,基于上述研究分析,本文通过理论与案例相结合的方式,总结出家族企业在管理过程中权力的分配问题和管理模式上的成功因素和经营管理原则,进而对浙江省等地的家族企业提出合理化的建议。

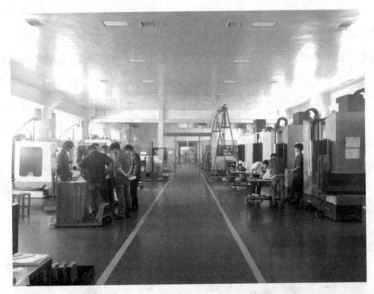

图 7-1-1　精诚模具公司生产线

3. 研究思路

研究思路,如图 7-1-2 所示。

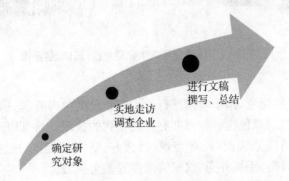

进行文稿
撰写、总结

实地走访
调查企业

确定研
究对象

图 7-1-2　研究思路

　　第一步,确定研究对象。小组在多个企业中进行选择,通过老师点评建议和时代发展的要求(家族企业外部环境和如今家族企业在经济开放时代的发展)以及小组成员的一致决定将目标锁定在家族企业,所以在之前小组成员都通过各种渠道去尝试了解家族企业的发展及家族企业的部分知识。

第二步:实地走访调查企业。小组派出三名成员对企业进行调研。通过实地调查了解,对企业的大体情况进行了解,和管理人员进行交谈得知所要研究的企业在近几年的发展历程以及管理层的变化。

第三步:收集部分资料,对文稿方面进行撰写,通过讨论研究,确定该企业的分析思路,初稿完成后再进行加工修改并根据老师的建议进行整体修改,最后定稿。

二、精诚模具公司简介

1. 情况概述

慈溪市精诚模具有限公司创建于 1992 年,位于浙江省宁波慈溪市横河镇洋山岗村,公司面积约占地 15 000 平方米,建筑面积 8 000 余平方米,公司人数 150 人,是一家集专业精密塑胶模具开发设计与制造及注塑为一体的现代化企业,如图 7 - 2 - 1 所示。经过多年的发展,公司已具备雄厚的实力,也积聚了深厚的技术底蕴。现拥有 MAKINO、长岛、HAAS等著名品牌的高精度加工设备多台,而且应用了先进的管理系统,制定了严格的工艺标准,在日用品、汽车、电子、电器、化妆品等高精密模具的制造上具有很大的优势。精诚是一支专业且经验丰富的团队,以"凸显特色,追求卓越"为公司宗旨,始终在业务上精益求精,对客户真诚服务,并且以最诚挚的热情和开放的姿态欢迎广大客户的惠顾。

图 7 - 2 - 1　精诚模具有限公司外部(局部)展示图

(1)总体概况

精诚企业于 1992 年诞生,预示着模具行业一颗新星的冉冉升起,通过不断的打磨,该公司在二次成型模具和自动双色模具领域拥有自己独到的技术。将 TPE、TPR 等柔性材料包裹住另一种硬性材料的部分表面,具有美观、触感好、防滑等优点,现正被大量应用于牙刷柄、剃须刀柄、笔套工具类、手机外壳、汽车装饰件等多个领域。

(2)技术革新

1996 年,第一副双色模具成功问世;1998 年,购买并使用 CNC 机床,通过电脑编程实现自动的机械生产模式;2005 年,研发制造了第一副双色转盘模具;2007 年,研发制造第一副双色转轴模具;2009—2010 年,突破三色自动转轴技术难题,成为国内首家自主研发生产三色转轴模具企业,拥有全套MAKINO设备,产能达到1 000余副中小型精密模具;2013年,荣获"慈溪市工程技术中心"称号,并逐步迈进高新技术企业。

(3)进军市场

良好的品质和信誉让国内外的客户纷至沓来,美国、欧洲、日本、韩国、东南亚等许多国家和地区的客户都对其产品和服务好评如潮,并建立了长久的合作关系。于是,精诚模具有限公司拥有强有力的伙伴,顺理拥有了稳定的业务。

值得一提的是,1999年公司便与高露洁建立战略合作关系,成为高露洁中国生产基地在中国地区唯一的模具供应商。多年来,精诚模具有限公司一直是美国高露洁三笑有限公司在国内指定的模具供应商。

精诚模具有限公司在日用品、汽车、电子、电器、化妆品等多类产品的模具制造上拥有多年的经验和成熟的工艺,如今已成为中国双色注塑模具的重要生产基地。

2. 发展历程

(1)创业初期

精诚模具有限公司的创始人是一对兄弟——徐国良(徐总)和史建瀛(史总)。徐总早在自己刚成年就已经在学习模具制造技术并且前往了武汉学习和交流,等到自己在武汉立稳了脚跟,1985年,史总也跟赴武汉,随后,两人便开始在武汉边学习边工作,不断提高自己的硬技术。由于两兄弟吃得起苦,自身不断进取,又有不同于武汉那边的一些技术而经常被请教和与其他商家交流,名气便慢慢打响。

在推动工业和技术的发展中,随着慈溪塑料加工业的稳步发展及制造业的兴起,兄弟二人看准形势,带着一身技术本领,在1992年回归家乡,并筹集了5万元钱开了一间20平方米的厂房,兄弟二人又另外带领两人开始在慈溪发展,由于之前七年的在外打拼,两人回来后名声在外,不少人找他们做模具,后也因其硬技术而留下好口碑,这极小的作坊当时也有20万元的年产。

(2)创业中期

随着自身发展,1995年,一次重大的机遇——与三笑公司的合作。这无疑让这个小厂房有足够的立足资本,团队慢慢壮大,虽然取得了这次合作的机会,但面对这样强有力的合作伙伴,必须要提高自己的技术产量及品质,才能保证长期合作而不被舍弃。技术的研发和产量的提高同时成了他们面临的考验。

1999年,团队已由最初的4人转变为25人,由于业务的稳定和对发展前景抱有睿智的目光,他们引入数控技术和设备,开发的模具精度大大提高,加工时间也缩短了三分之一,又因为2000年三笑与高露洁的合资,他们开始准备,并抓住机会,顺理成章地成了高露洁公司的合作伙伴,再一次将业务提高并稳定了下来。而这让他们在众多发展的小件模具企业竞争者中有了业务优势的同时,也带来了成本压力。

由于业务的提高和稳定,厂房不断扩张,2002年,有了现今的这个厂房基地,人员也较稳定;2003年,厂房落成稳定,投入巨资购置了多台MAKINO高精度加工设备。接下来的时段里,便是不断地扩大团队,大规模引入技术设备和不断地进行技术创新及研发,而这期间,也有核心人员的跳槽和失误的发生而导致客户投诉的经历,但这一切,都让这两兄弟克服了。

因重视研究及不断的技术创新,在 2008 年,精诚模具有限公司研发的自动化模具就已有雏形,想要得到支持与应用时,由于美国对我们信心不足而没有实施。2010 年,大规模的设备引进和改进让装备达到顶峰,至今都是只在做局部调整。2012 年,研发的自动化模具终于推出,因国内对此一片空白,精诚模具有限公司一炮打响,在此类模具技术上占领龙头位置,不断提高模具的品质和精度。据了解,时至今日,在此技术上能与之匹敌的企业,在国内不足 5 家。

在相当长一段时间里,慈溪的模具业已很难跟得上当地制造业发展的步伐,许多本地企业所需要的模具不得不舍近求远,到周边的黄岩、宁海,甚至广东东莞等地加工。模具加工业已成为慈溪制造业产业链上的一个薄弱环节,从优势明显到步履艰难。早些时候,这里生产的大都是小型产品,档次较低,模具都能在本地生产,甚至有的企业模具车间都能生产出所需要的模具。但当慈溪产品加快了升级换代速度,对模具的精度要求越来越高时,模具企业尤其是大件模具企业就显得心有余而力不足了。而精诚模具有限公司制作的是小件模具,正好满足了市场的需求,另外再加上公司先进的设备和管理方式,让它不但没有被淘汰,反而走得很稳。

从 1992 年回来开厂到 2010 年新厂设备达到顶峰,精诚模具有限公司的年收入曲线也呈迅速上扬趋势,2010 年到 2012 年,年收入达到了 5 000 万元。十年时间,行远自迩,一步一步由小变大,稳稳扎根。

(3) 创业现状

自 2012 年之后,企业最多只是进行局部调整,因为强有力的合作伙伴和过硬的技术,每年的业务量都非常稳定,每年的年收入稳定在 7 000 万元左右。但他们依旧没有放弃技术研发,从曾经想把数量的提高转化为了对产品质量、寿命和精密度及单位产出的提高,一些技术也能跟德国抗衡了,高精密多色注塑模具一直都是国内的领先者。在现在信息通达的时代,如果没有突出的技术和品质的保障,根本难以发展,而精诚模具有限公司一直保持自己的特色和原则,在客户心中留下了良好的印象与口碑。

史总说:"二十多年一定会有坎坷,也正因为二十多年有些坎坷已经淡漠了或者说被心态了,遇事需要心态好,而不论遇到什么,我们的宗旨都发挥了重要的作用,那就是:诚信和质量!"

3. 公司荣誉

2007 年,精诚模具有限公司被评为"中国名企"、"中国信用企业认证体系示范单位",被评选为"2007 年度中国模具之都(5 000 余家企业)五十强";

2008 年,被评为"慈溪市文明单位"、"慈溪市和谐企业";

2009 年,精诚模具有限公司被评为"横河镇和谐企业";

2009 年,美国 AQA 质量认证并颁发了证书;

2010 年,被评选为"成长潜力型企业";

2010 年,成为宁波模具协会理事企业;

2011 年,评选为"慈溪二十强企业"、广州交易会进出口有限公司颁发了"优质供应商会员证书";

2012 年,荣获"中国模具之都诚信优秀生产企业";

2012年,创建"德力科"全新市场品牌及形象;

2013年,授予"慈溪市精诚模具有限公司为2012年中国模具之都五十强企业"、荣获"慈溪市工程技术中心"称号、评为"高新技术企业";

2013年,被选为"宁波市环保模范(绿色)工厂"、"安全生产标准化三级企业(机械)";

2014年,获颁"2013年中国模具之都五十强企业"、"宁波市企业工程技术中心"的证书;

2014年,精诚模具有限公司获得了"塑料行业荣格技术创新奖";

2015年,拿到了PLASTASIA Foundation的印度橡塑展证书;

2015年,获颁"2014年度镇级财政贡献奖";

2015年,参加"安康杯"被评选为"浙江省'安康杯'竞赛优胜班组";

荣誉墙中也不难看到许多被赠予的铭牌奖章,如图7-2-2所示。

图7-2-2 部分荣誉展示图

三、精诚模具公司的家族管理分析

1. 家族企业与家族管理属性

(1) 精诚的家族企业属性

① 定义。

家族企业是指资本或股份主要控制在一个家族手中,家族成员出任企业的主要领导职务的企业。美国学者克林·盖克尔西认为,判断某一企业是否是家族企业,不是看企业是否以家庭来命名,或者是否有好几位亲属在企业的最高领导机构里,而是看是否有家庭拥有所有权,一般是谁拥有股票以及拥有多少。这一定义强调企业所有权的归属。学者孙治本将是否拥有企业的经营权看作家族企业的本质特征。他认为,家族企业以经营权为核心,当一个家族或数个具有紧密联系的家族直接或间接掌握一个企业的经营权时,这个企业就是家族企业。

理论上关于家族企业的界定非常多,许多著名学者都曾经对家族企业进行过明确的界定。但是不管采取何种定义,所有权和经营权高度集中于一个家族的精诚模具有限公司在很多层面上都符合了家族企业的定义。精诚模具有限公司从创业以来就一直维持着家族企业的形态,尽管在 24 年的发展过程中,精诚模具公司的管理模式发生了很大的变化,但是家族企业的本质始终贯穿于企业日常的管理经营,并且家族企业的文化也深深影响了每一个员工。

② 特性。

股权完全集中在家族成员手中;

权力高度集中在家族家长手中;

家族成员在企业担任重要职务;

七大姑八大姨远近亲戚闹喳喳;

董事长总经理文化即企业文化。

总之,家就是企业,企业就是家;家长的文化就是企业的文化,企业具有非常鲜明的个人特色。

(2) 精诚的家族式管理属性

① 家族式管理定义。

家族式管理是指所有权与经营权合一的一种管理模式。家族式管理成为民营企业初创期进行资本原始积累的唯一选择,也对民营企业顺利度过艰难的创业期起到了重要的作用。

从某种意义来说,没有家族式管理就没有今天的精诚。在精诚模具有限公司刚刚成立的时候,横河地区的模具厂随处可见,小到手工作坊,大到注册成立的公司,市场竞争非常激烈。在这样的市场环境中,精诚模具公司采用家族式管理模式来管理企业有其必然性。首先,公司的所有资本全都来自兄弟两人,直接为家族式管理奠定了基础。其次,当地的市场情况不适合现代化的民主管理制度,如果公司的成员分享经营权,不仅不利于资本的累积,更不利于管理层做出快速而准确的决策。

② 精诚的家族管理特征。

● 管理的权力。

首先是在企业内部拥有的权力与地位与两位老板的信任度、忠诚度息息相关,而不是职务高低。这样的话小主管可能拥有很大的权力。

● 管理的有效性。

执行力既不是根据你的职位高低,也不是根据指令、计划正确与否,不是看事情本身该不该做,而是取决于相互之间的面子。

● 管理行为评价。

对行为的评价,家族式企业不是从实际效果,而是根据老板的好恶确定。你做得好,但你高傲,也不会给你很高的位子。在精诚的管理层里老板营造的氛围只是逐步忠诚于他的团队,而不是以市场、客户为主的团队。精诚的管理团队的工作未必高效,但是一定是忠诚、团结的。

③ 精诚的家族文化特征。

在精诚这样的家族式企业里,员工的职位高低是以人际关系为导向,最终看跟老板的关系,而不是以业绩。这样会导致两种结果,如果老板事业心特强,是完全跟着市场走的,那么这个企业团队也会打造好,在市场上也有很好的表现,老板决定一切,比如李嘉诚的团队。家族式企业在市场并不是不好,但这样就会很冒险,老板一不行、一失误,企业就完了。企业的成败全系于一个人。庆幸的是,精诚的两位老总尽管学历并不高,但是两人都具有极高的商业头脑和胆识。徐总和史总将一个农村小作坊经营成一家与国际知名品牌合作的公司,很大程度上归功于两位老总长远的战略眼光。当别的企业满足于现状时,精诚敢于投入大量资金引入德国的设备和生产技术。在市场全球化的今天,精诚积极投入国际化市场,推出自己的品牌,不断地突破创新就是精诚的文化。

其次是亲情文化浓烈。就企业文化来说,这是好的,以血缘为纽带的维系方式不仅减少了精诚的监督管理成本,而且保证了信息的传递效率。但这会衍生出一些问题,既然是亲情文化,必然会导致亲疏有别,产生圈子文化,有亲系嫡系的分化。虽然,这种文化能够让人际关系变得浓烈,可是圈子会演化成帮派文化、势力文化。这一切都会最终导致偏离了企业的既有轨道,严重影响企业以市场为中心的导向。虽然目前精诚内部还没有出现这种状况,但是随着精诚不断做大做强,人员不断扩充,人情关系的复杂化,很可能会出现"群雄割据"的情况。

2. 管理结构的演变

(1) 企业管理层的演变

① 创业初期。

1992 年,精诚模具有限公司诞生。当时慈溪横河这一片大大小小的模具厂数不胜数,而精诚模具公司只是其中再普通不过的一家公司。成立初期的公司规模很小,人数也不多。

此时公司的管理层并没有完全形成,公司的所有者管理公司所有事务。事实上,由于规模太小,仅凭两位企业家和其他为数不多的工人也还能应付。公司并不需要招聘大量的人员投入到企业中。企业家的家人也没有必要参与进来。这个时期,与其说精诚模具公司是一家家族企业,更不如说是个体企业。

② 创业中期。

1999 年是精诚模具公司发展的关键的一年,这一年企业的规模实现了第一次扩大。引入数控技术后,由于技术的提升企业拿到的订单也随之增加。这时候企业开始扩增技术工人,业务的增加也使得两位企业家无法做到事必躬亲,他们的家人开始进入企业,帮忙管理企业的事务。这一时期,企业的管理层逐步形成,生产和管理开始分离,企业也从个体开始在家庭中蔓延。

③ 创业中后期。

2002 年,新厂房建成,企业规模进一步扩大,企业的管理工作开始变得复杂、烦琐。于是两位企业家采用现代公司管理制度,构造了明确的管理结构。与此同时,为了巩固企业管理,家族成员开始大规模进入企业,并且占据各个重要的职位,企业从家庭蔓延到整个家族。

④ 创业后期。

当横河地区的模具制造业逐渐没落时,精诚模具公司却办得风生水起。2010 年,精诚模具公司从国外引进大量高端设备,企业规模达到了又一新高度,这对企业的管理层提出了更高的要求。随着企业规模的逐步扩大,任人唯亲的用人方式开始显露出其弊端。为注入新鲜血液,近几年有家族外部的人员进入企业的管理层,但数量极少,且担任的都是次要的职位。

(2) 家族管理结构演变的理论分析

① 个体企业阶段。

目前,学术界将个体企业定义为由业主个人出资兴办,由业主自己直接经营的企业。精诚模具公司在成立初期完全由徐总和史总出资,并且公司大大小小的事务都由两人打理。为方便研究,我们不妨将成立初期的精诚模具公司视为个体企业。据了解,在浙江很多家族企业最开始只是一个个体企业或者类似于个体企业,企业家凭借创业的冲动,利用手头的资源就足以创建一家个体企业。正如史总和徐总,他们创立精诚模具公司的资本仅仅是自己的一身技术和手头为数不多的资金,凭借十几个雇工和自己的业务能力就能维持相对稳定的收入。至于为什么要创办模具公司,徐总说:"大家(横河镇)都在做,那我也做着试试。"对

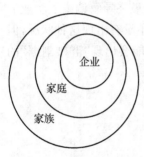

图 7-3-1 个体企业阶段

于一个家族企业来说,个体企业阶段是其最初播下的种子,对于未来的发展有多种可能。在这个阶段,企业家不需要外界的帮助,仅靠自己的能力和所掌握的资源就能维持企业的运营。他们也不希望家庭成员涉入,因为企业规模太小,在激烈的市场竞争下能否存活还是个未知数。一旦企业被市场所淘汰,家人也会受到连带的影响。通过图 7-3-1,我们能够直观地看到个体企业阶段的企业影响力非常有限,企业只是由家族内的个别人经营,其资源来源于个人,其成败也是由个别人承担。但是只要企业的规模有所扩大,代表企业的圈就会向外扩张,企业的影响力随之增加。这个时候企业家渴望得到外部的帮助,可以是资金上的,也可以是技术上的。又因为信任问题,企业家首先想到的就是家庭的帮助,个体企业开始过渡到家庭企业。

② 家庭企业阶段。

1996 年,第一副双色模具成功问世,1998 年通过电脑编程实现自动的机械生产模式,一系列的技术进步使得精诚迎来了发展机遇。当精诚拥有的资源和自己的能力无法满足其发展时,说明精诚已经获得了初步的成功。因为信任问题,徐总和史总不愿意让外人来帮忙管理公司,因此他们决定使用"自己人",首选就是他们的配偶和子女。如图 7-3-2 所示,家庭企业阶段企业圈和家族圈已经融合,家庭内的大部分成员进入到企业,并行使经营权。企业已经开始影响整个家庭。或者说,企业的兴衰代表了整个家庭的兴衰。在这种情况下精诚的产权已经不光光是两位老总的了,但是控制权

图 7-3-2 家庭企业阶段

仍集中在两位经理手中。在这一阶段家庭参与者会进行简单的分工,但是彼此的界线并不明确。同时我们也可以看到,企业—家庭圈仍然包含在家族圈内,说明家庭以外的成员还未进入企业。当企业的规模进一步扩大,家庭掌握的资源也满足不了企业的运作时,企业的影响半径势必会进一步扩大,开始影响到整个家族。

③ 狭义家族企业阶段。

在接下来的一段时间里,精诚模具公司发展迅速。新产房建成后,公司的员工数量达到

了最高峰,面对数量庞大的员工和繁重的业务,徐总和史总的家庭也开始变得力不从心。当家庭资源用尽,企业家的亲戚们便会相继进入企业。狭义家族企业阶段中,企业的影响半径进一步扩大,企业圈与家族圈实现融合,企业即是家族的状态已经形成,如图 7-3-3 所示。大量亲戚的进入带来了更丰富的资源,但同时也带来不少麻烦。从家人到亲戚,以企业家为中心的关系圈向外扩散,亲缘关系也逐渐变淡。由此带来的信任问题迫使企业家建立正规的组织架构来明确产权关系。多分支机构不断建立,产品和服务也开始多元化。但企业家并不会

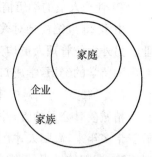

图 7-3-3　狭义家族企业阶段

因此与其他人分享控制权,反而会凭借自己的地位和权威将控制权牢牢掌握在自己手里。在精诚模具公司内部,徐总和史总处于绝对的领导地位,让家族中的人进入只是为了协助自己。另外,由于分工趋于明确化,完全靠感情来维系团队精神和调动员工的积极性已经远远不够了。有时候因为碍于亲缘关系,两位老总不便指责下属,而下属也会觉得公司的所有者就是自己的亲戚,便会产生惰性。这个时候徐总提出了制定公司的章程,章程明确了公司的管理结构,确定了每一个岗位的职责,于是激励机制和约束机制开始形成。企业慢慢走向正规化,在企业正规化的管理下,企业在一段时间内迅速扩张。企业的扩张带来了对各种资源的更大的需求,企业需要在更大的范围内来寻找资源,于是家族外的成员成为企业家的目标。

④ 泛家族企业阶段。

泛家族企业是指家族以外的关系资源也被纳入到家族企业的范围里来,但在本质上仍然是家族性的,它的投资来源仍然以家族内部为主,企业绝大部分控制权仍掌握在少数几个至亲手中。但由于外部资源的引进,企业与家族开始分离,一些管理岗位开始由一些家族外的人占据。泛家族企业阶段中企业圈已经将家族圈和家庭圈包围,其影响力已经超越了整个家族,并开始吸收外部的资源,如图 7-3-4 所示。对于引入家族外部的人员,徐总一开始是拒绝的,但是两位副总的坚持让徐总改变了态度,尽管如此,徐总也只是让外来人员担任相对不重要的职位。副总认为,如今的精诚早已不是当初那个精诚。副总看到了企业任人唯亲的

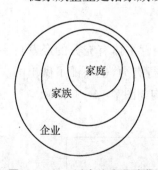

图 7-3-4　泛家族企业阶段

人力资源管理方式的弊端,当企业达到足够规模时,外部人员的声音往往能够为公司带来改变。于是一场巨大的改变开始在精诚的内部发生了,精诚开始了泛家族化的萌芽。

3. 管理人员的能力分析

(1) 管理人员的基本情况

① 管理层的组成情况。

目前,精诚模具有限公司管理层共有八人,两人为企业的创始人及股东,分管生产和财务。其余六人中有两人为股东的儿子,担任副经理职位,另外四人中一人为外聘人员,三人为股东自家亲戚。

② 管理人员的学历情况。

由于 20 世纪社会对教育的重视程度并不如现在,两位股东在高中毕业之后便停止了学业。另外六位管理人员均为大学本科毕业,值得重视的是两位副总经理和一位外聘人员都有出国留学的经历,学成归国后与父辈一起经营企业。

(2)"海归"人才对管理层的影响

精诚模具公司的管理团队最引人注目的就是有多人拥有海外留学的经历。虽然改革开放三十多年来,海归人才在创业方面的优势已经在知识层面和技术层面受到了削弱,但是相对而言,海归的见识、思维方式、文化和多样性的包容度以及社交圈子可能因为一段时间国外的教育和工作经历而变得更为开放。两位副总经理学成归国后,给公司的管理层注入了新鲜的血液。1999 年,精诚与美国高露洁建立了战略合作关系,在这个过程中公司的海归人才功不可没。徐总将谈判全权交付给他的儿子,副总充分利用自己在海外所学,凭借出色的英语交流能力和谈判技巧,最终拿下高露洁,成为高露洁在中国唯一的模具供应商。正是"海归"人才的流入,开辟了精诚发展的新格局。

四、精诚模具公司的家族治理结构分析

我国家族企业成长受内外部环境因素共同作用,内部环境因素属于可控因素,外部环境因素属于不可控因素。只有对企业环境因素进行优化和评价,才能得出目前企业成长所处环境和真实情况,也才能在以后的经营过程中,有针对性地提出具体优化实施措施,使企业实现其成长。

1. 家族企业治理结构的内部环境分析

家族企业结构多为扁平型,管理结构较为简单。它保证了经营主体有充分的经营自主权,由于管理环节减少,内部信息沟通顺畅,使公司决策迅速,执行有力,也保证了做出的决策能更灵活地适应市场变化。精诚模具有限公司现在的治理结构如图 7-4-1 所示。

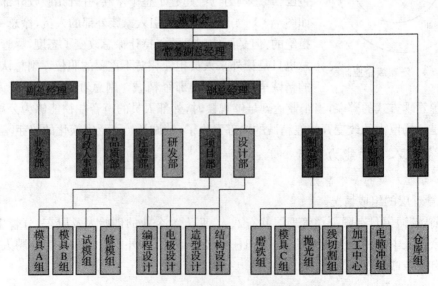

图 7-4-1　精诚模具公司治理结构图

根据图 7-4-1 我们可以看出,越在下方,代表家族外部成员的"灰色"越多,越往上方,代表家族内部成员的"黑色"越多。而这里的"上下"代表的就是管理人员的级别高低。在精诚模具公司这样的家族企业中,这种现象普遍存在,越靠近公司大权的职位,越是由亲缘关系紧密的人担任。由此我们总结出精诚模具公司以下几点特征。

(1) 所有权和经营权的高度集中

精诚模具有限公司是由徐国良先生和史建瀛先生(表兄弟)一手创建,企业的股权完全掌握在这对兄弟的手中。同时,徐先生和史先生出任公司董事长和常务总经理,分管生产技术和财务,副总经理由史先生的两位儿子担任,各部门经理全部由家族内的成员担任。由此看来,精诚模具有限公司的所有权与经营权达到了高度集中。企业的决策权与资源控制权掌握在家族主要成员手中。企业的创始人全部占据企业最高职位,企业中其他主要职位均由家族主要成员担任。这表明民营家族中小企业的所有权与管理权是紧密结合的。由于家族企业在创立初期,其原始资本一般都在家族成员内部筹集,所以企业的所有权属于整个家族成员是很显然的。而在经营权方面,企业的生产、经营、管理主要由家族成员承担,也是十分必要的。但是,随着企业规模和企业的市场边界不断扩大,家族企业仍然表现为所有权和经营权的高度统一,即使是在成功地吸收了职业经理人时,也很少有例外。家族企业家资源获取与所有权让渡顺序如图 7-4-2 所示。

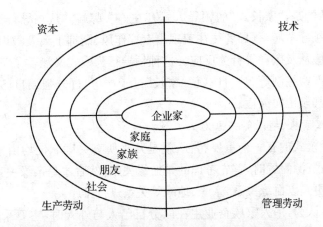

图 7-4-2　家族企业家资源获取与所有权让渡顺序图

(2) "家长式"领导

对于家族企业来说,企业的利益就是家族利益,就是企业的最高目标。因此,需要有一个能保证实现这个目标的领导方式和分配方式。而"家长式"的领导方式,就是这样一个能较为有效保证家族利益实现的领导方式,这是家族企业最为突出的特征之一。

樊景立与郑伯壎将家族式领导定义为:一种表现在人格中的、包含强烈的纪律性和权威、包含父亲般的仁慈和德行的领导方式。根据这一定义,家长式领导包含三个重要的维度:权威、仁慈和德行领导。权威是指领导者的领导行为,要求对下属具有绝对的权威和控制,下属必须完全服从。仁慈是指领导者的领导行为对下属表现出个性化,关心下属个人或其家庭成员。德行领导则大致可以描述为领导者的行为表现出高度个人美的、自律和无私。根据"权威"、"仁慈"、"德行"三者的高低程度,又可将"家长式"领导分为高威高仁高德的"民主型",其次就是高威高仁低德的"帮主型",以此类推,最后是低威低仁低德的"庸主型"。

在精诚模具公司中,两位股东兼经营者无疑是这个企业的领导核心,两位创始人处于绝对的领导地位。加上副总经理和各部门的经理大多是自己的子侄辈,两位股东无疑是这个庞大的家族企业的"家长"。

在我们的采访过程中发现,两位企业家的"家长式"领导方式并不是一成不变的,而是随着企业的发展慢慢改变的,更简单地说,是根据企业的规模而不断变化的。史先生说,在企业初具规模的时候,为了尽快提高盈利,公司内大大小小的事基本都是由自己和徐先生说了算。遇到问题时往往是两个人共同商讨后就立马实施自己的计划。那个时候公司开会只是单纯地布置任务,直接告诉手下的人做什么,怎么做。加上只有高中学历,并且没有经营企业的经验,两位股东没有具体的理念,只有依靠权威来经营规模较小的公司。事实证明,在企业成立初期,高威低仁低德的"帮主型"家长式领导方式能很大程度上保证企业的生产效率,企业的业务得到快速的提升。但是,当企业发展到一定程度时,"帮主型"的领导方式开始慢慢失效。两位企业家开始重视仁慈和德行的作用。徐先生说:"公司越做越大,手下的人越来越能干,开始有自己的想法了。儿子进来后带来很多管理理念,这个时候我意识到我跟大哥得换个方式管了。"下属能力的提升以及自己管理理念的更新让两位企业家尝试着改变,他们开始倾听下属的声音,了解下属的想法,放手让下属去做。在潜移默化中,两位企业家已经变成了两位"明主"。

但是不可否认的是,"家长式"的领导方式存在许多弊端。从领导行为理论来看,"家长式"领导属于权威领导范畴,领导者往往表现出专权作风、贬抑下属及教诲行为。相应地,下属则表现出顺从、服从及敬畏等行为反应。这种领导行为模式又涵盖了不愿授权、单向下行沟通、信息垄断及严密控制等。一旦这位"家长"过于严厉,过分强调自己的权威,便很可能阻碍企业的发展,甚至走向灭亡。

(3) 依据血缘、亲缘、地缘等关系对人力资源进行配置

家族企业管理模式的有一个重要特征,就是几乎所有关键职位均由家族成员占据。家族企业在考虑人力资源配置时,首先考虑的是血缘关系,然后才是亲缘关系、同学关系、朋友关系等,重要职位更是以血缘关系、亲缘、地缘等关系进行排序。

郑伯壎(1991)认为,华人家族企业主在区分自己人与外人时,主要采用三个指标,包括关系、能力及忠诚度。这种情形,不论是在家族中小企业还是其他类型中小企业中都不同程度地表现出来,因此,从本质上看,家族文化影响下的我国中小企业的管理模式具有极大的共同性。

正如徐国良徐总所说,当初企业有了一定规模,自己忙不过来的时候,他首先想到的就是自己的家人,其次是亲戚,最后是朋友。没有一位企业家会让陌生人来经营自己刚成立的公司,正如没有一位家长会让陌生人来照顾自己还在襁褓中的孩子。只有当企业成长到一定阶段时,企业家才会寻求外部人员的帮助。

利用"同心圆"模型能够很好地解释这种人力资源配置的优势(见图7-4-3)。家族成员 A、B、C、D、E、F 在家长权威的作用下,自然地将搜集到的信息反馈到家长手中,成为支持家长决策的信息来源之一;核心家族圈的家族成员将自己搜集到的信息经过筛选传递到家长手中,这是家长决策的又一信息来源;家长自己直接从外部环境中搜集到的信息构成决策信息的第三来源。

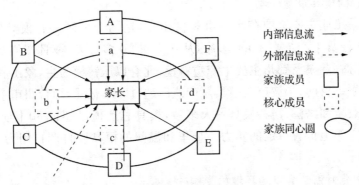

图 7-4-3 "同心圆"知识转移模型

这种以"同心圆"知识转移模型的有效性主要体现在：家文化所产生的伦理规范,降低企业中人为信息的阻塞和降低信息不对称带来的机会成本；家族成员受忠诚和伦理关系双重约束,使得家族成员在日常的工作和生活中能及时搜集到信息,不仅成本低、真实可靠、传递速度快,而且使激励和监督机制更加有效。"同心圆"模型知识传递的有效性支撑了家族企业初创期的发展。此时管理层级相对较少,沟通较迅速,如果有意识地创造信任、开放、学习的企业文化将能较好地促进个体知识向团队知识的转化,推动企业向前发展。

(4) 家族企业间的集群

家族文化下,企业主彼此有血缘、亲缘等关系的家族企业间容易实现集群。节约交易成本是家族企业集群的重要动机。由于市场中存在的不完全竞争、信息不对称、不确定性和不规则博弈行为等因素,常常导致市场失灵,迫使其试图以集群或家族企业网络来配置资源,进而提高交易的确定性,降低交易成本。

家族企业间形成的集群,可以在不增加管理成本的前提下,实现类似大型企业的规模经济。既能够降低企业的管理成本,又不增加市场的交易成本,从而提高了资源配置的效率。可以说,这是以家族文化为核心的中华文化对中小企业的巨大作用之所在,它从很大程度上解决了因企业规模不大、市场信息不充分、不对等而带来的各种问题。

集群内企业拥有独立的决策权,相互依存、优势互补,根据各自优势在集群体中确立其相应的位置和作用,通过在集群体内配置生产要素,降低研发、生产和销售成本,产生协同效应,达到资源优化配置的效果,实现成员企业的规模经济和整体竞争能力的提高。家族企业的集群是通过亲属关系、宗族关系、地域关系和种族关系等四种关系建立起来的,具有很高的诚信度,保证了中小企业集群的有效性。

2. 家族企业治理结构的外部环境分析

生态学以生物为主体,将环境看作生物生存空间周围的一切因素,并且把一个生命有机体在地球生物圈中的生存和成长,看成是一个开放的系统(即内部环境)与外部环境中不断进行能量和物质交换的过程,而且两者之间是相互依赖、相互影响的整体关系。而企业也可以看成存在于社会环境中的一个"生命有机体",作为一个开放的系统,与社会环境之间不断通过能量和物质交换得以生存发展。

(1) 浙江省的模具市场环境

浙江省模具工业主要集中在宁波市和台州市,这两个地区共有模具生产厂点4 000多个,其中专业模具生产企业2 000多家,从业人员10多万人,模具产值200多亿元。宁波市的余姚、宁海、慈溪及鄞州主要生产塑料模,北仑以压铸模为主,象山和舟山以铸造模和冲压模具为主。目前,宁波市的模具总产值已超过140亿元,而台州市主要模具生产企业主要集中在黄岩和路桥,塑料模具占大多数,模具总产值已超过80亿元。金华、温州、杭州、绍兴、嘉兴等地也有一定的实力。金华和温州的模具以自产自用为主,具有明显的特色。

(2) 区域文化对浙江省市场环境的影响

一个区域市场经济环境的形成与发展,往往可以从当地主流文化中找到原因。从非正式制度视角来看,浙江省传统文化可以划分为经济文化、政治文化、伦理文化和宗教文化等基本类型,它们通过不同的路径,对经济活动的交易成本和文化成本产生影响,从而影响市场经济环境不同侧面的形成。而其中对浙江家族企业影响最大的莫过于伦理文化。

古代的浙江人流动性较强,从而促进了古越人宗族组织的发达。现在,浙江人的宗族观念仍然根深蒂固。例如,在浙江民族企业发达的温州农村,各种大小不同、建筑各异的"宗祠"随处可见。浙江人具有强烈的宗族观念,朋友和亲戚之间互相信任,甚至只需口头契约就可以在短时间内积聚大量的资本,这大大减少了企业在市场交易过程中的谈判、监督和协调成本,创造了一个小范围内的诚信竞争环境。但浙江的伦理文化中又具有"不信任外人"的特点,缺乏足够的社会信任,严重阻碍了产业升级。

3. 家族企业治理结构的优势与劣势

(1) 优势

① 企业主内激励的作用使得企业目标和行动有效。

张维迎教授在其曾写的论文中所描述和论证的"资本雇佣劳动"的最理想企业状态和"最优所有权安排"就是这种类型的企业。作为"企业家控制的企业",精诚模具有限公司对于其他类别的企业最根本的优越性在于能够保证利润最大化成为企业的首要目标。"现代企业"由于两权分离而导致的利润最大化目标的偏离或最大化目标的非唯一性,往往是困扰许多企业的难题。相对而言,类似于精诚模具公司这样的家族企业,其结构比较简单,权力相对统一集中,几乎不存在这样的问题。

在精诚模具公司内部,两位企业家拥有企业绝对或完全的剩余控制权,董事长、总经理"一肩挑"。在浙江特定的商业环境下,企业家有高度集权化的控制权在某些方面是有利于企业成长的。之所以如此,一个重要原因就是家族企业的企业主自我激励问题得到了较好的解决,从而提高了家族企业的治理绩效。

② 人力资源配置方式,可以有效减少管理成本。

由于存在血缘、亲缘等关系,精诚各主要职位的成员容易形成认同感和一体感,有利于组织和领导,减少企业管理成本。企业关键职位的员工,其组织承诺类型明显表现感情承诺。家族成员的心理契约成本低,成员彼此间的信任及了解的程度远高于其他非家族企业的成员,从而使精诚模具公司具有强烈的凝聚力和向心力。

③ 家族企业领导核心明确、内部关系和谐。

在家族企业中客观上存在等级差别,需要树立一个权威,需要下级对上级的尊重,这样有利于企业管理中必要的集中领导和决策。作为精诚模具有限公司的两大领导核心,徐总和史总扮演着类似于"家长"的人物,在企业当中具有很高的威信。这两位"家长"是通过艰苦奋斗才得到今日的地位,他们的能力经过实践验证,在各方面都能发挥表率作用。精诚模具公司是建立在血缘、亲缘关系基础之上的,企业成员之间不单纯靠权力线来沟通,还有家族内部成员的沟通渠道。这就使得企业内部的关系不是僵硬的、官僚的,而是和谐的、柔和的。

(2) 劣势

家族企业的管理模式在一个局部市场和各种生产要素获取当地化的外环境中是十分有效的,尤其在中小企业发展初期更为有效。但是在新经济条件下,这种管理模式存在明显的不足。

① 过分集权易导致决策失误。

由于中华文化对风险的主动规避性特点,使得企业决策者在做决策是往往偏于保守,很容易导致决策失误或丧失市场机会。对于精诚这样的家族企业保守思想往往更加严重。再加上决策者由于受自身知识、信息获取、权威、经验等因素的综合影响,在"家长式"领导方式下,决策者本人容易被外部环境和企业内部的沟通方式所屏蔽,难以及时准确对决策影响因素进行分析判断,诸多因素使得精诚内部的决策者素质相对偏低与国际化经营的客观需要之间的矛盾相当突出,往往容易导致企业战略决策失误。

② 容易导致人力资源瓶颈。

精诚模具有限公司所采用的家族企业管理模式的一个突出的外显特征就是,以企业拥有者为中心向外辐射开的等级结构。这种管理模式难以在激烈竞争中发挥出团队作用,更难以使人才发挥其应有的作用,同时也不利于从外部吸纳人才。

浙江的家族企业普遍缺乏规范化的人力资源管理机制,有些中小企业根本没有人力资源管理的制度意识。企业以血缘、亲缘、友情作为人与人之间关系的联系纽带,凭经营者的主观经验和常识,靠简单的信任和亲情去约束人。权力过于集中,以及任人唯亲。在人力资源市场日趋完善的情况下,许多优秀人才由于无法融入企业,产生了严重的信任危机。

精诚管理层人员的任用过于重视血缘关系,而不能客观、公正地评判家族内和家族外的忠诚度。当员工能力和忠诚度发生矛盾时,精诚的管理层通常会选择家族成员的忠诚度而放弃外人的能力。精诚的治理团队中缺乏诚信的维系,家族外的成员无法建立起对企业的归宿感和忠诚度。由于人力资源获取渠道的相对封闭性和排外性,使家族外的和企业内部的"非自己人"的优秀人才很难发挥作用,而依赖家族内人才又往往很难满足企业需要。家族外企业成员始终有一种受排斥感和歧视感,容易产生短期行为,工作积极性和诚信度受影响。但是,由于市场的日趋激烈,使得外部压力明显加大,这种加大了的压力直接表现为原有的以家族成员为主的企业人力资源素质、能力的综合状况难以支撑企业进一步发展的客观需要。

因此,随着精诚的市场规模不断扩大,精诚必定要吸取外环境的各种要素,而最需要吸收的就是人力资源要素。但决定能否有效整合外部人力资源要素的关键,就取决于企业是否有一个好的人力资源管理制度。这正是精诚模具有限公司这类中小型家族企业所缺乏的。正是上述原因,在家族企业里往往会出现制约中小企业经营战略的"人力资源瓶颈",其根本原因就在于这种家族式的管理模式的本身局限。

五、治理结构基础上的成长模式探索

1. 家族企业治理结构影响下的成长模式

(1) 内部创新型成长模式

根据我国的家族企业成长过程的技术特征、产权特征、管理特征和文化特征变化上的不同侧重点及其组合情况,借鉴发达的市场经济国家家族企业成长的一般经验,我们总结出精诚模具公司在内部创新方面所做的四种努力。

① 引入先进设备,创新生产技术。

一般而言,由于资金、技术和人才等方面的限制,家族企业在创新时所选择的产业往往都是劳动密集型的加工工业或服务业,产品的技术含量和附加价值都比较低,同时也缺少了自我品牌,企业自我技术和创新能力都不强。当企业经过若干年的发展,积累了资金,形成一定规模之后,要想进一步扩展空间,提升市场竞争力,就必须拥有自我技术能力,形成自主品牌的产品组合。

从精诚的发展历程中我们可以看到,精诚不缺乏对技术的创新的追求。2003年购入高精密设备,2010年斥巨资购入大量尖端设备,以及几次技术研发和2012年的自动化模具的成功研发等,都可以反映出精诚的创新精神。这一系列的设备引入和技术创新不仅提升了产量,更重要的是提高了产品的质量。但是不可否认的是想要成为模具行业的领跑者,精诚必须拥有真正能和别人拉开距离的"镇店之宝"。精诚之前的努力只是拉开了与普通不知名企业的距离,但是与国内外知名模具企业的差距并没有缩小,很难望其项背。因此对于模具这一行业,就技术的领先是领跑行业的关键,建立自主技术能力,改变企业技术特征,从而才能进入新的成长阶段。可是精诚的管理层对技术创新仅仅止于点到为止,究其原因,模具行业本身利润回报就非常小,精诚用于技术研发的资金有限,因此要实现技术突破性的飞跃,在没有雄厚资金的前提下,实属天方夜谭。另外,精诚管理团队内部达不成统一意见,并且公司大权掌握在两个人的手里,碍于亲人之间的情面,对于这样的争议往往不了了之。

② 调整管理人员,提高管理效率。

精诚模具的创始人徐总和史总并没有接受过高等教育,仅有高中学历的两位兄弟凭借着超强的学习能力、吃苦耐劳的精神和一身胆识创建了精诚模具公司。当精诚发展到一定程度时,公司的管理团队开始扩大,家族内的成员进入到精诚的高层,为两位创始人分担了不少工作。但是随着市场竞争日趋激烈,对管理人员的综合能力要求越来越高。而之前大部分管理人员都跟徐总和史总一样,没有接受过更多的教育。

为了提升管理团队的"战斗力",徐总刻意让自己的儿子出国留学,学习的主要方向就是企业管理。儿子学成归国后便进入精诚的管理层,协助自己的父亲经营企业。此外,徐总和史总还邀请自己的侄子侄女,甚至是朋友的子女等后辈到自己的公司工作,希望接受过高等教育的子辈们能够充分发挥所学,将精诚的管理层打造成一支高素质的队伍。这一措施使得精诚的业绩相对于以往有了很大的提高,管理团队的工作较之于以前更加井井有条。

尽管如此,相对于股份制公司,精诚管理团队的效率并不高。亲人之间往往会相互"通融",如果不能完成任务,上级也不便苛责。就算有也仅仅是口头批评,更没有惩罚措施。对于这样一支队伍,即使是拥有高学历,也还是不能将其潜力激发出来。

③ 成立自主品牌,打造企业名片。

二十一世纪第一个十年过去后精诚已经成为当地一家小有名气的模具企业,尽管如此,激烈的市场竞争还是让精诚感到了压力。在研究市场环境的基础上,2013 年,精诚模具公司自主品牌得力科诞生。得力科的生产采用了精诚最尖端的生产设备,以及最优秀的技术人员。得力科系列产品是在精诚高层的大力支持下推出的,代表了精诚的最高生产技术水平。精诚高层希望用这一品牌作为敲门砖,开拓更宽广的市场。然而事情并没有想象中那么顺利,由于宣传不到位,很多人并不了解得力科为何物,公司的业绩并没有太大的改善。

(2) 外联部网型成长模式

① 组建关系企业集团。

企业集团是指以资本为主要链接纽带,由拥有雄厚资本实力的核心企业、主要企业及附属或关系所组成的法人联合体。这些企业在融资关系、人员派遣、原料供应、产品销售、制造技术等方面具有紧密的联系。2014 年 11 月 18 日,慈溪模具行业协会正式成立。模具协会的成立将慈溪分散的模具公司联系在了一起,加强了行业之间的交流,实现优势互补。精诚模具公司应该利用这次机会,积极融入慈溪模具的大环境中,与其他模具公司进行良性竞争,提高自身实力。

② 外联部网形成中小企业集群。

按照中小企业集群中各企业的分工,联系的松散紧密程度以及各企业所处的地位和作用的不同可分为市场型中小企业集群中卫型或称锥形小企业集群、混合型中小企业集群。在慈溪,大大小小的模具公司不计其数。随着市场竞争的全球化,经济发展也凸显出区域集中化趋势。以中小企业为主企业集群,由于其能够快速适应市场变化、满足顾客个性化需求而日益得到迅速发展。

(3) 总结

通过对慈溪精诚模具公司以往的成长模式分析,我们可以得出:

① 基于技术创新的创新模式中有所欠缺,一开始由于资金、技术和人才等方面的限制,选择了劳动密集型的加工工业,所以产品的技术含量和附加价值都比较低。精诚在历年的成长中还是缺少了自我品牌,企业的自我技术和创新能力还有待加强。

② 关于管理创新方面,精诚模具公司从一开始的顺风顺水,到现在面临发展的障碍。传统的家族企业管理模式已经渐渐失去效用,甚至成为企业发展的绊脚石。近几年来,精诚也在不断地寻求突破,但是出于对家族企业的保护,公司的高层管理者始终有所顾虑。一旦抛开家族观念的桎梏,引入外资和外部精英,精诚将会破茧成蝶。

③ 关于制度创新的成长模式中,虽然精诚选择以产权改革为突破口,并带动技术和管理创新,实现企业可持续成长。但是该企业并没有建立完善的董事会,完成所有权、经营权和监督权的有效分离,所以企业的综合竞争力没有进入新的阶段。

2. 家族企业治理结构下的成长模式分析

(1) 成长模式的优势

首先作为一个典型的家族企业,慈溪精诚模具公司具有与其他相关企业相同的特征:家族成员担任主要部门的经理或者直接负责人,形成以家族成员为同心圆的企业结构公司是由徐国良先生(董事长)和史建瀛先生(常务总经理)一手创建,分管生产技术和财务,副总经理由史先生的两位儿子担任,各部门经理全部由家族内的成员担任。受利他主义情绪和基本道义驱动,具有亲缘(血缘)关系的成员很自然地团结在一起,他们的价值观基本相同,目标也无太大冲突,因而可最大降低代理成本。

中国商业文明呈现典型的关系治理和面子文化特征,当市场规则和制度约束不健全时,凸显家族权威和创始人光环能够为企业建立政治关系,获得银行贷款,扩展客户关系等带来诸多现实好处,放大的家族原则来整合社会关系,获取社会资源,因此,可以说慈溪精诚模具公司的生存和发展对关系网有很强的依赖性,倾向于关系网成员进行交易、融资和合作。虽然慈溪精诚模具公司并没有进行银行贷款,但在扩展客户关系和信誉方面与今天的企业发展现状有着很大的关系。

慈溪精诚模具公司在家庭企业的成长方面有独特的也有大众的家庭企业方面的特征。随着企业资本规模的扩大和企业的成长,企业主的信任度低于家庭之间的信任度。但是,家庭企业信任由家族信任、泛家族信任逐渐转变为制度化信任。其中,家族信任是基于血缘、家族主义价值观,以及忠诚原则至上的特殊的信任关系,这种信任关系是最牢固的也是最有保障的,是一种特殊的私人信任原则,也和上文提到的一系列的儒家价值观相符合。

(2) 成长模式的劣势

① 组织机制障碍。

在模具公司成立之初,管理模式中的家族成员较多,外聘人员较少,使得领导者陷入两难的境地。随着家族企业的成长,其内部会形成各类利益集团,由于夹杂复杂的感情关系,使得领导者在处理利益关系时会处于更复杂,甚至是两难的境地。所以,这也是该模具公司现在遇到的问题所在——组织机制障碍。企业领导人的亲属和家人违反制度时,管理者很难像处理普通员工那样一视同仁,这给企业内部管理留下了隐患。结合该企业来说,在外聘人员较少的情况下,该公司的决策者家族式企业还有一个很普遍的特点就是,可以共苦但不可同甘,创业初期,所有矛盾都被创业的激情所掩盖,但创业后的三关——分金银、论荣辱、排座次——往往给组织的健康成长造成了阻碍。当对待荣誉、金钱和权利的看法出现分歧时,亲兄弟之间、父子之间都可能出现反目现象。

② 人力资源的限制。

家族式企业似乎对外来的资源和活力产生一种排斥作用。尤其是由于在家族式企业中,一般外来人员很难享受股权,其心态永远只是打工者,始终难以融入组织中。另外,由于难以吸收外部人才,企业更高层次的发展会受到限制。没有一个突破点,大家各有各的想法,要决策某件事就很难,容易耽误商机。所以才要在企业后期发展中引进职业经理人,充分聘用和任用外来人员,使企业在发展中不失创新,不失真正的人才,真正的发展规划。

（3）无法适应新的市场竞争环境的要求

家族企业大多集中在传统行业，技术和资本含量低，附加价值不高。难以创立品牌和形成高市场占有率，企业竞争力难以提高。而且，像慈溪精诚模具公司这样的家族企业一般都是中小型企业，大多各自为政，企业间缺乏合作，使得企业既没有规模经济效应和范围经济效应。而且融资能力有限，不能适应企业发展要求，机组企业自身的资金积累能力有限而且外部融资环境较为恶劣，难以形成正式金融体系进行融资。

综上基于家族企业治理结构的成长模式既是经济政治以及市场机制的产物，也是企业家在既定条件下理性选择的产物，影响家族企业成长的产物分为内部因素和外部因素，内部因素包括家族文化、清晰产权、企业家经营能力等；外部因素包括市场规则、经济体制以及法律环境等。这些因素中有支持家族企业成长的积极因素，也有阻碍家庭企业成长的消极因素。当前环境的变化，使得家庭企业面临诸多新的困难。即使家族企业治理结构下的成长模式做再多的调整，提出再多先进的管理思想都无法从根本上解决家族企业在发展中遇到的障碍。

3. 精诚模具公司面临的风险点

（1）产权界定不清导致分配不均

慈溪精诚模具有限公司是以家族产权为主体的业主个人产权，所有者、经营者、管理者三位一体。在产权归属上，并没有完全界定，认为是大家一块儿所有。一旦在利益分配、权利归属等方面有了矛盾，往往由于产权问题而闹上法庭。虽然目前精诚并没有遇到这样的问题，徐总和史总在利润分配上没有太大的分歧，但是这并不代表以后不会出现。两位同样也是兄弟，但是他们能不能像父辈那样和平共处、共谋发展还是一个未知数。亲兄弟还得明算账，一旦发生"内讧"，轻者会影响企业的团结，造成效率低下，重者会引起企业的解体，成为企业崩溃的导火索。

（2）人员配置不合理

尽管精诚有详细的岗位结构，但是其中存在严重的人员配置不合理现象。一个部门经理同时管理者两个部门，这种情况在精诚模具公司并不少见。精诚的规模进一步扩大。销售部需要销售方面的知识，市场部需要了解市场的情况，当精诚的规模达到临界点时，一个人管理多个部门的弊端就立马显现。一个人精通的方向一个或几个，为了减少成本而刻意减少职工的做法并不可取。

（3）股权集中限制企业发展

在一个企业中，一个人所持股份越多，这个人的话语权就越大。在精诚模具公司中，公司的股份仅仅掌握在徐总和史总手中。在公司经营初期，这种决策机制有助于统一领导，并迅速采取措施具有一定的优势，但当公司规模扩大后这种决策机制很可能会形成一种"专制体制"，并导致决策失误，为公司带来损失，这种责任与风险由业主一人承担无疑会给家族带来更大风险；而其他员工或外聘人员仅仅是被动工作，甚至可以对自己的失误不负任何责任，这样下去公司的发展效果可想而知。

（4）家族整体积极性下降

家族企业在创业阶段为了实现共同目标，大家往往会兄弟齐心，有高度的积极性。但是当企业做大到一定程度，已经满足股东的欲望时，积极性便会下降。在对精诚的市场部经理的采访过程中,经理表示,精诚目前并没有进一步扩大市场的想法,因为大家想要的都已经拥有了,公司高层的积极性在近几年的顺风顺水的发展中逐渐消磨。这无疑就是"温水煮青蛙",在激烈的市场竞争中不进则退。

4. 相应的解决方法

建立现代企业制度是家族企业的发展方向。现代的家族式企业是家族所持所有权,将其经营权交给有能力的家族或非家族成员。也就是说,家族持有所有权、股权,但是经营权交给职业经理人。不难发现,经营权和所有权、股权分离并不是最好的方式。作为一个"经济人",除非满足其所有条件,不然职业化经理人未必会尽心尽力地为股东效力,并且可能会采用违法手段谋取利益。因此,解决家族企业发展问题最好的方法就是实行股份制改革。具体做法如下。

(1)合理分配股权

股份过于集中很可能会使公司内部形成"专制制度",而股份分散则能很好地解决这一问题。各大股东能够相互制约,通过民主投票的方式来进行决策。股份制改革能为企业带来丰厚的资金,而大量的资金能够投入到产品生产和技术研发中去。对于精诚来说,像模具这种技术密集型行业,一旦拥有自己独有的技术,就能够将对手远远甩到身后。

(2)配备专业人才,各谋其职

一个人兼职两个部门的经理职位,或者次要部门闲置,尽管在目前情况下弊处并不明显,公司也能正常运作,保持现在的业绩,但是一旦精诚图谋更高的格局,追求更丰厚的利润,这种岗位人员配备方式势必会拖累企业。因此,岗位要用人就应该用相应的专业人才,而这势必要引入"职业经理人"。用不同层次的经理人胜任不同的岗位,用自己的职业素质和职业能力科学地管理企业。

(3)分配制度改革

一旦实行了股份制改革后,公司的分配制度将会有很大的改善。股东们可以根据股份的多少来进行分红,而对于不持有公司股份的管理者以及其他员工,要根据他们的业绩来进行分配。比如实行员工考核,管理层的业绩考核等。

(4)建立完善的激励制度

每个人都是"经济人",只有当自己的需求满足后,职业化经理人才能尽心为老板效力。因此,建立激励制度是保证效率的关键方法。第一,分配适当股份给职业化经理人,使其形成主人翁精神。第二,用期权激励职业化经理人,为了追求未来的个人利益,他们势必会尽自己所能,实现企业利润最大化。将个人利益与企业利益捆绑在一起,形成利益共同体。

5. 股份制改革下的"去家族化"成长模式

去家族化是一个漫长的过程,如果一味地追求速度,很有可能造成公司管理层内部矛盾激化、股权分配不合理、工作效率低下等问题。因此,"去家族化"的成长模式需要循序渐进。

(1)初建职业化团队

经过16年的发展,精诚模具公司取得了不俗的业绩,逐步累积起良好的业务资源和市场口碑。而此时,由于精诚家族团队的成员本身经验有限、能力又相对趋同,公司面临着创业团队无法支撑其高速发展的难题。在这个节点上,精诚应该开始认真考虑战略转型。引入外部人才以弥补团队自身能力的不足,对创业团队的知识体系进行有益补充,更能够满足业务发展的需要。只有依靠专业的人才,对产品策划、设计、开发到采购、生产、入库等进行精密专业的管理,产品才会真正形成品牌的支撑力。在引进职业化人才的同时,精诚的高层需要淘汰能力不足的家族内成员或者将家族成员的职位进行调整,使员工的能力与职位的需求达到最大程度的吻合。

（2）股份分配激励员工

逐步清理家族成员和职业经理人的角色和分工后,接下来的问题是如何激励和留住职业经理人。股权激励是必要的,并且应该建立在个人能力基础上,通过股权分配设计能够让经理人感觉自己是企业的主人,并且给经理人的激励一定要舍得,让他们觉得公司对自己的重视。在精诚内部中应该形成一种崇尚"分享"文化氛围,消除"自己人"和"别人"之间的壁垒。

（3）彻底去家族化

精诚的创始人徐总和史总如今年事已高,而两位老总的管理理念也逐渐跟不上公司的发展。总有一天,徐总和史总会放下手中的经营、控制大权。在我们的采访过程中,史总说,谁来接手精诚并不一定,我想让两个儿子来接手,但是如果到时候他们的能力不够就没有资格,谁行谁上。尽管现在精诚管理层的年轻一代都接受过大学教育,但是在企业经营方面才华横溢的人并没有。总经理掌握着公司最高的经营权,决定了公司的荣辱。建立一支彻底的职业化管理团队,让高素质人才成为精诚最高决策者。

六、结论与启示

结合时代的变化,分析传统的家族企业现状以及需面对的竞争因素,慈溪精诚模具公司的管理方式已不适合数据时代商家的发展,自身既有的条件决定了其不能在产品及渠道上寻求突破点。转变商业模式和改善企业内部用人制度,包括企业市场的对象转变和自身的规模问题成为传统行业普遍认可的路径。模式创新是指企业价值创新基本逻辑的变化,即把新的商业模式引入社会生产体系,并为顾客和自身创造价值。

所以开放市场的环境下,精诚模具公司在管理模式和成长模式以及在家族内部人员方面要有所改进。

上文管理模式所有权和经营权高度集中以及家长式领导等方面的问题可能导致慈溪精诚模具公司高管团队中充斥着家族成员,弱化了企业对外部网络资源、先进管理经验及其他社会资本的融合能力。具体来说,家族治理使得企业仅能从非常有限的选择中挑选管理人才,形成一个封闭的模具公司,同时也弱化了社会资本融合能力和抑制组织创新。另外"家长式"领导也就是权威治理也使得企业和家族的命运紧密捆绑在一起,一旦权威丧失将导致家族凝聚力松散,各自为政,甚至内耗频发,以及引发家族成长模式的问题。

为此,作为小资企业的慈溪精诚模具公司的家族治理转型在市场经济中就尤为重要,股份制改革是最彻底的方式,改变公司股权的组成结构,能够有效分散权力,使得权力之间形成制约。控制权在创业家族和职业经理人之间的合理配置,能够为企业可持续发展构建坚实的权利结构与契约基础。在这基础上,引进职业化经理人,优化企业内部的人力资源,采用先进的现代化企业管理手段。同时,建立有效的激励制度是保证企业运作效率的关键,给职业经理人分配股权和利用期权激励法,让个人的利益与企业的兴衰联系在一起。淡化家族观念,海纳百川,这样精诚模具公司才能迎来新的篇章。

思考题

1. 限制精诚模具公司进一步发展的因素有哪些?应该如何解决?
2. 精诚模具公司成长的演进路径是什么?企业家在公司发展过程中起到了哪些作用?

案例编写:方嘉城(会计 152)、周典慧(国贸 151)、陈慧慧(会计 152)、涂嘉璐(国贸 152)、王俞瑜(工商 152)

指导老师:李小明

┌─────────┐
│ 附　录 │
└─────────┘

实地调研慈溪精诚模具公司的照片资料

企业外部

企业内部

企业内部

实地采访调研

企业部分荣誉

立尚文化传播有限公司成长基因解析

摘要：小微企业作为极具活力和发展潜力的社会经济组成部分，在促进经济增长、增加就业、推动科技创新、加强社会和谐稳定等方面具有重要作用。但是由于规模小、抗风险能力弱等原因，导致企业生存能力不足，不少小微企业卒于襁褓之中。尽管如此，一部分小微企业却以惊人的速度成长，以其独特的优势迅速崛起。本文以绍兴市立尚文化传播有限公司为例，找寻其在经济新常态及"互联网＋"背景下有效发挥自身优势、强化行业核心竞争力并成长为一站式文化创意平台的根本因素，以期为其他亟须改造基因、突破成长困境的小微企业提供借鉴，从而助其破茧而出、实现成功转型升级。

关键词：小微企业；"互联网＋"；一站式；文化创意平台；成长基因

引　言

在"大众创业、万众创新"的背景下，小微企业快速新生。浙江是小微企业大省，面广量大的小微企业是浙江的特色和名片，也是浙商成长的主要平台。然而与大型企业相比较，由于规模小、资源有限、竞争力弱、生存压力大等特征，再加上全球经济疲软的大背景，小微企业的发展面临诸多瓶颈，多数小微企业遭遇"低成长、高死亡"的发展困境。然而，也有些小微企业却迎难而上、锐意创新、不断发展壮大乃至实现持续发展。究竟是什么原因导致小微企业之间形成如此巨大的差异？

人的成长需要什么？食物、阳光、空气、水、教育、医护……每个人成长都需要这些，这些外在条件每一样都不可或缺。但几乎在上述相同的条件下，为什么每个人又各不相同呢？有的优秀、有追求、有能力、成就卓越，而有的人则不同，甚至相反？那么决定一个人成长结果的根本因素是什么呢？对，是基因，是那些内在的、独特的因素在控制。

作为一个类似于生命有机体的小微企业，又是什么决定它的成长和发展呢？对，也是那些内在的、独特的因素——企业成长基因。鸡蛋和鹰的蛋看起来是差不多的，可是鸡蛋孵出来的鸡永远飞不起来，虽然也长着两个翅膀，但是只能在土里刨食，而鹰长大后却可以飞到天上去。因此，一个小微企业未来的发展状况，它自身独特的基因起着至关重要的决定作用。

绍兴市立尚文化传播有限公司作为一家文化创意服务类小微企业，成立仅 3 年多的时间已成长为拥有从策略到设计、再到制作落地的完整产业链的一站式文化创意平台，为客户提供最适合的个性化精准服务，赢得了众多客户的好评以及知名大型企业的认可，在经济新常态趋势下焕发出勃勃生机。与此同时,立尚公司不安于现状、求新求变,紧跟"互联网+"的潮流,积极探索"互联网+文化创意"的全新商业模式,借助现代科技成果实现传统文化创意产业与互联网的有效对接,引领本地相关产业的转型升级。本文就以绍兴市立尚文化传播有限公司为研究对象,解析其独特的成长基因,为那些急切需要寻求破解发展困境之策的众多小微企业提供一定参考和新的思路。

一、企业概况

1. 企业简介

绍兴市立尚文化传播有限公司(下文简称立尚公司)是一家进行全案策划、品牌设计、媒体发布、推广执行以及装饰工程的综合型品牌策划服务公司。立尚公司坐落于国际纺织之都——柯桥,着眼全国。公司拥有一支年富力强、高水准的核心创作团队,主创成员来自上海及杭州 4A 广告策划公司。他们拥有十年以上的品牌策划、设计以及装饰工程经验,多年从事品牌策划和设计,拥有多项经典品牌策划案例,并在多年服务众多知名品牌的历练中,汲取了宝贵的市场经验与创意服务经验,能够为不同客户提供高品质的创意服务。公司 Logo 与内景如图 8-1-1、图 8-1-12 所示。

图 8-1-1　立尚公司 Logo

立尚公司通过科学有效、国际化的创意设计和品牌管理之道,帮助客户构建卓越的品牌体系,协助更多的中国企事业单位塑造国际化的品牌形象,在世界范围内树立属于中国企业的优秀品牌形象和人文风格。立尚团队信仰专业的力量,旨在用优秀的设计帮助客户降低企业运营成本,创造超越竞争对手的品牌竞争力,以深度拓展设计的商业价值,用品牌的力量使客户实现商业目标,用品牌的力量驱动企业的持续发展。

图 8-1-2　立尚公司内景图

2. 企业发展概况

立尚公司成立于 2013 年 7 月,正式对外营业仅有 3 年多的时间。尽管是一家非常"年轻"的文化服务机构,但它是一家以 4A 管理标准配置、注重创意引领的一站式品牌文化创意策划公司,拥有从策略到设计,再到制作落地的完整产业链,成为本地行业的翘楚。《市场导报》《绍兴日报》《柯桥日报》等各大媒体先后对其做过深度报道。

短短 3 年多的时间,公司蓬勃发展,现已有 3 个办公地点,跨越柯桥和越城两区。员工数量也由最初创业时的 3 个人增长到 40 人左右,公司业绩稳步提高。公司成立之初,仅设有策划部和市场部,而现在立尚公司成立了行政综合办、策划部、设计部和执行部以及媒体发布中心、装饰工程中心、广告工程中心和影视制作中心,形成了 1 办 3 部 4 中心的组织构架。公司各部门的核心人物,多是在上海、杭州等一线城市著名广告策划公司工作过、有多年品牌公司服务经历的行业精英。为了更好地运营一站式品牌文化创意服务,立尚公司还下设网络科技公司、战略合作广告公司、报社直属发布中心和印刷厂等分支机构。

以"用心做到极致"为服务宗旨,立尚公司先后为银泰商业集团、喜临门集团、精工钢构集团和万达集团等知名企业做过策划、设计、制作及推广服务,并且成为绍兴不少政府部门和事业单位的指定策划设计机构。公司已获得数百家服务客户的好评以及知名大型企业的认可,每年营业额达到 2 000 万元左右。与此同时,公司还摘得了许多业界的珍贵荣誉,如图 8-1-3 所示。2015 年 4 月,公司被中国电子商务协会授予"诚信认证示范单位"。同年 6 月,公司被柯桥区推荐为省级成长型企业。2016 年 11 月,公司又被认定为"2016 年浙江省小微企业成长之星"。立尚公司希望通过几年的探索和发展,成为本地 4A 广告公司策划的引领者,成为文化传播行业的标杆。同时,公司还以"一站式文化创意平台"为核心,进行"互联网＋文化创意"的有益探索。

图 8-1-3　立尚公司荣誉证书

二、企业定位:一站式文化创意平台

对于企业而言,明确自身定位是构造基业大厦的根基。企业定位是指企业通过其产品及其品牌,基于顾客需求,将其企业独特的个性、文化和良好形象,塑造于消费者心目中,并占据一定位置。企业定位是企业战略管理的方向和目标，是在动态的竞争环境中保持和增强企业竞争优势的要求，是企业发展的指南针。制定明确、符合企业实际情况的定位是保证企业可持续发展的需要。企业只有找准了方向，才能让企业最大限度地集中资源，高效利用资源，从重点突破，有所为有所不为，使企业在发展中不断提升市场竞争力，在竞争激烈的市场当中立于不败之地。

立尚公司将其企业定位确立为：一站式文化创意平台。所谓一站式服务，其实就是只要客户有需求，一旦进入某个服务站点，所有的问题都可以解决，没有必要再找第二家（俗称一条龙服务）。通过这种便捷的综合服务，客户不再需要东奔西走，节省了时间，提高了效率，很好地适应了现代人快节奏、高效率的要求。立尚公司作为一站式文化创意平台，针对顾客需求提供品牌策划设计、品牌文化运营、管理咨询服务、市场推广执行、动态广告制作、环境设计施工、明星经纪代言等系列服务，其创意服务业务也涵盖了创意文化、创意家居、创意工艺品（玩具）、创意景观、创意农业等领域。立尚公司网站核心服务如图8-2-1所示。

图 8-2-1 立尚公司网站核心服务展示图

立尚公司追求为客户提供最适合的文化创意服务，将公司定位为创新、整合、包容的一站式文化创意平台，从而为客户提供精准创意策划和全方位的综合服务，根据服务企业的发展战略和市场需求对有关的资源进行重新配置，以突显该企业的核心竞争力，并为其寻求资源配置与客户需求的最佳结合点，提供系统化的全面服务，帮助客户创造最大的经济价值和社会价值。

三、企业成长基因解析

研究表明大象的基因和老鼠的基因99%以上是一样的，只有极个别的一两个基因不一样，最终一个长成了大象，一个却长成了老鼠。同样，企业能发展成什么样，最关键的还是取决于它的基因。

在文化行业竞争激烈的背景下,身为小微企业的立尚公司为何能够用短短三年多的时间在绍兴地区站稳脚跟,并快速成长为一个"一站式文化创意平台"呢? 其成长基因或许源于以下几个方面。

1. 独具特色的企业文化

文化是企业生命体的基因,基因优劣及其组合状态决定企业的规模、效率以及生命状态和生命周期。对于小微企业外部而言,优秀的企业文化可以提升企业的整体形象,提高消费者和供应商等利益相关群体对企业的认知,令顾客充分信任企业;有助于培养忠实的客户群,形成企业软实力,为企业带来持续盈利的机会。对于小微企业内部而言,企业文化承载了企业发展的使命和信念,厚重的文化能够体现企业员工的共同理想,凝聚企业人心,增强对企业的归属感,引导员工向着企业的理想目标奋斗。

作为对自身有着高要求的文化创意企业,立尚公司一贯以来极为重视对企业文化的培育,其深具独特魅力的企业文化成为创建"一站式文化创意平台"的精神支撑和动力源泉。

(1) 传承吴越文化

立尚公司作为绍兴本土一家新兴的文化创意公司,深受吴越文化滋养和影响(见图8-3-1)。吴越文化是中国文化中精致典雅的代表,其内涵特质可以概括为:"海纳百川、兼容并蓄。聪慧机敏、灵动睿智。经世致用、务实求真。敢为人先、超越自我。"具有丰富内涵和厚重底蕴的吴越文化正是立尚公司开展各种文化创意服务的精神内核,贯穿在公司发展的方方面面。"海纳百川、兼容并蓄。聪慧机敏、灵动睿智。"是驱动立尚公司集聚行业优势、整合社会资源来不断创新创意、增强核心竞争力、提升服务品质的强大精神动力。"经世致用、务实求真"则被演化为立尚公司"用心做到极致"的服务宗旨。吴越文化"敢为人先、超越自我"的精神,赋予立尚公司勇于创新、永不止息的文化特质,造就了不断钻研、孜孜追求的专业团队。通过传承精神、传递价值和传播文化,立尚公司凝聚人心、整合资源,在短短的几年间获得快速成长,在汹涌激荡的文化产业发展大潮里站稳脚跟、获得自己的一席之地。

图 8-3-1 立尚公司文化宣传图

(2) 塑造"立尚文化"

"思想 价值 创新—想法改变世界",是立尚公司对公司使命的经典描述(见图8-3-2)。"用心做到极致",是立尚公司坚持的服务理念(见图8-3-3)。"最适合的创意、最优质的资源、最完善的设计、最周到的服务",是立尚公司贯彻始终的核心价值观。它们共同汇聚成立尚公司特有的企业灵魂,成为推动企业蓬勃发展的不竭的思想动力源泉。在立尚公司茁壮成长的过程中,正是这种独特的"立尚文化"深刻感染了每一位立尚员工,激励他们不断更新思想、创造价值、创新创意,实现"想法改变世界"的梦想。"用心做到极致",成为每个立尚员工的共同追求。这种高尚的追求,促使立尚公司上下一心,为客户提供更高品质的服务而不懈努力。立尚公司始终坚持以"四最"精神为客户提供适宜的定制服务,在不同阶段尝试为客户寻求最科学的设计方案,传达最具新鲜感与独特视觉的作品,帮助客户建立和改善品牌形象,以维护消费者对其品牌的热情度。

图 8-3-2 立尚公司使命展示图

图 8-3-3 立尚公司服务理念宣传图

2. 凝聚智慧的人才战略

文化创意往往是专业人才脑力激荡的结果,蕴藏在策划文案优美文字背后的是思想和智慧。因此,文化创意的核心在于人的创造力以及最大限度地发挥人的创造力。所以,文化创意企业要想获得核心竞争力,优秀的专业人才是至关重要的核心资源。立尚公司深谙此道,将人才战略作为驱动自身发展的首要战略。立尚企业在三年多的时间里,积极探索人才建设的新举措、新路径和新方法,不断强化人才队伍建设,为其自身发展提供了强有力的智力资源保证。立尚公司的人才战略有以下几个特点。

(1) 精挑细选引人才

公司刚成立时,员工数量仅为3人。但在这种人才紧缺的情况下,立尚公司依然能够向客户提供高质量的文化创意产品和服务,这与立尚公司从一开始秉持的人才最优化的理念是分不开的。公司在引进人才时,大多选择在上海、杭州等一线城市的著名广告策划公司工作过、有多年品牌公司服务经历的出色专业人员。尽管立尚公司仍属于小微企业,但是公司优秀人才的专业水平,却与成熟的同行企业不相上下,形成了一支年富力强、高素质、高水准的核心创作团队,主创成员拥有丰富的品牌策划、设计以及装饰工程经验。立尚公司对人才的高标准和严要求,为立尚公司实现无限创意、锐意创新集聚了智慧源泉。在服务客户的过程中,立尚精英充分发挥团队协作力量,不断钻研、孜孜追求、默契配合,为客户寻求最科学的设计方案、提供最精准的创意策划,实现全方位的综合服务,以期助推客户优质产品的培育,为其创造最大的经济价值和社会价值。

（2）人文关怀留人才

很多企业都面临着人才流失严重的问题。而立尚公司的人才流失率却始终保持在较低的水平，甚至还出现辞职员工重返立尚继续工作的现象。除了较高薪资水平和良好工作环境（见图8-3-4）的影响外，这与立尚公司对员工无微不至的人文关怀是分不开的。这种人文关怀提高了公司内部的凝聚力，稳定了核心创作团队，为"一站式文化创意平台"的有效运转配备了强大的脑库。立尚公司专门设立了优秀员工评选、创造奖、功绩奖、全勤奖、建议奖等对做出特别贡献的员工给予表彰和奖励。

图8-3-4　立尚公司舒适温馨的工作环境

3. 卓尔不凡的资源整合能力

"一站式文化创意平台"的打造，离不开各类资源的综合运用，借此才能真正实现系统化的全面服务。立尚公司出色的资源整合能力，为"一站式文化创意平台"的构建提供了重要的资源支持。

成功的品牌传播不仅需要"好的创意、策划"，还需要各种资源的有效整合和各类相关机构的通力合作。因此，适宜又独具个性的文化创意和广告策划好比是帮助客户建立和改善品牌形象的"精妙曲谱"，如何让这个曲谱真正成为一首悠扬动人的交响乐，却离不开众多"演奏家"的精心协作。为此，立尚公司不仅整合内部资源打造了包含行政综合办、策划部、设计部和执行部、媒体发布中心、装饰工程中心、广告工程中心、影视制作中心、网络科技公司、战略合作广告公司、报社直属发布中心和印刷厂在内的较为完备的主体结构，而且通过整合外部资源，与众多媒体、广告制作公司、演艺公司和相关各级政府机构、事业单位等建立了长期、密切的深度合作关系。比如，绍兴市梓杰印刷有限公司、绍兴市新动文化传播有限公司等都是立尚公司重要的核心下属机构，通过与同业公司和竞争对手的横向整合，突破企业间的界限，实现核心资源的共享，发挥协同效应，扩充了产品和服务，提高了客户满意度。在媒体资源方面，立尚公司与当地拥有"三报一网一中心三刊物"（即《绍兴日报》、《绍兴晚报》、《天天商报》（改版中）、绍兴网、新媒体中心，《越商》、《企业家》

和《绍兴报业》杂志)架构的较大型传媒集团——绍兴报业传媒集团——构建了稳固的合作关系。立尚公司在其分类广告中心,长期为各企、事业单位专门策划和运营在《绍兴晚报》、《天天商报》上的信息发布工作。另外,立尚公司还与浙江电视台、绍兴电视台、绍兴市电台等多家省市级媒体都发展了长期的协作关系。同时,立尚公司也与各类政府机构、事业单位建立了深入和良好的客户关系,有助于其进一步获得优质的客户资源和快速掌握最新的经济动态与市场信息。立尚公司还曾为银泰商业集团、喜临门集团、精工钢构集团、万达集团和古越龙山黄酒集团等知名大型企业服务并获得认可,从中形成的商业联系也成为立尚公司获得更多优质资源的重要途径。2016 年 3 月,立尚公司联合多家行业优秀企业,发起成立了绍兴市文化传媒创业协会。而公司董事长劳立江先生在行业协会的兼职背景,也为立尚公司开拓了融合更多优质社会资源的广泛渠道。借助公司内外的丰富资源,立尚公司在服务内容上不断拓展并取得了丰硕的合作成果,形成了从策划到设计,再到制作落地的完整产业链,增强了"一站式文化创意平台"的综合服务功能和市场竞争力。除此之外,通过整合各行资源,立尚公司还在销售拉动、内部管理提升等方面为客户提供全方位的个性化定制服务。

4. 最适合的个性化精准服务

与一般性的文化传播公司相比,立尚企业作为"一站式文化创意平台"具有了全方位和高品质两大竞争优势。而与成熟的大型文化传播企业相比,"一站式文化创意平台"的个性化精准服务则是立尚公司抢占市场的独特攻略。立尚公司率先将个性化订制的理念引进文化创意服务领域,在完成项目的过程中,始终坚持以客户需求为中心,适时提供最适合的个性化创意服务,而非一味追求创意的高大上。例如,对于一个刚成立的企业,立尚公司首先会深入调查、准确把握该企业的文化理念,并对其加以梳理和适当完善后重新植入,随后在此基础上为该企业打造独特的品牌策划方案,其中包括 Logo 设计、VIS 设计等。立尚公司将"做最适合的个性化创意"这个理念渗透到为客户服务的每一个细节中,从企业统一着装、统一识别标志到企业内部环境的空间设计和宣传推广时平面设计的色调与风格的抉择等,都力求契合客户的独特需求和实际发展需要。通过这种最适合的个性化创意服务,助推客户品牌形象的快速提升,达到公司与客户"双赢"的理想境界。

5. 与时俱进的"互联网+"探索

2015 年两会期间,政府工作报告中提出"互联网+"的新概念。信息时代网络技术与多种行业结合产生了新的变化,同时也为文化创意产业的发展带来了全新契机。文化创意产业因其知识性、创新性、分散性的特点,可以说与互联网有着天然的"亲缘性","互联网+文化创意"为文化创意产业的发展带来新的机遇。文化创意产业的未来不能再仅仅依靠专业人士的技能,更需要依靠科技创新成果的驱动,才能使其具有可持续的发展动力。为此,立尚公司合理利用互联网开展"互联网+文化创意"的有益尝试,寻求文化创意企业在互联网时代中商业模式的进化,利用互联网技术着力打造"一站式文化创意平台"。2015 年 4 月,公司成立了绍兴市立尚网络科技有限公司(见图 8-3-5),利用互联网的传播优势进行品牌宣传和业务推广,并采用电子商务的形式实现"在线承接业务订单,线下对接综合服务"的新模式。与此同时,为了适应移动互联网发展的热潮,立尚公司还专门设立了"立尚文化传播"的微信公众号(见图 8-3-6),插上微信营销的翅膀,增加自身品牌的曝光度和影响力。立尚公司求新求变，紧跟时代潮流，在"一站式文化创意平台"的基础上，探索"互联网＋文化创意"的有效对接模式，打通文化创意领域产业链，促进了文化创意服务业态的升级。

图 8-3-5　立尚文化公司网站首页

图 8-3-6　立尚文化线上微信公众平台

四、结束语

立尚公司凭借自身独特的成长基因获得茁壮成长、跃居行业翘楚,并引领本地文化创意产业积极实践"互联网+文化创意"的有效对接。"小荷才露尖尖角,早有蜻蜓立上头。"相信未来,将会有更多的小微企业通过不断改良自身成长基因,在经济新常态和"互联网+"时代的新背景下找准方向、崭露头角,吸引众多"蜻蜓"久久伫立。

思考题

1. 决定小微企业成长结果的关键是什么?主要表现在哪些方面?

2. 面对经济新常态和"互联网+"时代的新背景,小微企业面临哪些机遇和挑战?如何进行有效应对呢?

案例编写:陈瑶(国商 151)、程丽丽(国商 151)、陆济楚(国贸 151)、祁娟(国商 151)、赵越(国贸 151)

指导老师:杨霞

打造都市慢生活:荟乐园案例分析

摘要:随着经济社会的发展,人们对生活质量也提出了更高要求,在繁忙工作之余能享受生活成为一种时尚。多肉植物在一定程度上满足了人们享受生活品质的需求。绍兴荟乐园以多肉植物为主体,有自己的多肉种植基地,并有自己的生活体验馆。与一般的多肉植物销售基地相比,荟乐园不仅仅局限在多肉种植与销售上,产品及服务内容更加多样化。

本案例以荟乐园为研究对象,探讨其经营项目和理念,特别是其在创业初期所做的 STP 战略及其营销策略,分析荟乐园能够不断发展的原因。

关键词:荟乐园;STP 战略;营销策略

引　言

随着经济的发展,人们注重的不再只是温饱问题,更注重的是生活质量,希望自己所处的生活环境更加美好。多肉植物是指植物营养器官的某一部分,如茎或叶或根(少数种类兼有两部分)具有发达的薄壁组织用以贮藏水分,在外形上显得肥厚多汁的一类植物。多肉植物美丽的外观,能够改善空气质量,使人身心愉悦的同时生活环境也有变化,两全其美,成为大多数人的选择。

从 2013 年开始,多肉市场逐渐受到大众关注,5~10 元一棵的普货卖得最好。到 2015年,多肉销售达到顶峰,50 元一棵的二线普货乃至价值万元以上的贵品相多肉也是供不应求。而市场门槛过低,大量的资金涌入,供求关系发生巨大变化,致使 2016 年起,多肉热潮的退却,多肉价格迅速走低,虽高价贵品相多肉无人问津,但普货类销量仍有所增加。

本文通过实地调研,对荟乐园其独特的经营理念和经营模式研究,分析荟乐园在 2015年创业初期就能够发展的原因,即有机结合各种优秀资源,将多肉植物经营与"陶艺＋钓鱼＋品茶"等特色服务结合的发展道路,从消费者的角度去考虑,较为有效地满足了消费者追求"慢生活"的品质化诉求。

一、公司简介

1. 荟乐园概述

荟乐园是一家以多肉植物为核心元素的微景观生态盆景创意公司。公司位于绍兴柯桥区宇岑农场,靠近公交车站,交通相对便利,便于顾客自行去基地进行多肉的购买活动。同时由于远离市区,地价便宜,在一定程度上降低了荟乐园的经营成本,能够进一步拥有多肉销售的价格优势。而且,宇岑农场中的荷塘、有机菜水果和农家乐又与荟乐园的多肉植物经营项目相呼应。

荟乐园的创建人王先生,受到家庭环境的影响,从小就立志成为一个创业经营者。他大学主修园艺,也是在那时,他有了要经营多肉植物的想法。毕业后,曾在丽水农科院工作了3年多,学习并实践了一些先进的农林园艺技术。2014年,他以宁波多肉卖场为起点,开始形成荟乐园的建设思路,不再作为一个单纯的批发商。2015年8月,成立并注册了荟乐园及商标,9月开始正式进驻绍兴,进行日常小规模运营,并开始一系列推广活动,以体验式门店以及向小店面供货作为主营业务。通过实体店与网络双向销售。由于之前积累了不少的经营经验和专业知识,在短短一年的时间内,荟乐园便拥有了5 000多粉丝,也取得了不俗的销售业绩。图9-1-1为王先生正在为客户组合创意多肉盆景。

图9-1-1 王先生正在为客户组合创意多肉盆景

2. 经营理念

荟乐园以"打造都市慢生活"为营销定位切入点,通过多元化产品及其服务,满足消费者的品质化诉求:以优质的多有植物为核心,吸引顾客体验消费;开设陶艺DIY活动,让顾客能感受到陶艺的吸引力;设置多个风格不同的茶室,让顾客感受到茶艺的魅力;建设小型高尔夫球场,让顾客感受到休闲的慢运动。让顾客在都市里快节奏的生活有意地放慢,适当放松心情缓解城市的压力,将更多的时间用于享受和感悟生活。

3. 经营项目

(1) 多肉植物

荟乐园以多肉植物作为主营产品,提供有各价位类品种,并拥有自己的母本培植区,其品类丰富,可满足顾客多方面需求(见图9-1-2)。荟乐园还推出多肉组盆DIY活动,园艺师提供技术指导,由顾客自行创意组装。

同时,为解决顾客对多肉植物养护技术存在的顾虑,荟乐园在微信平台推送多肉养护的文章,支持顾客通过微信进行咨询;在基地,荟乐园还专门开设了寄养模块,顾客可将病态多肉带回基地进行寄养。很大程度上,完善了多肉的售后工作。

图 9 - 1 - 2 荟乐园多肉植物

荟乐园利用自身文化特点,将多肉的购买主体从单一的学生、多肉爱好者顾客群推广至各年龄段全体顾客。利用兴趣、亲子互动作为培养,扩大推广面。

(2)陶瓷

荟乐园在线下提供多种精美的成品陶瓷供消费者选择,也提供制陶材料,让顾客亲自体验制陶的过程,制作花盆、茶杯(见图 9 - 1 - 3)。在此基础上,荟乐园还专门与景德镇的陶瓷作坊合作,开展了暑假班陶艺课程,让儿童在制作陶瓷的过程中,培养其兴趣,提高动手能力和想象能力。同时,荟乐园在线上委托淘宝店铺,进行各种陶具(如挂件、手链、花盆、茶具等)的销售。

图 9 - 1 - 3 荟乐园 DIY 陶艺

(3)生活体验馆

荟乐园注重文化环境的营造和文化的积淀,致力于打造都市慢生活,让消费者在购买多肉植物的过程中,还能享受文化带来的魅力。主要提供的产品和服务包括:① 各种各样茶室。让消费者在购买多肉植物的过程中,还能享受茶文化带来的魅力。体验都市快生活所没有的悠闲和惬意。② 迷你高尔夫球场。能让家长和孩子提高互动能力,既感受到亲子游戏的乐趣,又能感受到高档体育的吸引力(见图 9 - 1 - 4)。

图 9 - 1 - 4　荟乐园迷你高尔夫球场

二、竞争环境分析

1. 宏观环境分析

(1) 社会环境

国内生活水平、人均收入不断提高,人们对生活品质的追求不断提高。但随着现代社会的快节奏、高强度的工作,人们有一种无形的压力,迫使他们寻找属于自己的消遣和娱乐方式,来释放工作与生活中积聚的疲惫与紧张。传统植物因其较为复杂的照料方法,遭到现代年轻人的抛弃。因此,荟乐园选择了多肉作为主营产品,相较于其他植物,多肉特有的形态及亲民的价格、极易成活的特性深受广大上班族及学生党的青睐。

为了更加了解消费者的最新想法,了解绍兴目前的多肉市场的创业前景,从而了解荟乐园所处的销售环境,判断荟乐园针对消费者购买所采取的措施的可行性,洞悉荟乐园长期发展的可能性与潜力,我们于 2016 年 7 月在绍兴进行问卷调研,共收到了 152 份问卷,统计结果如表 9 - 2 - 1 所示。

表 9 - 2 - 1　关于多肉植物消费统计调查表

是否购买过多肉植物	在　养	曾经养过	从未养过		
	21.85%	32.4%	45.7%		
受多肉植物吸引的原因	改善空气	可爱	易养活	没有吸引力	其他
	50.9%	51.6%	50.9%	5.3%	13.2%
对多肉植物的接受价格	10 元左右	20 元左右	30 元左右	无所谓	
	27.8%	31.7%	9.93%	30.42%	
购买多肉植物的顾虑	价格	没时间	缺乏经验	没兴趣	
	20.5%	51.6%	54.3%	29.8%	

（2）经济环境

就多肉大市场而言,自 2013 年起,逐渐受到大众关注,5～10 元一棵的普货卖得最好。至 2015 年,达到多肉销售顶峰,价值万元以上的贵品相多肉也是供不应求。而多肉入市门槛过低,大量的资金轻易涌入,供求关系发生巨大变化,致使 2016 年起,多肉热潮的退却,价格迅速走低,高价贵品相多肉无人问津,但低价普货类仍销量走俏,有较大的发展前景。在此环境下,荟乐园消费人群主要锁定儿童、家庭主妇、老年人在内的普通居民,选择普货类多肉作为主要经营产品。

荟乐园将首家店面开设在绍兴,主要考虑到绍兴仍处于发展之中,人均收入不断增加,生活水平提高,使人们愿意增加娱乐休闲方面的支出。相较于一线城市,绍兴的经营成本费较低,有利于企业的运转和维持。

（3）技术环境

嫁接、扦插与播种等一系列种植上的技术的运用,使得多肉在经欧美、韩国流入中国后,得以国内更加迅速的培植,并培育出一系列新兴品种。各种先进农业工具的运用,大大缩短了多肉的人力成本。荟乐园选择建立自己的培植区,利用已掌握的较为成熟的培植技巧,既方便企业日后扩大规模,也极大地降低了进货成本,掌握销售主动权。

互联网技术的成熟,使得多肉不仅能够在线下销售,更能通过淘宝等购物平台,进行线上销售。荟乐园抓住时代机遇,依托网络,开拓了自己的销售渠道。

（4）政治法律环境

以个体经济为代表的非公有制经济的发展加快了中国国民经济的发展,在国民经济的很多领域发挥着不可替代的作用,不仅提供了多样化的产品和服务,还有利于创造更多的就业机会,更好解决民生问题;此外,国家鼓励并支持并大众创业。

2. 微观环境分析

（1）五力分析

五力分析模型是迈克尔·波特(Michael Porter)于 20 世纪 80 年代初提出,对企业战略制定产生了全球性的深远影响。用于竞争战略的分析,可以有效分析客户的竞争环境。五力分别是:供应商的议价能力、购买者的议价能力、潜在竞争者进入的能力、替代品的替代能力、行业内竞争者现在的竞争能力。五种力量的不同组合变化最终影响行业利润潜力变化,如图 9-2-1 所示。

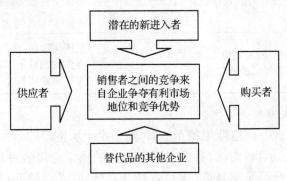

图 9-2-1　波特五力分析模型

第一,供应商的议价能力。

供方力量的强弱主要取决于他们所提供给买主的是什么投入要素,当供方所提供的投入要素其价值构成了买主产品总成本的较大比例、对买主产品生产过程非常重要,或者严重影响买主产品的质量时,供方对于买主的潜在讨价还价力量就大大增强。

荟乐园在农场中掌握了成熟的培植技术,也拥有自己的生产母本区,能够自产自销。并选择在旺季前,向大型基础类销售基地进货,避免农场缺货。掌握自行定价的主动权,降低供方的供货比例并减少其在定价时的话语权。

第二,购买者的议价能力。

购买者主要通过其压价与要求提供较高的产品或服务质量的能力,来影响行业中现有企业的盈利能力。荟乐园拥有自己的生产母本区,其产品价格已远低于其他销售门店,并借助其文化产品,带动销售,降低议价带来的影响。

第三,新进入者的威胁。

新进入者在给行业带来新生产能力、新资源的同时,将希望在已被现有企业瓜分完毕的市场中赢得一席之地,导致行业中现有企业盈利水平降低。现阶段新进入者以小型门店为主,虽其行业门槛较低,但其受店面所限,多肉种类较少;客源受地域限制;没有成熟的培植技巧,对供货商有很强的依赖性。因此对荟乐园构成的威胁相对较小。

第四,同业竞争者的竞争程度。

大部分行业中的企业,相互之间的利益都是紧密联系在一起的,作为企业整体战略一部分的各企业竞争战略,其目标都在于使得自己的企业获得相对于竞争对手的优势,所以,在实施中就必然会产生冲突与对抗现象,这些冲突与对抗就构成了现有企业之间的竞争。现有企业之间的竞争常常表现在价格、广告、产品介绍、售后服务等方面。大量同业竞争者,搭上网络购物的顺风车,以薄利多销为特点,扩展自己的市场。在一定程度上,分流了荟乐园的散客。荟乐园和小型门店的竞争优劣势对比如表9-2-2所示。

表 9-2-2 同业竞争者优劣势比较

	优 势	劣 势
荟乐园	以亲子陶艺、绘画等课程形式吸引客源 相较小型门店,多肉类产品价格较低 依托企业优势,有强势的宣传力度 拥有个人基地的栽培区,可自行生产,产品丰富	地理位置相对偏僻,远离市区 整个公司运营成本相对较高 多肉销售季节性影响大
小型门店	地点便利,购买方便 整体店面经营成本较低	受店面所限,多肉种类较少 客源受地域限制,很难拓展 对供货商依赖性强

第五,替代品的威胁。

两个处于同行业或不同行业中的企业,可能会由于所生产的产品是互为替代品,从而在它们之间产生相互竞争行为,这种源自于替代品的竞争会以各种形式影响行业中现有企业的竞争战略。替代品价格越低、质量越好、用户转换成本越低,其所能产生的竞争压力就强。

鲜花作为多肉的最大替代品,其市场占有率大、拥有大量传统受众、适用范围广,有特定的适用节日,如情人节——玫瑰花、母亲节——康乃馨(见表 9-2-3)。

表 9-2-3　荟乐园替代品优劣势比较

	优　势	劣　势
多肉	形态独特,造型呆萌 极易成活	销售主体较窄 进入市场时间短
鲜花	拥有大量传统受众 花期短,导致再次购买的时间间隔短,因此有较大的需求量 适用范围广,有特定的适用节日,如情人节、母亲节	花期短,易凋谢,难存放 对生长环境要求较为苛刻

上表中可看出以下两点:① 多肉和鲜花在外形上同样吸引人,在服务方面的竞争也差不多,因此荟乐园剔除外形和服务这两个竞争攀比的元素。② 在存活时间方面,多肉有绝对的优势,所以荟乐园相对减少了在多肉存活时间方面的过度追求,这有利于降低成本。

为了能够增加受众,荟乐园积极进行宣传计划,在银泰、世贸等地多次开设展会。同时,荟乐园也在积极培育新的品种,为多肉注入新的色彩。荟乐园还挖掘到了买方对购物环境要求的提高,积极地提升基地的文化氛围,开设生活体验馆。

(2) SWOT 分析

SWOT 分析法是通过确定企业自身的竞争优势、竞争劣势、机遇和威胁将公司的战略与公司内部资源、外部环境有机地结合起来的一种科学的分析方法。其中,S(Strengths)、W(Weaknesses)是内部因素,O(Opportunities)、T(Threats)是外部因素(见 9-2-4)。以下将通过 SWOT 分析法对荟乐园的发展现状进行研究,探寻荟乐园的生存奥秘。

表 9-2-4　荟乐园 SWOT 分析表

内部因素 ＼ 外部因素	外部机遇:Opportunities 国内生活水平、人均收入不断提高。人们对生活品质的追求不断提高。多肉逐渐被更多消费者所喜爱 微信等手机端成为信息主流传播手段,便于宣传市场未饱和	外部挑战:Threats 房租成本和人力成本不断上涨 鲜花店作为传统店铺,仍有较大受众 网络竞争异常强大 人们对多肉的不了解因素,使得顾客在购买多肉时,心存顾虑
企业优势:Strengths 以文化带动零售的创新营业模式,打造多肉＋陶艺＋茶艺多元文化环境 打造独特的品牌优势 主动对接网络时代,线上线下同时销售宣传	SO 战略 一改单纯的商品销售策略,利用盆栽 DIY、陶艺、茶艺等文化体验,扩大客户群体,更培养了低龄群体的对多肉的兴趣,带动多肉销售。普遍性的单纯销售也许能争一时之胜,但缺乏长久的销售动力。荟乐园选择利用慢生活的节奏以培养顾客长久性的兴趣取向,从而增加了顾客对多肉的接触时间与了解,并以此形成了独立的品牌效应	ST 战略 扩大与网络的对接,利用淘宝、微信在线销售功能来扩大经营网络,凭借质量保证也在后续发展阶段慢慢起步,坚持品质,坚持长久效益。线上不仅作为网络零售平台更是一个宣传平台,帮助顾客加深对多肉的了解与日常养护知识,也有助于企业推广线下文化体验活动

内部因素 ／ 外部因素	外部机遇：Opportunities 国内生活水平、人均收入不断提高。人们对生活品质的追求不断提高。多肉逐渐被更多消费者所喜爱 微信等手机端成为信息主流传播手段，便于宣传市场未饱和	外部挑战：Threats 房租成本和人力成本不断上涨 鲜花店作为传统店铺，仍有较大受众 网络竞争异常强大 人们对多肉的不了解因素，使得顾客在购买多肉时，心存顾虑
企业劣势：Weaknesses 实体店面仅此一家，缺乏覆盖力 企业规模较小 管理结构简单 销量受季节影响大	**WO 战略** 利用大众对更高生活水平的追求，借助手机端加大宣传，以体验式感受吸引顾客 现阶段企业需要加强内部的人员管理，引进招收专业化人才，以完善企业体系，扩大企业规模	**WT 战略** 虽短时内缺乏开设其他分店的能力，但开设计划已有一定规划，在临近区域内，逐步扩展，一步步拉大企业覆盖面。面对传统花卉市场的竞争，寻求与大型公司"花先生"加盟店合作，强强联合，加大了企业宣传面，也避免了直接对抗

三、STP 战略及其应用

1. STP 战略概述

STP，是营销学中营销战略的三要素。在现代市场营销理论中，市场细分（Market Segmentation）、目标市场（Market Targeting）、市场定位（Market Positioning）是构成公司营销战略的核心三要素，被称为 STP 营销。

（1）市场细分

市场细分的概念是美国市场学家温德尔·史密斯（Wendell R. Smith）于 20 世纪 50 年代中期提出来的。市场细分是指营销者通过市场调研，依据消费者的需要和欲望、购买行为和购买习惯等方面的差异，把某一产品的市场整体划分为若干消费者群的市场分类过程。每一个消费者群就是一个细分市场，每一个细分市场都是具有类似需求倾向的消费者构成的群体。

（2）目标市场

著名的市场营销学者麦卡锡提出了应当把消费者看作一个特定的群体，称为目标市场。通过市场细分，有利于明确目标市场，通过市场营销策略的应用，有利于满足目标市场的需要。即目标市场就是通过市场细分后，企业准备以相应的产品和服务满足其需要的一个或几个子市场。

（3）市场定位

市场定位是指企业针对潜在顾客的心理进行营销设计，创立产品、品牌或企业在目标顾客心目中的某种形象或某种个性特征，保留深刻的印象和独特的位置，从而取得竞争优势。在 20 世纪 70 年代由美国学者阿尔·赖斯提出的一个重要营销学概念。所谓市场定位，就是企业根据目标市场上同类产品竞争状况，针对顾客对该类产品某些特征或属性的重视程度，为本企业产品塑造强有力的、与众不同的鲜明个性，并将其形象生动地传递给顾客，求得顾客认同。市场定位的实质是使本企业与其他企业严格区分开来，使顾客明显感觉和认识到这种差别，从而在顾客心目中占有特殊的位置。

因此，STP 战略是指企业在一定的市场细分的基础上，确定自己的目标市场，最后把产品或服务定位在目标市场中的确定位置上。

2. STP 战略应用

秉承着"打造都市慢生活"，为顾客带来别样的植物观赏体验的理念，荟乐园培育了许多精美的多肉及苔藓微景观盆景，颇具自然风格。同时，荟乐园还配有茶室、DIY 陶艺、迷你高尔夫球等配套项目，让顾客在观赏休憩之余，能感受到荟乐园给顾客的最佳服务，找到都市生活久违的快乐和身心的释放。

(1) 市场细分

根据地理可分为学校、商场、农场及周边地区市场；根据人口可分为老人、儿童、家庭主妇以及大学生市场；根据消费心理可分为现有市场和潜在市场；根据生活方式可以分为传统型和现代型。

(2) 目标市场选择

企业从细分后的市场中选择出来决定进入的细分市场，也是对企业最有利的市场组成部分。因此，荟乐园将"追求都市慢生活"人群作为目标市场：首先，多肉植物外形可爱，且易养活、不需要费心照料，因此，可以为紧张的现代生活带来更多乐趣。适合于各年龄层养殖，市场较为广阔。其次，潜在市场存在很大的潜在需求，消费者的需求受多种因素的影响，可能是价格、品牌、偏好（对产品价值的主观判断、顾虑）等。有些顾客看中多肉植物的寓意，有些喜欢多肉的外形及所搭配的花盆，还有一些更注重多肉养殖的难易程度。针对这些顾客购买的不同动机，可以考虑推出多肉组盆 DIY 活动，每个顾客都可以选择自己喜欢的花盆和多肉，在园艺师的指导下，把多肉种到花盆中并带走。

根据问卷调查，我们得到一些数据：45.7% 从未养过多肉植物，这表明多肉植物还是有很大的推广空间的；而问卷数据也显示，近三分之一的消费者可以接 20 元（即中等）的价格，还有相当部分的人对价格是没有要求的，从这个角度来说，只要增强消费者想要购买对多肉植物的意愿，将会有很大的市场。

(3) 市场定位

在营销过程中把其产品或服务确定在目标市场中的一定位置上，即确定自己产品或服务在目标市场上的竞争地位。荟乐园在"打造慢生活"这一理念时，以多肉植物为核心产品，配合以多样化休闲产品与服务，形成一个有系统的"慢生活"文化产品系列。

产品一：多肉植物及园林微景观。营造一种绿色、健康的慢生活氛围。

产品二：陶艺 DIY 课程。让顾客在假期休息之余，能感受到陶艺的魅力，同时提高自己的动手能力、想象能力。

产品三：各种各样茶室。让消费者在购买多肉植物的过程中，还能享受茶文化带来的魅力，体验都市快生活所没有的悠闲和惬意。

产品四：迷你高尔夫球场。能让顾客提高互动能力，感受到高档体育的吸引力，特别是让亲子体验到游戏和生活乐趣。

因此，荟乐园针对目标市场，不断在现有基础上打响"慢生活"品牌，同时做好售后服务工作,如针对潜在市场的缺乏经验人群可以通过微信定期推送多肉植物护理经验,完善寄养服务。针对有养护经验的目标客户,关注消费体验和感受,不断对目标对象追踪更进,及时通知产品更新来扩大现有市场,对多肉栽培和管理提供帮助;同时,对新的客户群体加大宣传力度,发掘潜在市场。

四、营销策略

营销策略是公司市场营销部门根据战略规划,在综合考虑外部市场机会及内部资源状况等因素的基础上,确定目标市场,选择相应的市场营销策略组合,并予以有效实施和控制的过程。市场营销总战略包括产品策略、价格策略、营销渠道策略、促销策略等。市场营销战略计划的制定是一个相互作用的过程,是一个创造和反复的过程。

虽然荟乐园是一家以多肉为核心元素的微景观生态盆景创意公司,但比起如何使多肉植物的销量提高,荟乐园更加注重文化环境的营造和文化的积淀,通过各种营销策略,致力于打造都市慢生活。

1. 产品策略

(1) 核心产品

荟乐园的多肉产品较为丰富,既有好栽易养的品种也有一些特色品种,主要包括:① 优良的品种,如多肉花卉中的金晃星、沙漠玫瑰、月兔耳、灿烂、玉露、春梦殿锦、生石花等。② 好栽易养的品种,如玉树、卧牛、大和锦、令箭荷花、虹之玉等。仙人球中的狮子王球、新天地、缟牡丹、松霞、雪光、白檀等。③ 新奇古稀的品种,如光山、美杜莎星球、新花月锦、花笼、拟蹄玉、龟甲龙、花王球、须弥山、樱月,还有众多的斑锦、缀化、石化品种。④ 名称讨巧的品种,如吉娃娃、人参大戟(吉)、长寿花、君美丽、富贵玉、美吉寿、福禄寿、百岁兰、老乐、七福神、佛肚树、美丽莲等。⑤ 小巧玲珑的品种,属于迷你、微型、袖珍的一类品种,如春之奇迹、康兔子、桃子卵、杜里万莲、蓝豆、碧光环、大卫、天使的眼泪、红数珠、蒂娅等。⑥ 开花勤、开花多、开花美、开花大、开花香且开花时间长的品种,如凌波、银纽、球兰、彩色草球、眩美玉、香花球、小松叶牡丹、绯花玉等。⑦ 适合时令的品种,如圣诞节开花的蟹爪兰,与十二生肖有关的多肉品种。

以上品种的兼容者,则更加具有魅力和发展潜力,应优先发展、推广,种植、供应多了,价格就趋于平民化。

(2) 延伸产品

荟乐园还善于挖掘产品的潜在价值,从而发觉更多潜在客户。针对小孩子爱玩的天性,荟乐园加强了陶瓷制作、捕鱼、迷你高尔夫这些情感元素,让孩子在荟乐园能够在活动的过程中,体验到快乐;针对一些老年多肉业余爱好者,荟乐园取消高档多肉、活动设施等情感元素,为老年人提供一些低价可爱的多肉;针对一些想要单纯在荟乐园放松一下的顾客,荟乐园取消多肉、陶瓷等元素,让顾客在茶室能够感受到茶艺的魅力;针对一些要为自家公司装修的个体户,荟乐园取消了小盆多肉、活动设施等情感元素,专注于向其推荐精美的多肉微景观盆景(见图 9-4-1、图 9-4-2)。利用裸陶的艺术性和可塑性,荟乐园为一些培训班和画师工作室提供裸陶,用于绘图上色,创造独一无二的价值。

图 9 - 4 - 1　荟乐园微景观盆景

图 9 - 4 - 2　荟乐园园艺师正在制作微景观盆景

(3)特色产品与服务

亲子合作种植多肉活动,是荟乐园着意打造的一个特色产品及服务项目。让亲子们在参与过程中,体验都市慢生活。活动一般首先由园艺师为顾客特别是小朋友介绍了关于多肉的小知识,让大家了解什么是多肉,然后指导小朋友和家长栽培多肉(见图 9 - 4 - 3)。一般以四种不同品种的多肉配备一个陶土盆,先给陶土盆加一半的土,把小多肉从培养盆中取出,清理多余枯根和泥土,按照"前低后高"的摆放技巧,将各种造型的多肉放进之前准备好的陶土盆中,把多肉上残留的泥土用水壶喷洒一下,干净的多肉盆栽就完成啦。活动结束,小朋友手捧着自己制作的多肉盆栽,脸上都露出了开心的笑容,家长们也对活动非常满意,家长们纷纷拿出手机拍下这既开心又有成就感的时刻(见图 9 - 4 - 4)。

图 9 - 4 - 3　荟乐园组织的亲子种植活动

图 9 - 4 - 4　家长拍摄的"开心一刻"

2. 价格策略

拥有个人基地的栽培区,充分掌握多肉繁殖技术,可自行进行大棚生产,成本可控,且产品丰富,除了直接给自己供货,还可以供给给普通店面。因此,荟乐园在一定程度上掌握了定价权和价格优势。在具体实施中,会相应调整:① 由于产品种类较为丰富,因此在定价时主要兼顾成本与消费者可接受的能力。价格适中的品种较多,在数十元之间,成百上千一棵的多肉买者寥寥,一般兴趣爱好者,不敢冒险,养死了太不值得。孤品、珍品例外。② 针对对价格不敏感的顾客,荟乐园积极提升自家多肉的吸引力,不论在外观、价格、品质等方面,都做到最好,给予"准非顾客"更好的选择;针对价格敏感的顾客,荟乐园特推出低价多肉,使之在顾客的经济承受能力范围之内。荟乐园还有一套完整的售后体系,通过微信互动和寄养活动,保证顾客能够顺利养殖多肉植物。

3. 渠道策略

荟乐园善于通过合作,利用多种方式进行宣传和推广。线上,荟乐园和丰收购、淘宝店铺和微商合作,在合作平台售卖多肉植物和陶瓷;线下,荟乐园与花鸟市场合作,成为多肉商铺的供货源,进行间接销售活动。荟乐园还在银泰世贸等地积极开设展会,扩大其自身的知名度和品牌。现有的部分推广渠道如图9-4-5所示。

图 9-4-5 荟乐园部分渠道伙伴

① 瑞丰银行:在瑞丰银行开设的购物平台——丰收购——销售自家产品。在获得利益的同时,更大大提高了荟乐园的知名度。

② 花先生:荟乐园积极与替代商品连锁店——花先生——进行合作,为花先生提供各种精美的多肉植物,用于装饰店面,吸引顾客和进行销售活动,成功地将两家的顾客融合,顾客的消费动机由原来的单一的选择花卉或者选择多肉植物变成了可以同时选择两种绿植。大大增加了荟乐园和花先生的吸引力,成倍地提高了彼此的效率,避免了在无谓的竞争中浪费的人力和财力。

③ 花鸟市场:为花鸟市场大部分的植物售卖者提供货源,将同类产品竞争者转化为合作伙伴,减少竞争的压力。

④ 农场：荟乐园还与农场合作，利用精美的多肉微景观盆栽，为农场打造出一个更优美的环境，营造出独特生态农业景观，吸引着顾客到农场去采摘消费。同时，荟乐园也积极地向农场学习各种先进的浇灌技术设备等，一方面提高了多肉植物的存活率，另一方面也简化了多肉的养护步骤，减少了时间上的成本。

⑤ 微信推广：爱捣鼓的王先生创意组合多肉，通过自己亲手制作个性陶器，做成各种有趣的盆景，并利用微信开展营销，吸引浙江本地及四川、河南、福建等地的大批"微粉"购买，目前一天可以接 30 多单。

⑥ 银泰/万达：在银泰和万达开设多肉展会，借此宣传和销售多肉产品。

⑦ 学校：多次对学校活动进行赞助，从而达到宣传的目的，增加荟乐园在学生间的知名度。

⑧ 培训班/工作室：向其销售裸陶，用于陶上彩绘。

4. 促销策略

荟乐园利用多样化的营销方式，提高消费者忠诚度。

① 结合节日色彩，组织产品营销活动，如夏季送清凉活动，金秋精品多肉 8.8 折特卖活动（见图 9-4-6）等。为了能够增加受众，荟乐园积极地进行宣传计划，在银泰、世贸等大型商城多次开设展会。同时，荟乐园也在积极培育新的品种，为多肉注入新的色彩。荟乐园还挖掘到了买方对购物环境要求的提高，积极地提升基地的文化氛围，开设生活体验馆。

图 9-4-6　荟乐园金秋特卖邀请帖

② DIY 活动推广。结合很多消费者喜欢 DIY。由于有的人喜欢多肉植物拼盘，而有的人喜欢单株种植。荟乐园让消费者自己动手，为他人或自己打造独一无二的多肉盆栽，不仅形式上受消费者喜欢，还可以提高销售量。目前亲子 DIY 是荟乐园一大特色项目，绍兴区域已形成一批合作项目。

③ 网络营销。荟乐园选取良好的网络营销载体，提高产品"曝光率"。通过微信平台，推出一系列的促销活动，并和其他产品进行组合营销推广，如迷你高尔夫球免费体验活动。在线上，荟乐园积极地和微商、淘宝店铺、丰收购（瑞丰银行创建的销售平台）合作，消除了地域上的限制，将自家生产的多肉植物和陶瓷推向了更广阔的消费市场。

④ 强强联合，增加宣传途径，从而扩大自己的多肉消费群。赞助大学活动，为其提供各

种多肉植物用以当作奖励,从而扩大荟乐园在大学圈中的知名度。向一些画室出售裸瓷,供画师们进行艺术创造;向培训班供应裸瓷,给课程增加趣味性,提高孩子的动手能力和想象能力;和瑞丰银行合作,在其购物平台进行销售;和一些独立个体、私营企业合作,为他们设计小型园林景观。

当今,随着经济的发展,人们文化素质的提高,消费者在购买商品时,除了关注商品本身的价值,开始逐渐关注商品所在店铺的氛围和文化底蕴。荟乐园相对于其他多肉基地单纯卖多肉植物,制定了"打造都市慢生活"这一理念,成功地将只购买多肉植物的顾客变为购买多肉植物、花盆、绿植和感受惬意的顾客。

为了满足顾客对绿植的需求,丰富顾客的选择,荟乐园引进了大批绿植供消费者选择;为了满足顾客对多肉盆子的喜爱,荟乐园自己生产了各种样式和价位的花盆;为了让顾客在挑选多肉植物的过程中感到更惬意,荟乐园特别建造了茶室、迷你高尔夫球等设施,开设了陶艺 DIY 等活动,让顾客找到都市生活久违的快乐和身心的释放。未来,荟乐园将不断加强基地环境的打造,不断积累基地特色的文化,打造属于自己的竞争力品牌。

思考题

1. 你如何理解 STP 战略?
2. 你认为绍兴荟乐园的经营实践有哪些可借鉴之处?

案例编写:单桂凤(工商 152)、邵尹俏(工商 151)、王露(国商 151)、方明霞(工商 152)

指导老师:雷宇

案例 10

彰显自我特色，实现快速发展——"杨传老厨"品牌差异化营销分析

摘要：餐饮行业作为市场经济中重要的组成部分，是我国第三产业中的传统服务行业，竞争异常强烈。如何在复杂多变的餐饮市场中突出重围，引领风尚，值得我们去仔细研究。

本文以杨传老厨品牌发展为例，立足差异化营销视角，对其成长路径加以分析，剖析其成功之道。文章首先对差异化理论进行整理，结合杨传老厨品牌发展现状，总结其差异化探索之路；之后，从杨传老厨的特许经营模式、品牌建设和 4P 营销入手，分析其差异化营销战略与策略，揭示其成功的奥秘。最后对杨传的成功模式以及进一步发展进行总结思考，以供更多类似杨传老厨的小吃店家和企业家借鉴。

关键词：杨传老厨；差异化营销；发展

引 言

瓦罐煨汤采用多种名贵药材，科学配方，精配食物，加以天然矿泉水为原料，置于一米方圆的巨型大瓦罐内，再以优质木炭恒温煨制六小时以上。瓦罐之妙，在于土质陶器秉阴阳之性，久煨之下原料鲜味及营养成分充分融解于汤中，汤汁稠浓，醇香诱人，风味独特，食补性强。该汤充分吸收中药材的药理成分，更有消除疲劳、补肾强身、益智健体、延年益寿的作用，达到了食补的最高境界。

瓦罐汤食材种类丰富，很多食物甚至药材都可以用来煨制。例如，煨制冬瓜排骨汤时，可以加入海带、墨鱼等配料；煨制鸡汤时，可加入红枣、花生、莲子、天麻、人参等。

瓦罐煨汤饮食制作在民间已有上千年的历史。相传北宋嘉祐年间一洪州才子约友人郊游，至一美景之处，命仆人就地烹鱼煮鸡烧肉，玩至夕阳西下，众人仍意犹未尽相约明日再来。临走时，仆人将剩余鸡鱼肉及佐料放入瓦罐，加满清泉，盖压封严，塞进未熄的灰炉中用土封存，仅留一孔通气。次日，众人如期而至，仆人将掩埋的瓦罐搬出，才开瓦盖，已是香飘四溢，细品，味道绝佳！此后，众人外出游玩均如法炮制，后被一掌柜得悉，引至饭庄，瓦罐煨汤自此扬名民间。曾有美食家赋诗赞曰："民间煨汤上千年，四海宾客常留连。千年奇鲜一罐收，品得此汤金不换。"《瓦罐煨汤记》中也曾记载到："瓦罐香沸，四方飘逸，一罐煨尽，天下奇香。"

瓦罐煨汤虽然是饮食文化一颗璀璨的瑰宝，有着千年的历史沉淀，但是，随着社会的发展，人们口味越来越挑剔，传统的瓦罐煨汤已经难以满足市场需求。也正因如此，以瓦罐煨汤为主导的餐饮企业总体表现都不尽如人意。

与之相对,杨传老厨自 2008 年创立品牌以来,将传统制作工艺与现代连锁加盟商业模式相结合,短短几年的发展时间内,做到 20 多家直营店,1 200 多家加盟店,成为传统餐饮界的黑马、中华名小吃,走进全国众多城市。杨传老厨的成功一方面是其对产品不断地研究开发,但更主要的还是因为其在品牌建设以及差异化营销方面有着独特的举措。

正因如此,本文以杨传老厨作为案例,立足品牌发展的视角,利用差异化营销战略和营销策略理论,揭示其快速发展奥秘,一方面可以探索适合其产品经营的可持续发展战略,另一方面为更多同杨传老厨类似的小吃店家和企业家所借鉴,对弘扬传统小吃手艺,促进企业健康发展有着重要的意义。

一、杨传老厨品牌介绍及发展历程

1. 杨传老厨品牌创办简介

杨井先生是杨传老厨秘制瓦缸小吃的创始人,2008 年创立品牌。在他的苦心经营下,短短几年的时间,杨传老厨成为名扬全国的"中华名小吃",并成就了他传奇的创富人生。

杨井先生是个爱好美食的人,对自己一手创办的杨传老厨秘制瓦缸小吃要求很高。在接受媒体采访时,他谈到杨传老厨的品牌创立背景时,曾描述自己是一个"一没学历、二没背景、三没资金"的创业者,坚持"生活不相信眼泪,只有靠自己双手才能改变命运"的人生哲学,将自己的灵魂注入品牌。创业之初,凭着不走寻常路的一股韧劲,依靠历史悠久的瓦罐煨制烹饪技艺,想做"没有碟子的餐饮"。为了这一目标,在仅有一万元初期资金的背景下,就是靠着一股不服输的精神,敢想敢闯的他在 9 年不到的时间让杨传老厨取得了不错的口碑,成为传统餐饮界的黑马。

近几年,虽然感受到众多小吃连锁品牌的竞争压力,也受到互联网科技带来的生态改变冲击,杨传老厨依然保持着快速发展的势头,到目前为止,已发展成为拥有直营店 20 余家、加盟店 1 200 多家的大型连锁餐饮企业。

2. 杨传老厨品牌发展历程及荣耀

(1) 杨传老厨品牌发展历程

第一阶段:自营发展阶段(2008—2010 年)。

2008 年年初,第一家杨传老厨秘制瓦缸小吃在绍兴市的枫林南苑开业,生意火爆。同年 3 月,第二家杨传老厨同样在绍兴市落户,市场迅速发展。到 2010 年,杨传老厨以浙江为中心,在全国开设自营店 20 余家。

第二阶段:加盟发展阶段(2011—2013 年)。

经过自营阶段的积累发展,杨传老厨逐步总结出一套瓦罐煨制的标准流程,形成完善的店面管理办法。为实现快速发展,2011 年开始加盟连锁经营,短短 3 年的时间,在全国开设了 300 多家加盟店和十几家合作店,展现出了传统中式餐饮小吃的特有风范,杨传老厨品牌市场影响力逐步形成。

第三阶段:加盟腾飞阶段(2014 年至今)。

2014 年,杨传老厨的快速发展受到媒体的关注,董事长杨井先生前往 CCTV 浙江节目制作中心,签订战略合作伙伴协议。双方强强联手、资源整合、优势互补、深入合作,建立长期的战略合作伙伴关系。同时，以此为契机，公司加大品牌加盟的市场推广，至今，杨传老厨已有近 1 300 家加盟店。

（2）杨传老厨品牌荣耀

杨传老厨是绍兴万润餐饮管理有限公司的自有品牌。该公司是一家集研发、策划、推广为一体的综合性餐饮公司。截至 2016 年年底，"杨传老厨"品牌下的直营店有 20 多家，加盟合作店铺近 1 300 家，以浙江为中心，分布范围辐射山西、山东、海南、新疆、黑龙江、辽宁等地，贯穿大江南北，市场发展迅速，展现出了传统中式餐饮小吃特有的风范，为实现中餐标准化及创建绿色健康、美味养生的餐饮模式做了突出贡献。

杨传老厨秘制瓦缸菜于 2012 年被评为"浙江市场消费者最满意特色餐饮"，如图 10-1-1 所示。

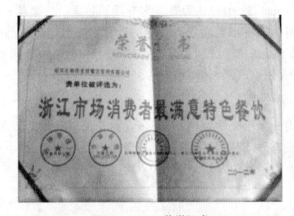

图 10-1-1　荣誉证书

除此之外，杨传老厨还荣获第六届全国美食博览会金奖、浙江绍兴柯桥商会"理事单位"、霸道总裁餐饮俱乐部 VIP 会员，入围 2014 年最具影响力十大创新企业。

其创始人杨井两次荣登《世纪人物》杂志，作为封面人物，成为草根创业者的模范和榜样。同时，他也被评为农村党员"带富标兵"，2015 年全国行业建设最突出贡献年度人物，2016 年行业模范人物。

二、差异化理论回顾

1. 差异化的内涵

差异化是指企业在全面把握客户、市场、竞争、行业发展及企业内部资源能力和企业优劣势的基础上，以正确的战略定位为先导，坚持客户导向和竞争导向为中心，以满足客户需求、提升客户价值为目标，遵循"凸显优势、聚焦重点、模式创新、系统推进"的总体原则，在企业战略定位、品牌、产品、客户体验、服务、渠道、商业模式、生态系统、开放平台、营销模式等某些运营环节做到与众不同，有效整合内外部资源，构筑一个完整的、高效的、具有独特竞争优势的运营系统，并在不断满足客户需求的过程中保持企业持续的竞争优势。

同时，差异化也是指企业在顾客广泛重视的某些方面，力求在本产业中独树一帜。总体来说，差异化就是与别人不一样。

现今的社会消费者需求越来越呈现多元化特征,很难以科技、生产的创新,满足所有消费者的需求。现实中,不仅不同的消费者会有不同的需求,甚至相同的消费者也会期待有多元化的消费刺激。对消费者需求的满足不一定依靠的是产品,也可能是服务、营销策略、销售渠道等。

广告研究者史提芬·金提出,管理者最好致力于产出"特别"的东西,使这个产品具有"特定族群"的附加价值,若能拥有越多附加价值就能满足消费者的需要。这个特别的东西,就是差异化产品,这个特定族群,就是细分的目标消费者,产生两者的共同原因就是差异化。

面对竞争激烈的市场,一个公司必须努力寻找能使它产生差异化的模式,以赢得竞争优势。定位之父杰克·特劳特曾说过,在大竞争时代,企业有且只有两种存在方式:要么实现差异化生存,要么无差异化而逐渐消亡。

迈克尔·波特(Michael Porter)认为差异化造就了品牌。品牌是一个企业生存的关键,品牌本身就是一种差异。一种很普通没有特色的产品是不可能成为品牌,差异化造就了品牌,差异化的策略有助于品牌的形成和提升,品牌是差异化的结果。同时品牌也形成了差异化,所以差异化和品牌是密切联系、相辅相成的。

2. 差异化的成功要素

成功的差异化没有一个统一的定式,关键是企业要根据自身的状况、市场环境的变化、客户需求的特点及企业发展的战略,科学制定。根据差异化的内涵,不难看出,品牌差异化战略要取得成功应具有以下几个要素,如图 10-2-1 所示。

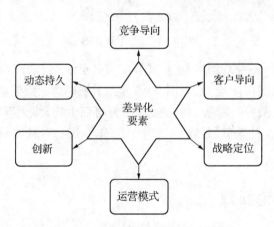

图 10-2-1 差异化战略成功要素

(1) 坚持客户导向和竞争导向

差异化战略要成功就必须建立在充分把握客户当前需求、潜在需求和新的需求基础上,离开这一点,差异化无从谈起。此外,差异化还需建立在竞争导向基础上,做到知己知彼,在产品、服务、客户体验、商业模式、渠道、平台建设等某些环节有别于竞争对手。与之对照,本案例研究对象杨传老厨一直坚持以满足顾客需求、增加顾客价值为企业经营出发点,在经营过程中,特别注意顾客的消费能力、消费偏好以及消费行为的调查分析,重视新产品开发和营销手段的创新,以动态地适应顾客需求的变化。

（2）差异化是一种战略定位

任何企业差异化制胜前提就是战略定位的正确性。就是要求企业面对市场环境的变化确定企业在市场的定位，明确发展愿景和目标，明确企业为哪些客户服务，提供什么产品，坚持有所为有所不为，从而使企业聚焦重点、集中资源，在激烈的市场竞争中大获成功。

（3）差异化是一种模式的力量

成功的差异化并不那么简单，它是一种体系，是一种运营模式，是一个环环相扣的系统，它们相互联系、相互影响，共同构筑一个竞争门槛，从而使得竞争对手难以复制。差异化是一种模式，内容十分丰富，包括产品、价格、渠道、服务、品牌、文化、机制、员工队伍等。

（4）差异化是动态的

虽然差异化模式具有长期性、连续性的特点，但由于市场、客户、技术及产业环境在变，客观决定了差异化创新不是静止不变的，而是一个持续不断优化的过程，否则企业只能抱住昨天的成功不放而失去前进的动力。在案例研究过程中我们发现，杨传老厨就是在不断根据市场环境的变化、客户需求的变化、产业环境的变化对差异化模式进行自适应调整，以增强企业产品、平台和生态系统乃至商业模式的竞争力。

（5）差异化要在动态中保持永久性

差异可以通过产品来创造，但是只要一个企业的产品卖得好，很快竞争对手就会推出同类产品。差异也可以通过服务来创造，但是企业的服务再好，也会很快被复制甚至被超越。当然，差异也可以通过产品和服务的组合来创造，但不管怎么操作，竞争对手永远在模仿。只要停下脚步，优势就会丧失殆尽。因此，在差异化的市场上，要做到永远都在进步，通过动态创新保持差异化优势的永久性。本案例研究企业——杨传老厨——一直坚持每三个月推出一款新产品。

（6）差异化最为核心的是创新

传统企业市场已然处于基本饱和的状态，如果初创公司或者初创品牌仍旧想要依靠现有的产品去突破，基本没有了空间，因此，企业需要做的是基于全新的价值定位，通过自己的产品全新定义品类。

应该如何去做？那就是找到一个维度去建立新的产品标准，这个产品标准是区别于之前的维度，并且对这样一个标准进行增减，进而定义出全新的价值。第二步，是基于新的价值，用自身的产品去定义这样一个品类。

同时，面对市场同质化竞争不断加剧的严峻形势，企业要在激烈的市场竞争中立于不败之地，就必须寻求差异化优势，要通过创新实现差异化。面对产品同质化日趋严重，企业更应重视商业模式的创新和运营模式的创新。

三、杨传老厨品牌差异化营销战略分析

差异化战略又称别具一格战略，是指为使企业产品、服务、企业形象等与竞争对手有明显的区别，以获得竞争优势而采取的战略。这种战略的重点是创造被全行业和顾客都视为独特的产品和服务。差异化战略的方法多种多样，如产品差异化、服务差异化和形象差异化等。实现差异化战略，可以培养用户对品牌的忠诚。因此，差异化战略是使企业获得高于同

行业平均水平利润的一种有效的竞争战略。

1. 品牌定位差异化——杨传老厨品牌发展的基础

品牌定位差异化(Different Brand Positioning)是指企业对自身产品在特殊功能、文化取向及个性差异上的商业性决策,它是建立一个与众不同的品牌形象的过程和结果。换言之,即指为某个特定品牌确定一个区别于竞争品牌的卖点和市场位置,使商品在消费者的心中占领一个特殊的位置。

要实现品牌定位差异化,有效进行 SWOT 分析至关重要,依据 S-O 策略(发挥优势,抢占机会),把核心优势这把利剑深深地插入市场机会里;对产品的核心优势进行精炼,并赋予一个区别于竞争品牌的"记忆点",然后全力释放这个"记忆点",让"记忆点"自己与目标消费者进行对话,从而占据目标消费者的心智。

杨传老厨在品牌发展之初,就对自身进行全方位剖析,洞察自身的优势与市场机会。

(1) 杨传老厨品牌优势(Strengths)

① 产品特征——营养健康。

杨传老厨独家秘制十八种中草药,加上瓦缸具有的吃水性、通气性和受热均匀等特点,原料在瓦缸内长时间低温封闭受热,使得食物中各种营养元素能充分发挥出来。

杨传老厨秘制瓦缸菜的制作以鲜为核心,以养为目的,以礼为食俗,以营养均衡、味鲜汤香而自成一派,扬名五洲四海,被美食家誉为一缸在桌、满室皆春。

② 制作工艺独特。

杨传老厨秘制瓦缸菜采用科学配方、锡纸密封,精选食物原料,加上绝密配方,在特制的瓦缸中低温煨制,中途不加水、不开盖,确保原汁原味。通过多种食材的鲜味相互交融,将食物的精华浓缩在一起,成就一罐汤汁稠浓、醇香诱人、风味独特、入口鲜美的佳肴。

③ 经营模式——一站式加盟。

特许连锁经营作为一种新的商业模式,已逐步渗透到各个领域,其有着传统经营模式不可比拟的优势。统一的形象、统一的包装、统一的服装、统一的技术、统一的店面、统一的广告、统一的理念……使加盟商的经营和管理轻而易举、得心应手。杨传老厨总部在连锁经营模式上的实践和探索已经日趋完善,同时建立了更加规范化、专业化、品牌化的经营理念和服务体系,对加盟者实行嫁接式的培训和传授,手把手教会加盟商怎样去经营和管理,使加盟商的成功不用走任何弯路。

(2) 杨传老厨品牌市场机会(Opportunities)

以营养为核心追求的饮食消费观念逐渐成为市场主导。随着社会的发展,居民生活水平逐渐提高,人们的消费观念也发生了转变。填饱肚子不再是顾客的唯一追求,现在人们对餐饮最重视的其实是美味与健康。杨传老厨主要以"营养健康"为主题,"煨"的形式让味道从里到外渗透,营养不易流失。总的来说,杨传老厨的产品满足了目前客户的需求。

依据 S-O 策略,杨传老厨对品牌进行准确的定位差异化——药膳营养型快餐,其定位内涵包含以下几个方面:

① 以健康美食满足客户。

现在吃不仅仅为了填饱肚子,更重要的是吃出营养与独特。随着生活水平的提高以及生活压力的增大,人们更加追求健康的生活方式,因此对吃也看得更加重要。杨传老厨提供的瓦缸煨菜千百年来就以"营养健康"著称，这正符合了客户的需求。

② 以公平价格打动客户。

杨传老厨一份产品的价格大概在 10～20 元的范围内，售价较低，持平于市场上同类型产品，并能以低价格满足客户需求；但是从产品的市场定位——药膳营养型快餐——来看，杨传老厨的秘制瓦罐系列价格远低于市场上少则上百多则上千的同类型产品。

③ 以特色标志吸引客户。

与其他小吃不同的是杨传老厨有自己独特的标志，不仅仅店内装修做到一致，在外卖包装盒上杨传老厨也下了功夫，争取在无形中将自己的品牌灌输到客户心中，吸引到客户注意力。

品牌的定位差异化，为杨传老厨的发展奠定了坚实的基础，如图 10-3-1 所示。

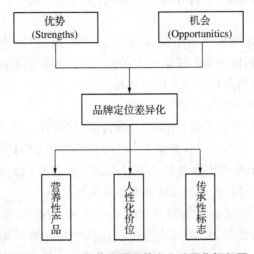

图10-3-1　杨传老厨品牌定位差异化框架图

2. 经营模式差异化——杨传老厨品牌发展的动力

(1) 杨传老厨的特许经营模式

许多情况下，加盟都是企业经营规模达到一定程度之后，经营管理者才会考虑的经营模式，但是杨传老厨并没有这么做，在 2008 年 3 月，距离杨传老厨的第一家店铺落户绍兴还没有多久，其就在全国范围内展开加盟，开启特许经营模式。

在加盟前，有加盟意向的人需要先到总部进行培训学习。培训后到直营店进行实战演练。理论加实践后再由加盟商决定其是否加盟。

确定加盟后，为确保加盟的质量，杨传老厨会派专门的人员反复实地考证与观察，争取让每一家加盟店铺做到商业价值最大化，赢在起跑线。一般的店铺选址，总部倾向于大型商业街区、特色美食小吃城、各地著名旅游景点、大学城等。

在初步锁定店铺地点后，总部也要进行不停地筛选，测量地区的人流量，估测消费水平，对租金反复确认后，通过大数据的分析，最终才会做出定夺。可以看出，杨传老厨的选址指导并不是选定一个店铺就交给加盟商，而是考察好适合区域，然后让加盟商决定具体位置，极大地增强了加盟商的自主选择性。

加盟店铺的瓦缸瓦罐设备、原材料等，均由总部统一配送，加盟商不必担心产品的质量。杨传老厨打出的"一人操作，七天学会，火速开店"的口号，让更多创业者看到了杨传老厨的市场前景,其加盟商络绎不绝。许多加盟店的发展速度甚至超越了直营店。

杨传老厨品牌加盟流程,如图10-3-2所示。

图10-3-2 杨传老厨品牌加盟流程

在诸如黄焖鸡、沙县等小吃风靡中国餐饮市场的背景下,加盟商能够凭借杨传老厨媒体宣传的影响力,千年瓦罐的历史,营养健康的特色,美味实惠的经营诀窍在中国庞大的小吃市场上占据一席之地。

这种特许经营模式让杨传老厨迅速发展,它不用承担太高的风险,又能赚取合理的利润。并且在加盟商凭借杨传老厨品牌影响力的同时,加盟店的遍地开花也增强了杨传老厨品牌的知名度,实现了加盟商和杨传老厨的共赢。

(2)杨传老厨以竞争为导向提高加盟质量

杨传老厨的主要竞争对手为沙县小吃、兰州拉面、黄焖鸡米饭及其他街边小吃店铺。我们可以看到,沙县小吃与兰州拉面有着强大的地方政府扶持及口碑特色,黄焖鸡作为时下新贵,也有着不错的市场营销,而其他街边小吃也有着较为强势的地域基础,如绍兴的嵊州小吃,就作为比较符合当地特色的小吃品牌而在绍兴遍地开花。

与黄焖鸡相比。虽然黄焖鸡加盟数量已经有了两万多家,遥遥领先于杨传老厨,但是黄焖鸡整体加盟市场混乱,管理模式粗放。杨传老厨在选择加盟发展之初,就将保证加盟店的服务质量、整体优化店铺经营管理作为核心,为未来的加盟扩展奠定良好的基础。

与兰州拉面相比。虽然兰州拉面早已在市场上抢占了很大份额,但是由于加盟高门槛,比如说正宗的兰州拉面加盟者还是以主要的伊斯兰教和纯正的穆斯林信徒为主,主打清真的招牌,店内遵循不允许吃猪肉以及外带酒水等风俗习惯。杨传老厨对比之下的加盟方式就显得更加自由,没有过多的限制。低成本高回报的投资模式,更容易被顾客接受。

沙县小吃作为家庭经营为主餐饮连锁的典型代表,主要是当地人自主经营模式为主。杨传老厨在刚开始发展形式与之类似,但是后期在加盟渠道方面,细化了整体市场,不再以家庭经营模式为主,这也是杨传老厨一直在做出的改变。

总体来说,杨传老厨品牌加盟成功率达到了90%左右,远远领先于其他三家。而加盟成本低、加盟服务完善、餐饮特色明显、美味便捷等特点,都是杨传老厨在中国每年3万亿元餐饮收入大环境中脱颖而出的竞争法宝,如表10-3-1。

表10-3-1 杨传老厨与其他三家餐饮连锁的比较

名　称	加盟费	加盟店数量	餐饮优势	餐饮劣势
杨传老厨	2.8万	近1300家	煨汤保健,小菜可口,快捷营养;一站式加盟服务,经营方便	在公司管理方面,缺乏高素质人才;政府无支持,力量单薄

续　表

名　称	加盟费	加盟店数量	餐饮优势	餐饮劣势
黄焖鸡	5万元左右	20 000多家	滋味鲜美；操作简单；群体接受度较高	菜品单一，经营特色不明显，加盟市场混乱，管理粗放
沙县小吃	5万元左右	20 000多家	品种众多，价格实惠，品牌效应明显，经营模式标准化	以当地人自主经营、家庭经营为主，难以自发扩大规模；地域品牌，经营风险大
兰州拉面	5万～10万元	30 000多家	店面租金、人员工资等运营成本较低，加盟利润率有保障；兰州拉面历史悠久	整体竞争力不强；没有为加盟商负责的加盟机构

注：数据截止于2015年。

总的来说，杨传老厨以特许经营模式为主构建的差异化经营战略为其发展提供了动力，是其实现快速发展的根因。

四、杨传老厨品牌差异化营销策略分析

差异化营销策略，就是在企业经营过程中，充分发挥和运用其产品或服务等独特的某一部分，甚至全部不同于其他同行竞争者的产品或服务的优势，作为指导企业持续稳定发展的方向。这种差异是消费者心理感觉上的差异，而就产品本身，可能存在客观上的差异，也可能不存在这种差异。但要找准市场的差异并为己所用，经营者必须具备分析研究市场、开发创造市场的能力，通过充分的市场调查，挖掘别人忽略的市场空间。

1. 以外在形象建设区别传统快餐

品牌形象是从消费者的角度来看待和评价品牌的，是消费者对品牌的一种感知与印象。

随着市场上的产品和服务日益丰富，且同质化程度越来越高，企业间的竞争已脱离传统的实体产品和广告形式，"品牌"成为了企业间竞争的有力武器。面对激烈的竞争和国外知名品牌的冲击，中国企业要想得到生存和发展，关键是做好品牌形象建设。杨传老厨作为一个传统餐饮的企业，品牌形象建设起到很大作用。

杨传老厨以一种不走寻常路的方式开展品牌形象建设，在低端快餐中树立起高、大、上的形象，如表10-4-1、图10-4-1、图10-4-2所示。

表10-4-1　杨传老厨品牌形象建设

店铺个性化	杨传老厨Logo、门面统一定制，"杨传老厨"这四个字是由绍兴当地著名的书法家书写，店铺装修整体呈现出古朴的风格，与周围其他店铺产生鲜明对比
产品标准化	杨传老厨以产品的美味与快捷来牢牢抓住消费者的心；瓦缸、瓦罐、秘制料包等统一由总部配送，达到其标准化；原材料均来自国内知名专业制造商，保证产品质量，为消费者提供优质产品与服务，是杨传对社会公众的一种保证和承诺
服务品质化	跟一般的简餐店不一样，用餐时使用的筷子质量较好；提供纸巾品质上等；其外卖包装盒质量很好，并统一印制"杨传老厨"的Logo；服务给顾客留下了舒适的印象

图 10 - 4 - 1　杨传老厨的品牌形象

图 10 - 4 - 2　杨传老厨的瓦罐特色

2. 以内在文化建设丰富品牌内涵

许多中国传统小吃产品附加值低,文化营销意识淡薄。随着生活品质的提高,人们对餐饮小吃的消费不再仅限于满足基本的温饱需求,而是希望获得更深层次、更富内涵的心理满足。很多小吃受到不同层次人群的亲睐,一是因为它色香味俱佳,二是因为它具有方便、快捷的特点,至于品牌和知名度以及其背后所承载的深厚文化内涵并没有多少人真正了解。

杨传老厨品牌建设过程中始终不忘传承文化,将文化作为美食的基础,致力于将文化融进美食中。在采访杨总时,他说道:"杨传老厨是文化与美食的结合,杨传老厨是品牌也是一个平台,如果年轻人在这个杨传老厨这个平台上用餐、相识、喜结良缘,杨传老厨就承载着他们的故事,他们会与杨传老厨一起分享了他们的喜怒哀乐。这样一来,杨传老厨就会成为人们回忆中的美食。这是我很欣慰的,也一直激励着杨传老厨不断进步。"

除此之外,杨传老厨还不忘回馈社会,继续将这份精神传递下去:鼓励并支持大学生创业;给予退役军人、军嫂等人士加盟优惠;在炎热的夏天,邀请环卫工人进店纳凉等,如图10 - 4 - 3所示。

针对社会责任这点,杨总本人觉得比较惭愧,之前把重点放在研发健康美味的瓦缸小吃上,往后在社会责任方面还得加大投入,更加有效地带动大众继承并发扬我们中华民族的传统,尽杨传一点微薄之力。在接受《世纪人物》专刊访谈时,颇有雄心的杨总曾说,杨传老厨品牌将来会通过文化内涵走出国门,走向世界,以文化和社会责任相结合实现传承,杨传老厨一定会成为中国的肯德基,这是他远大的目标,如图 10-4-4 所示。而目前他要做的是在国内每个城市都能看到杨传老厨的身影。

图 10-4-3 店铺实拍

图 10-4-4 文化建设

同时在我们小组的问卷调查中,结果显示 79.8% 的顾客重视企业是否有社会责任感。我们可以看到杨传老厨是走在了众多餐饮企业之前,重视文化的传承,重视对社会的贡献。

3. 以 4P 差异化组合策略塑造品牌整体形象

市场营销组合是企业战略中一个重要组成部分,是指将企业可控的基本营销措施组成一个整体性活动。对企业而言,销售可以视为收入,其他部分均可以视为成本。因此,营销对于一个企业至关重要,营销的各个部分对于企业的发展至关重要。

4P 营销理论是市场营销组合理论的一种,主要包括产品、价格、渠道、促销四大部分及其策略。4P 理论的核心目的就是通过对"营销要素"的把控以此来扩大企业的市场需求。

那么,作为一个餐饮业,杨传老厨当然需要有顾客消费,创业者加盟。而为了达到这一目的,杨传老厨又采用了哪些市场营销组合策略呢?

受到自身发展战略的影响,杨传老厨有着两类服务对象。换句话说,杨传老厨要满足的是两类目标对象,服务于餐饮市场的两种不同市场需求:① 杨传老厨直营店和加盟店的终端消费者;② 杨传老厨的产品代理商和加盟商。

(1) 产品策略

针对自身两类服务对象、两种不同的目标市场需求,杨传老厨主要提供了两种不同的产品:瓦罐为主打的中式简餐(杨传老厨秘制瓦缸菜);制作杨传老厨秘制瓦缸菜的器具、原料及技术。

面向的终端消费者,杨传老厨主要提供多样化的以瓦罐为主的中式简餐以及以餐饮为中心的服务。

首先,杨传老厨的套餐包括盐水、椒盐、麻辣、红油、口水系列等不同口味、几十余种套餐;每份套餐包含一样或多样荤菜及素菜,瓦罐煨汤及瓦罐饭,价格在10～20元不等。

不同于市场上其他同类型产品,杨传老厨主打药膳营养型快餐。说口味,餐饮和餐饮之间口味没有可比性。想要能够做出一个品牌,必须要有自己的产品特征,追求差异化竞争。而杨传老厨的差异化,正是其主打的药膳与营养健康。

对于杨传老厨所提供的中式简餐,用杨传老厨自己的话来讲:"杨传老厨秘制瓦缸菜采用科学配方、锡纸密封,精选食物原料,加上绝密配方,在特制的瓦缸中低温煨制,中途不加水、不开盖,确保原汁原味。通过多种食材的鲜味相互交融,将食物的精华浓缩在一起,成就一罐汤汁稠浓、醇香诱人、风味独特、入口鲜美的佳肴。杨传老厨秘制瓦缸菜美味的奥秘在于独家秘制的十八种中草药,加上瓦缸具有吃水性、通气性和受热均匀等特点,原料在瓦缸内长时间低温封闭受热,使得食物中各种营养元素能充分发挥出来,食之能消除疲劳、补身益智、强身健体、延年益寿,达到了食补的上乘境界。杨传老厨秘制瓦缸菜的制作以鲜为核心,以养为目的,以礼为食俗,以营养均衡、味鲜汤香而自成一派,扬名五洲四海,被美食家誉为一缸在桌、满室皆春,由此成为中国饮食文化的瑰宝。"

杨传老厨为凸显营养快餐这一品牌特色,对自身产品的定位是"药膳"。药膳是在中医学、烹饪学和营养学理论指导下,严格按药膳配方,将中药与某些具有药用价值的食物相配伍,采用我国独特的饮食烹调技术和现代科学方法制作而成的具有一定色、香、味、形的美味食品。

面对自己服务的第二类目标市场——加盟商,杨传老厨提供包括瓦缸、大小瓦罐、餐具及炊具,如图10-4-5所示。其工艺古朴,均采用江苏宜兴独有的红泥,提升全店档次,也使得简餐产品档次更高。

图10-4-5 炊具及餐具

瓦罐源于江西,杨传老厨将江西瓦罐带到绍兴并以绍兴为基地向全国发展及加盟。在杨传老厨看来:差异化也是新鲜感,每一家杨传老厨采用的餐具均是由杨传老厨独家定制的,每一家店铺门口都有一个大瓦缸。在杨传老厨看来,"当地卖当地的特色卖不好,比如说,在绍兴卖黄酒,卖不火。四川来的五粮液,就可以卖得很旺"。要成功,势必要有差异化。因此,杨传老厨保持着每三个月推出一款型产品,始终保持顾客对其的新鲜感。

所以,通过以上,我们可以看到,杨传老厨采取了差异化产品营销策略,如图10-4-6所示。

图 10‑4‑6　产品差异化

正是因为杨传老厨为顾客提供了差异化的产品，才使得杨传老厨从 2008 年到如今的不断壮大。

（2）价格策略

面对终端消费者，杨传老厨的中式简餐定价区间为 10～20 元，售价较低，持平于市场上同类型产品；但是从产品的市场定位——药膳营养型快餐来看，杨传老厨的秘制瓦罐系列价格远低于市场上少则上百多则上千的同样定位类型产品。

在面对代理商及加盟商，杨传老厨对其提供略低于市场价格用具及原料采集价格。

加盟商以大瓦缸 900 元/个、小瓦罐（6 号 3 元/个、5 号 4 元/个、4 号 6 元/个）的价格向总部采购。首次加盟的经营者，瓦缸瓦罐由总部免费赠送，后期使用有破损需补充购买再以该价格向总部采购，大大降低了加盟商的初期投资。

同时，杨传老厨以 10～20 元价格区间内的供应价格提供杨传老厨的秘制调料包，每一调料包可制作 50 份产品左右，大大降低了其产品制作成本。

对于价格策略，杨传给予加盟商一个低价策略，确保其利润收入，在杨传老厨看来，只有加盟商有一定营收，杨传老厨自身才能源远流长，如图 10‑4‑7 所示。

图 10‑4‑7　价格差异化

（3）渠道策略

我们都知道，现在商业中素以"渠道为王"来形容渠道的重要性，渠道的本质是产品从制造商走向消费者的市场过程。我们从两个方面来分析杨传老厨的渠道策略：模式及途径。

杨传老厨面向市场的渠道模式有两块：① 杨传老厨地区直营店（直接渠道）；② 杨传老厨加盟店（间接渠道），如图 10‑4‑8 所示。

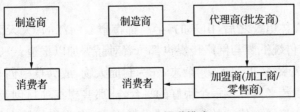

图 10‑4‑8　渠道模式

杨传老厨直营店，其模式为制造商→消费者。制造商，即杨传老厨自身，通过自身的制作工艺以及制作材料直接向消费者提供产品，在该这种模式下，保证了其直营店管理的统一标准，对员工能够直接控制，直接拥有顾客关系资产。通俗来说，在直营店模式下，杨传老厨与顾客直接接触，能够及时了解市场动向。对于其新品开发的消费者喜好程度，价格变动带来的消费者需求变动能够有直接了解。

杨传老厨的加盟模式，其采用代理商招募加盟商的方式。其模式为制造商→代理商→加盟商→消费者。与直营店不同的是，该模式下，多出了代理商及加盟商。在杨传老厨加盟模式下，代理商及传统零售行业的批发商，代理商在各个城市地区对杨传老厨进行代理，招收加盟商，并从制造商（杨传老厨）处购得制作配料及学习工艺，而加盟商从代理商处获得加盟许可，学习技术，购进制作配料等进行再加工出售至消费者，分销的是杨传老厨的品牌技术料包及制作工具等相关品。在该模式下，杨传老厨以少量精力在大量城市中进行扩张。除此之外，公司还能将扩张中的一部分财务风险转嫁给代理商承担。

从以上分析我们可以看到，杨传老厨对于两种不同模式渠道的管理。杨传老厨直营店仅仅分布在少数几个城市，而其他城市的扩张一律交由代理商，避免了二者间的冲突。通过第三方物流管理体系，对其进行调味料包等物料配送（一个料包能够制作 50 份产品），极大地降低了渠道运输成本。

其次，对于餐饮行业，其与消费者对接的最主要的途径为选址。对于杨传老厨的选址，具备以下特征：店铺选址一般首选在商业街、小吃街、旅游景点、大学城、写字楼等地区，锁定目标后并不要盲目地定下来，然后要观察此处的人流量、消费水平怎么样，再做定夺。对于加盟商的选择，杨传老厨会有专人帮助分析指导，确保其面向消费群体足够大。

针对当下外卖平台，杨传老厨也将其列为扩张消费者渠道的一大途径。杨传老厨直营店与美团外卖进行深入合作，并确保其在商圈排名靠前，并提示自身外卖质量及配送速度。

（4）促销策略

从促销策略上来看，杨传老厨的宣传几乎没有硬广告，主要是通过与媒体合作、企业自身社会责任（CSR）及自媒体营销宣传，来达到宣传推广的促销效果。

媒体合作方面，杨传老厨秘制瓦缸小吃曾先后在中央电视台《乡约》栏目、《中国梦创业路》栏目、《中视会客厅》栏目、《绿色时空》栏目，浙江卫视《江南美食》栏目、《今日科技》栏目，吉林卫视《成功》栏目，河北卫视《天下故事会》栏目、《创业人生》栏目，中国教育一套《今非昔比》栏目、《享誉中华》栏目，青海卫视《我的创业故事》栏目，浙江有线电视台《杭儿风》栏目、《1818 黄金眼》栏目、《新发现》美食栏目等做专题报道，品牌市场知名度与美誉度得到了极大的提升。

在传统的主流媒体电视之后，山东的《半岛都市报》、浙江的《天天商报》、人民网、新浪、搜狐、腾讯等近百家传统纸媒与网络传媒也都争着对品牌加以报道。

创始人杨井两次荣登《世纪人物》杂志，作为封面人物，成为草根创业者的模范和榜样。

媒体的宣传给杨传老厨提供一个很好的平台，让那些想找项目创业的人找到了方向，纷纷前来"拜师学艺"。将那份传承的精神继续发扬下去，将美味与养生的小吃精神传递给更多的人，同时杨传老厨这块牌号也越做越响亮。

正是因为这些节目媒体的争相报道，才有了今天名声在外的杨传老厨。面对媒体，杨传老厨也主动出击，把握每一个机会。比如近期，杨传老厨成功参与《光荣之路》素材征集，在这背后，离不开的是其对媒体宣传关注点的敏锐度以及企业正能量的心。

利用媒体强化宣传的同时，杨传老厨还通过自身社会责任（CSR）承担，塑造品牌形象。纵观近年来，无论是鼓励并支持大学生创业，给予退役军人、军嫂等人士加盟优惠，还是请环卫工人进店休息，都是杨传老厨回馈社会的一种体现。

自媒体成为主流的今天，杨传老厨的宣传促销又一次走在了前列。完善自身网站、公众号等线上平台，走进广大消费者。建设了自己唯一的官方网站，让全国各地的朋友方便快捷地了解杨传。

五、杨传老厨品牌差异化之路引发的思考

1. 杨传老厨差异化成功之路总结

在现如今国民经济迅猛发展的局势下，餐饮行业作为其中的有力支撑，面临着互联网的冲击，不得不做出转型，去进行相应的改变。根据近几年餐饮的业态来看，整体规模小型化、种类多样化、地域分散化、配送网络化、选择人性化、服务自主化、品牌加盟化都是新型餐饮业发展的趋势。

任何一个企业能够持续的存在于市场中，都是由其独特的价值所支撑的。可以说，没有价值就注定没有市场。而杨传老厨之所以能够在市场中初露锋芒，展现出了巨大的发展潜力，正是由于其清晰的市场定位，以及采取的差异化营销战略。

杨传老厨首先是从形象建设和文化建设上入手，通过媒体宣传来扩大品牌影响，采取特许加盟的模式增加品牌认知度。如何让客户将杨传老厨瓦缸小吃与其他产品区分开来，避免同质化，在营销策略上，我们发现杨传老厨的产品营销策略是通过提供差异化的产品，使顾客始终保持新鲜感；价格策略为给予加盟商低价策略，确保其利润收入；渠道策略为线下直营店和加盟店共同经营，针对线上外卖平台，杨传老厨直营店与美团外卖进行深度合作，并确保其在商圈排名靠前，并不断提升自身外卖质量及配送速度；促销策略上杨传老厨的市场营销主要着重于三方面：媒体合作、企业自身社会责任（CSR）及自媒体营销宣传。

结合以上分析，我们认为杨传老厨的差异化成功可以归结为"六脉神剑"，即

① 定位剑：目标顾客定位准确，消费者信赖度高。

② 特色剑：成功的独家秘籍，营养健康的瓦罐美食。

③ 杀手剑：市场效应良好，主流媒体宣传增加曝光率。

④ 连环剑：增加选择多样性，满足个性化需求。

⑤ 创新剑：产品开发系列化，更新换代速度快。

⑥ 服务剑：服务氛围良好，重视顾客体感。

加盟餐饮业的产品开发，有两个关键：一个是要"新、奇、特"，也就是说要有自己的特色；另外一个就是要"常变常新"，产品开发要注重系列化，并能不断创新，"流水不腐，户枢不蠹"，只有不断保持新鲜感，不断刺激消费者的眼球，才能得到消费者的青睐。

2. 杨传老厨差异化成功之路之启迪

（1）市场推广，厚积薄发

在创业初期，资本积累的这个过程，往往也是企业和品牌最迷茫和需要做出选择的时

候。认清市场现状,准确定位自己品牌的地位、做出合适的规划,是一个品牌快速发展的基础。

对一般商品来说,差异总是存在的,只是大小强弱不同而已。杨传老厨虽说品牌本身特色性在市场中存在优势的,但是如今餐饮行业发展模式已经趋于稳定与成熟,单纯地寻找产品上的创新已经很难打动消费者了。想要在行业中鹤立鸡群,独占鳌头,则必须将与发展战略作为全部经营活动的出发点和归宿。

杨传老厨从2008年创立到现在,已经取得了初步发展的规模,具有一定影响力,正是坚持了差异化营销的战略。与同类瓦罐相比,杨传老厨主打快速加盟的战略,在别的店铺还在走"一家做大,再生他家"的固有道路时,杨传老厨及时将品牌推向全国,店铺规模整体偏小,加盟成本较低,利润率可观,都是杨传老厨达到有效加盟推广的法宝。而与其他连锁品牌相比,杨传老厨主打特色营养瓦罐的招牌,价格实惠,餐品美味,再选择合适的地区,将稀有度包装成为卖点。

差异化是杨传老厨面对市场竞争的核心,但是差异化一直是一把"双刃剑",想要区分于市场,又要契合于消费者,如何均衡好两方面,真正将品牌推陈出新,同时走出差异化的局限性,这对于将来杨传老厨的发展,是很好的挑战,同时也是值得把握的机遇。

(2)差异竞争,步步为营

在整体餐饮业的大环境下,杨传老厨若是能够整合资源,充分发挥产品的特性,以千年瓦罐煨汤作为品牌文化塑造的根据点,将绍兴地区作为轴心,主打差异化竞争,做最纯粹的草根小吃,区分于其他连锁企业,从最本质的核心营销观念入手,以满足客户需求为目标,有很大的优势奠定可持续发展的前景基础。

本研究小组通过数据和理论分析总结出杨传老厨的发展现状,认为其想要在未来突破瓶颈,加快发展速度,则更多需要在品牌上增加消费者的认知程度。通过向品牌中附能,与市场不断的接触并调整最终被接受后,才可能产生其更多潜在的市场价值,使得杨传老厨在新型餐饮模式中发挥其品牌效益,体现出差异化。在营销方面,灵活前瞻性的发展战略,则可以很好地在市场中觅得先机,延长品牌周期。

健康美味快捷的饮食一直是餐饮中的中坚力量,而这也是在杨传老厨市场竞争中能够脱颖而出的法宝。以特许加盟为主的杨传老厨未来该怎样驱动消费者,体现差异化,其历程依旧任重而道远。

思考题

1. 杨传老厨品牌差异化成功能够给予我们什么样的启示?
2. 如何理解企业品牌差异化中的"六脉神剑"?

案例编写:盛佳瑜(工商141)、陈梦霞(工商141)、董美连(工商141)、刘沛轩(工商141)、王宇(工商133)

指导老师:严家明

图书在版编目(CIP)数据

越商管理案例集锦 / 周鸿勇,朱杏珍,曾红主编
. — 南京 :南京大学出版社,2017.8
高等院校"十三五"应用型规划教材·工商管理类
ISBN 978 - 7 - 305 - 19028 - 5

Ⅰ. ①越… Ⅱ. ①周… ②朱… ③曾… Ⅲ. ①商业经营—案例—绍兴 Ⅳ. ①F715

中国版本图书馆 CIP 数据核字(2017)第 173124 号

出版发行 南京大学出版社
社　　址 南京市汉口路 22 号　　　　邮　编 210093
出 版 人 金鑫荣

丛 书 名 高等院校"十三五"应用型规划教材·工商管理类
书　　名 越商管理案例集锦
主　　编 周鸿勇　朱杏珍　曾 红
责任编辑 代伟兵　武 坦　　　　编辑热线　025 - 83597482

照　　排 南京理工大学资产经营有限公司
印　　刷 常州市武进第三印刷有限公司
开　　本 787×1092　1/16 印张 13.75 字数 343 千
版　　次 2017 年 8 月第 1 版　2017 年 8 月第 1 次印刷
ISBN　978 - 7 - 305 - 19028 - 5
定　　价 34.00 元

网　　址:http://www.njupco.com
官方微博:http://weibo.com/njupco
微信服务号:njuyuexue
销售咨询热线:(025)83594756